软件技术与轮机工程：融合与应用

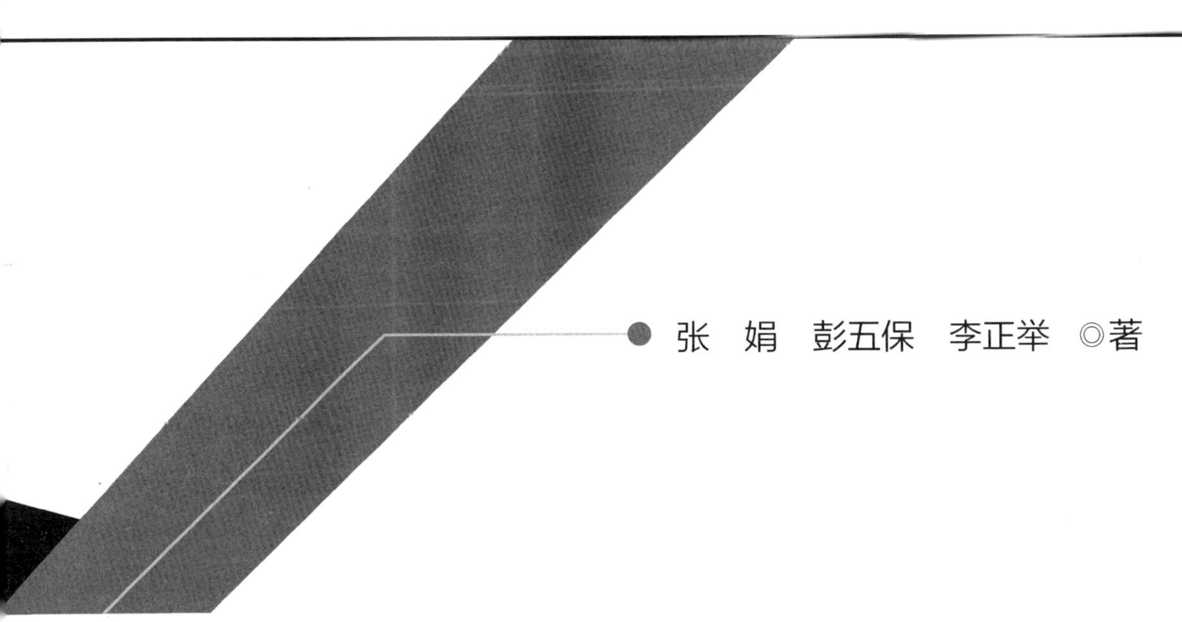

张 娟 彭五保 李正举 ◎著

中国商业出版社

图书在版编目（CIP）数据

软件技术与轮机工程 : 融合与应用 / 张娟, 彭五保, 李正举著. -- 北京 : 中国商业出版社, 2024. 9.

ISBN 978-7-5208-3035-5

Ⅰ. U676.4-39

中国国家版本馆 CIP 数据核字第 2024WV7650 号

责任编辑：王　彦

中国商业出版社出版发行

（www.zgsycb.com　100053　北京广安门内报国寺 1 号）

总编室：010-63180647　编辑室：010-63033100

发行部：010-83120835 / 8286

新华书店经销

廊坊市博林印务有限公司印刷

*

710 毫米 ×1000 毫米　16 开　12.75 印张　212 千字

2024 年 9 月第 1 版　2024 年 9 月第 1 次印刷

定价：58.00 元

* * * *

（如有印装质量问题可更换）

作者简介

张娟，现就职于共青科技职业学院，副教授，硕士研究生学历，中级双师，长期从事高校计算机专业类教学和科研工作，在《计算机工程》《新课程研究》《产业与科技论坛》《电脑知识与技术》等期刊发表论文十余篇（中文核心1篇），主编计算机专业类教材2部；获省级教学成果二等奖；参与江西省教育厅科研重点课题项目1项；主持参与新型实用型专利6项，主持参与发明专利1项；指导江西省技能比赛获得一等奖等其他方面指导奖项。

彭五保，现就职于共青科技职业学院，讲师。毕业于江西师范大学计算机科学与技术专业，在读研究生学历。其主要研究方向为计算机网络技术和软件测试，先后在《农业技术与设备》、《网络教学模式的构建》以及《经济纵横》期刊发表多篇论文。

李正举，共青科技职业学院，助教，软件设计师，毕业于南阳理工学院软件工程专业，本科学历，主要研究方向为算法设计与分析，参与编写《C语言程序设计》等教材，多次获得优秀指导教师称号。

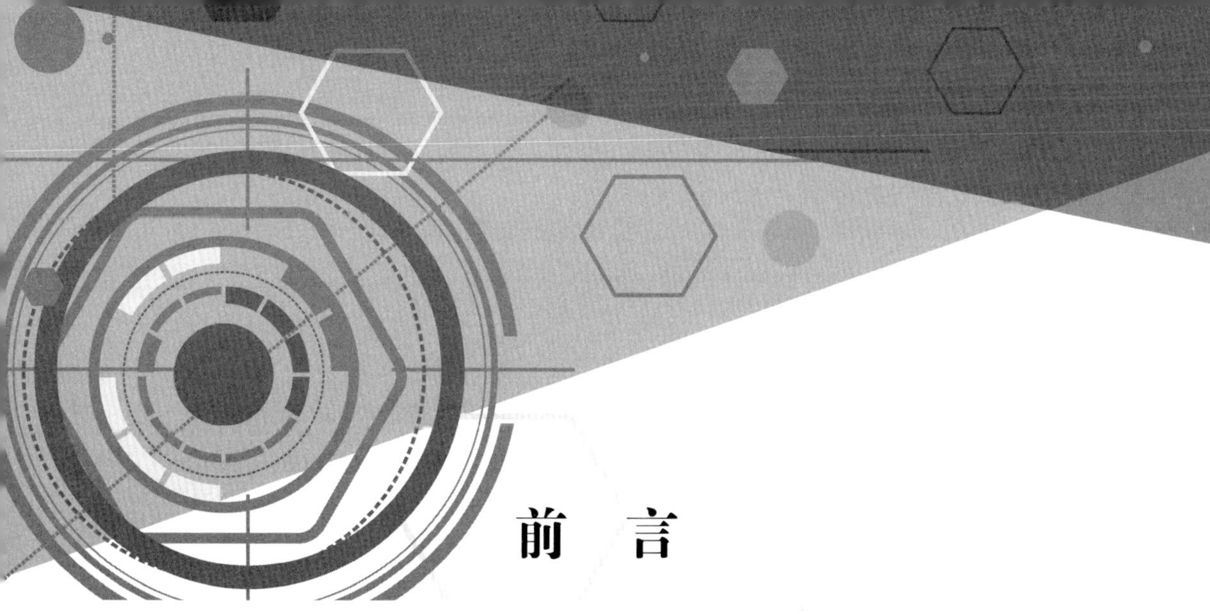

前言

在当今科技飞速发展的时代，软件技术与轮机工程两个看似独立的领域，实则蕴藏着巨大的融合潜力和应用价值。本书《软件技术与轮机工程：融合与应用》旨在探讨这两个领域之间的交会点，分析它们相互渗透、相互促进的趋势，并展望它们在未来科技和工业发展中的广阔前景。轮机工程是传统工业领域的核心之一，承载着能源转换和动力传输的重任。而软件技术是信息时代的重要支撑，以其高效、智能、灵活的特性，正逐渐渗透到各个行业之中。因此，将软件技术应用于轮机工程中，不仅可以提高轮机系统的自动化程度，降低运维成本，还能通过数据分析、智能优化等手段，提升系统的安全性和效率。

本书介绍了软件技术与轮机工程的基本概念和发展历程，并通过案例分析、技术比较等方式，详细阐述了软件技术在轮机工程中的具体应用，包括控制系统设计、故障诊断与预测、能源管理等方面。本书还探讨了轮机工程对软件技术的新需求，以及软件技术在应对这些需求时的创新点和挑战。在编写过程中，为了力求全面、深入地探讨软件技术与轮机工程的融合和应用，我们参考了大量国内外最新的研究成果和技术资料，力求使本书成为该领域的一部重要参考书籍。

我们希望，本书能够激发读者对软件技术与轮机工程融合应用的兴趣，从而推动这两个领域的深入交流和合作。我们相信，在未来的科技和工业发展中，软件技术与轮机工程的融合将会越来越紧密，为我们的生活和工作带来更多的便利和效益。

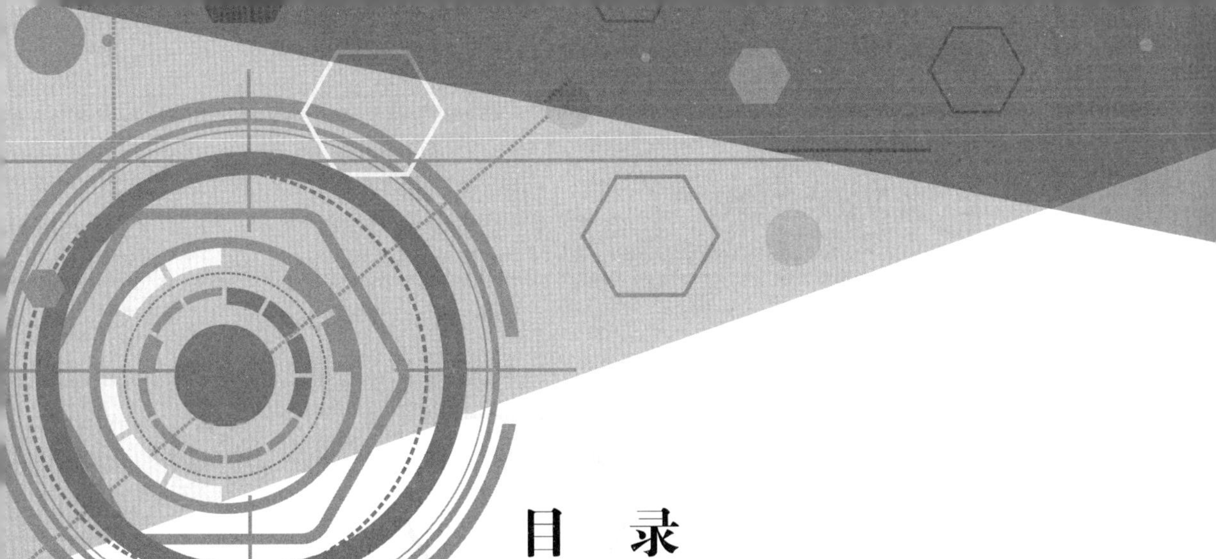

目　录

第1章　轮机工程概述　1

轮机工程的定义与范畴　1

轮机工程在工程领域中的地位与作用　5

第2章　软件技术基础　15

软件工程的基本概念与原理　15

软件开发过程中的常见方法与技术　22

第3章　轮机工程中的软件需求分析　31

轮机工程中软件需求分析的特点与挑战　31

软件需求工程方法与实践案例　42

第4章　软件设计与架构　53

软件设计原则与模式在轮机工程中的应用　53

软件架构设计与优化策略　60

第5章　软件开发与实现　71

软件开发过程中的常用工具　71

轮机工程中软件开发的最佳实践　88

第6章　软件测试与验证　103

软件测试方法与技术在轮机工程中的应用　103

轮机软件验证与质量保证策略　111

第7章　软件集成与部署 123
软件集成过程中的挑战与解决方案 123
软件部署与运行管理的最佳实践 132

第8章　软件维护与更新 141
软件维护的重要性与策略 141
轮机工程中软件更新与升级的管理方法 149

第9章　软件技术与轮机工程的融合应用案例分析 157
案例分析：成功的软件技术与轮机工程融合应用 158
实践启示：融合应用中的经验与启示 165

第10章　未来展望与发展趋势 171
软件技术与轮机工程融合的未来趋势 171
软件技术与轮机工程融合和应用面临的挑战与应对策略 182

参考文献 189

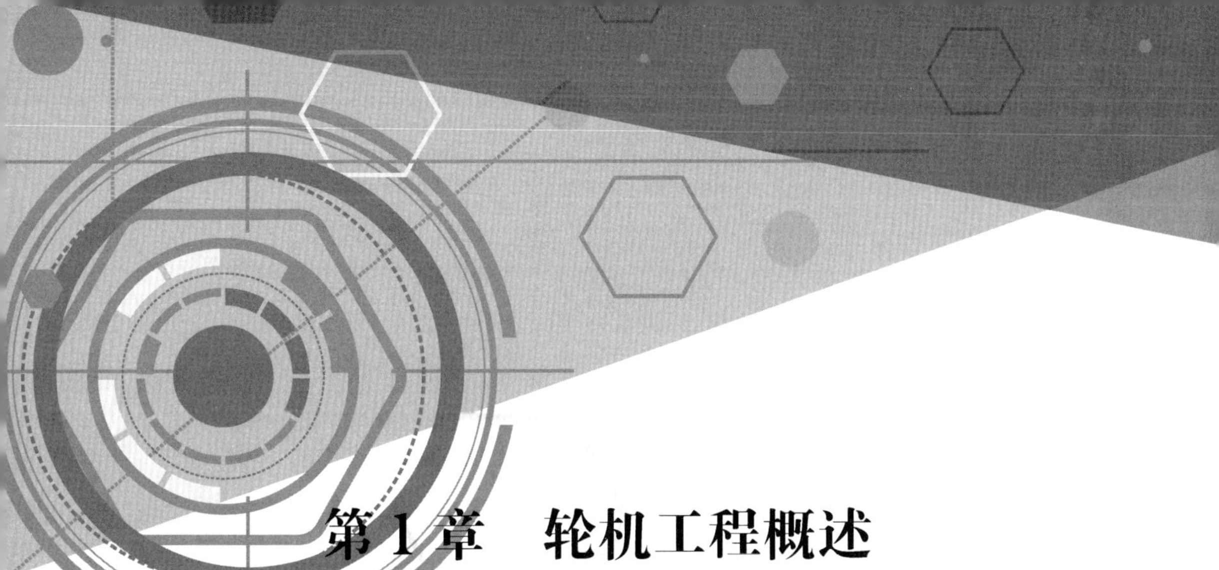

第1章　轮机工程概述

轮机工程是工程科学的重要分支，长久以来都是推动人类文明进步的强大动力。从蒸汽机的发明引领的工业革命，到现代船舶、飞机、发电站等复杂动力系统的设计与运行，轮机工程始终扮演着核心角色。然而，随着科技的飞速发展，特别是在软件技术日新月异的今天，轮机工程正面临新的机遇与挑战。在传统的轮机工程领域，工程师们专注于动力系统的设计、制造和维护，确保系统的稳定运行和高效性能。然而，随着信息化、智能化的深入发展，轮机工程不仅需要关注硬件的设计和制造，更需要注重软件技术的融合与应用。软件技术不仅能够提升动力系统的自动化水平，还能通过数据分析和智能优化等手段，进一步提升系统的安全性和效率。

本章从轮机工程的基本概念入手，介绍其发展历程、主要研究领域以及与其他学科的交叉点；同时也将探讨软件技术在轮机工程中的应用趋势，分析软件技术与轮机工程融合的必要性和可能性。

轮机工程的定义与范畴

随着时代的变迁和科技的进步，轮机工程不断演化和发展，其定义与范畴也在不断拓展和深化。轮机工程的范畴广泛而深入，它不仅与机械工程、电气工程、热力学等学科密切相关，还涉及材料科学、流体力学、控制理论等多个领域。轮机工程师需要具备扎实的专业知识和技能，能够综合运用各种技术手段和方法，解决动力系统中的各种问题和挑战。随着科技的不断进步和工业的快速发展，轮机工程正面临着新的机遇和挑战。一方面，新的技术不断涌现，这为轮机工程的发展提供了更多的可能性；另一方面，能源危机、环境污染等问题也对轮机工程提出了更高的要求。因此，轮机工程师需要不断学习和创新，以适应时代的发展和社会的需求。

一、轮机工程的定义

轮机工程是研究动力机械及其相关系统的工程学科。这里的动力机械指的是能够转换能源为机械能的设备，包括但不限于船舶、飞机、火车等交通工具中的发动机、涡轮机，以及工业用的蒸汽轮机、燃气轮机等。轮机工程不仅关注这些动力机械的设计、制造和运行，还涉及动力系统的控制、维护和管理等方面。

二、轮机工程的主要研究领域

（一）船舶轮机工程

船舶轮机工程是轮机工程的重要组成部分，主要研究船舶动力系统的制造、设计、运行和维护、节能与环保等方面。这包括船舶内燃机、蒸汽轮机、燃气轮机以及船舶电力推进系统等。船舶轮机工程师需要掌握船舶动力系统的各种技术要求和标准，以确保船舶在各种工况下都能安全、高效地运行。

（二）航空轮机工程

航空轮机工程是轮机工程的一个重要分支，其主要专注于飞机发动机的研发、设计、制造、测试、维护和性能优化等方面。

（三）工业轮机工程

工业轮机工程是轮机工程的一个重要分支，其主要专注于工业领域中各类轮机系统的研发、设计、运行和维护。这一领域涵盖了从能源转换到动力传输的各个环节，为工业生产提供稳定可靠的动力支持。

（四）能源轮机工程

能源轮机工程是轮机工程的一个方面，其主要专注于能源转换和利用领域的轮机技术研发和应用。这一领域的研究不仅涵盖了传统能源如煤炭、石油、天然气等的有效利用，也积极探索了新能源和可再生能源的轮机技术。

（五）轮机工程的新材料与新技术

新材料与新技术在轮机工程中的应用是推动轮机工程发展的重要动力。这主要包括高温合金、复合材料等新材料在动力机械中的应用，以及数字化设计、增材制造等新技术在轮机工程设计和制造中的应用。新材料与新技术的应用不仅可以提高动力机械的性能和可靠性，还可以推动轮机工程技术的创新和进步。

三、轮机工程与其他学科的交叉融合

轮机工程是一门综合性工程学科，与其他学科的交叉融合是其发展的重要趋势。这种交叉融合不仅为轮机工程带来了新的理论和方法，也为其应用领域的拓宽提供了可能。

1. 机械工程是轮机工程的基础学科之一。轮机工程中的许多设计和制造技术都直接来源于机械工程。在发动机的设计中，需要运用机械工程的原理和方法来确定其结构、尺寸和材料。同时，轮机工程也为机械工程提供了新的应用领域和挑战。在航空发动机的高温、高压环境下，对材料的性能和加工工艺都提出了更高的要求。材料科学与技术在轮机工程中起着至关重要的作用。轮机工程中的发动机、轴承、密封件等关键部件都需要使用高性能的材料来制造。随着新材料技术的不断发展，如高温合金、复合材料等，为轮机工程提供了更多的选择。同时，轮机工程也对材料性能提出了更高的要求，如更高的强度、更好的耐磨性和更低的热膨胀系数等。

2. 热能与动力工程是轮机工程的核心学科之一。轮机工程中的发动机本质上就是一个热能转换为机械能的装置。热能与动力工程的原理和方法在轮机工程中得到了广泛的应用。在发动机的热力循环设计中，需要运用热能与动力工程的原理来确定循环方式、工质选择和参数优化等。同时，轮机工程也为热能与动力工程提供了新的应用领域和挑战，如高温、高压下的热传递和流动问题等。控制科学与工程在轮机工程中扮演着越来越重要的角色。随着航空、船舶等交通工具的智能化和自动化程度的不断提高，对发动机的控制要求也越来越高。控制科学与工程为轮机工程提供了先进的控制理论和方法，如模糊控制、神经网络控制等。这些控制方法可以帮助轮机工程师更好地实现对发动机的控制和优化，提高其性能和可靠性。

3. 环境科学与工程在轮机工程中的交叉融合主要体现在发动机的排放控制和环保要求上。随着环保意识的提高和排放法规的日益严格，对发动机的排放性能提出了更高的要求。环境科学与工程为轮机工程提供了先进的排放控制技术和方法，如尾气催化转化、颗粒物捕集等。同时，轮机工程也需要关注发动机的环保性能，如降低油耗、减少排放等。

其中斯特林发动机是热气机中的一类，由苏格兰人罗伯特·斯特林发明于 1816 年。在 19 世纪，曾有数千台热气机在欧美地区得以投入使用。但是，由于当时没有良好的耐热材料，同时对这种机器的特性也不甚了解，用青铜和铸铁作主要材料的热气机的功率和效率也不比蒸汽机高，最后被在蒸汽机基础上发展起来的活塞式内燃机淘汰。由于能源和环保问题和技术水平的不断提升，近几十年来，对斯特林发动机的重视程度与日俱增。自 20 世纪 80 年代起，荷兰的菲利浦公司开创了现代斯特林发动机的发展工作，使斯特林发动机的面貌为之一新，引起了不少国家的注意和兴趣。现在，中、美、苏、英、日、德、法、加拿大以及北欧的一些国家都在不同程度上投入了斯特林发动机的发展工作，研制出各种不同用途的斯特林发动机，其中包括车用斯特林发动机、燃煤的固定式斯特林发动机发电站、太阳能斯特林发动机发电站，还有用放射性同位素作热源的完全植入式斯特林发动机人造心脏动力源、水下用斯特林发动机和农用斯特林发动机等。我国也于 20 世纪 70 年代正式开展了针对斯特林发动机的发展工作。目前，斯特林发动机也已被列入国家科委的发展计划。

4. 计算机科学与技术在轮机工程中的应用越来越广泛。在发动机的设计和制造过程中，需要运用 CAD、CAE 等计算机辅助设计和分析工具来提高设计效率和精度。在发动机的测试和维护过程中，也需要运用计算机技术和传感器技术来实时监测发动机的状态和性能。人工智能和大数据技术的发展，为轮机工程的智能化和自动化提供了更多的可能。航空发动机试车计算机辅助试验（Computer Aided Testing，CAT）系统是近年来广泛应用于发动机科研、生产和维修场所台架试车的测试和试验技术，在提高试验效率和准确性、降低试验成本、减轻人员劳动强度等方面发挥相当重要的作用。目前，发动机试车 CAT 系统多根据具体型号发动机的具体试车任务开发。不同型号的发动机其试车任务不同，CAT 软件通常需要从底层重新设计开发，系统可移植性和软件代码的复用性比较差，软件开发的模块化是提高系统可移植性、实现软件复用的有效途径。复用是在软件开发中避免重复劳动的解决方案，其出发点是软件的开发不再采用“一切从零开发”的模式，而是以已有的工作当作基础，充分利用通过实践验证的各种组件和模型等以提高软件开发的质量和效率。

轮机工程在工程领域中的地位与作用

轮机工程的作用不仅体现在能源转换与利用、船舶与海洋工程等方面，更对整个工业体系的发展产生了深远的影响。

一、能源转换与利用的核心

轮机工程是能源转换与利用的核心领域之一。它通过对化石能源、新能源等的转换与利用，为工业、交通、民用等领域提供了稳定的能源供应。无论是火力发电、核能发电还是风力、太阳能发电，轮机工程都发挥着至关重要的作用。轮机工程还致力于提高能源利用效率，降低能源消耗和环境污染，推动能源结构的优化和可持续发展。轮机工程在能源转换与利用领域具有核心地位，其重要性体现在多个方面。

（一）能源转换技术的多样化

轮机工程涵盖了多种能源转换技术，包括燃烧技术、汽轮机技术、热交换技术等。这些技术能够将化石能源、新能源等不同类型的能源转化为机械能、电能等，以满足工业、交通、民用等领域的能源需求。

国家能源局印发的《2024 年能源工作指导意见》（以下简称《意见》），提出 2024 年能源工作的主要目标和重点任务，旨在构建清洁低碳、安全高效的现代能源体系。《意见》提出三大主要目标：一是供应保障能力持续增强。全国能源生产总量达到 49.8 亿吨标准煤左右。煤炭稳产增产，原油产量稳定在 2 亿吨以上，天然气保持快速上产态势。发电装机达到 31.7 亿千瓦左右，发电量达到 9.96 万亿千瓦时左右，“西电东送”输电能力持续提升。二是能源结构持续优化。非化石能源发电装机占比提高到 55% 左右。风电、太阳能发电量占全国发电量的比重达到 17% 以上。天然气消费稳中有增，非化石能源占能源消费总量比重提高到 18.9% 左右，终端电力消费比重持续提高。三是质量效率稳步提高。能源清洁高效开发利用取得新成效。煤电“三改联动”持续推进。跨省跨区输电通道平均利用小时数处于合理区间。推动北方地区清洁取暖持续向好发展。科技创新成果应用取得新进展。为了实现上述目标，

《意见》强调，要持续夯实能源保障基础，大力推进非化石能源的高质量发展，深化能源利用方式变革，推进能源技术创新，持续推进能源治理体系和能力现代化，务实推进能源国际合作。

（二）提高能源利用效率

轮机工程致力于提高能源转换和利用的效率。通过优化燃烧过程、改进汽轮机设计、应用热交换技术等手段，能够最大限度地减少能源浪费，提高能源利用效率。这不仅有助于降低能源消耗，还有助于减少环境污染，从而实现可持续发展。

燃烧过程是轮机中能源转换的起始环节，其效率直接影响到整个系统的能源利用率。轮机工程专家通过研究和应用先进的燃烧技术，如预混合燃烧、微正压燃烧等，来优化燃烧过程。这些技术能够确保燃料在燃烧室内充分燃烧，减少未燃尽碳氢化合物和有害物质的排放。同时，轮机工程还关注燃料的选择和预处理。通过使用高品质、低硫、低灰分的燃料，以及采用燃料脱硫、脱灰等预处理技术，可以进一步提高燃烧效率，减少污染物排放。

汽轮机是轮机系统中的重要组成部分，其设计优劣直接关系到能源转换效率。轮机工程通过不断改进汽轮机的设计，如优化叶片形状、提高材料性能、改进密封结构等，以此来降低能量损失，提高能源转换效率。轮机工程还关注汽轮机的运行优化。通过精确控制汽轮机的进气量、排气量等参数，确保汽轮机在最佳工况下运行，从而进一步提高能源利用效率。热交换技术是轮机工程中提高能源利用效率的重要手段之一。通过合理布置热交换器、优化热交换过程，可以充分回收利用轮机系统中的废热，降低能源消耗。在船舶轮机系统中，可以利用废热来预热进入锅炉的给水，提高锅炉的热效率；在火力发电厂中，可以利用汽轮机排气的余热来发电或供热，实现能源的梯级利用。随着信息技术的发展，轮机工程越来越多地应用智能化监控与管理技术来提高能源利用效率。通过安装传感器、执行器等设备，对轮机系统的运行状态进行实时监测和控制，可以确保系统始终处于最佳工作状态。智能化监控与管理技术还可以实现对轮机系统的故障诊断和预测性维护，及时发现并解决潜在问题，避免能源浪费和环境污染。

（三）推动清洁能源技术的应用

随着全球环境保护意识的增强和清洁能源技术的不断进步，轮机工程在推动清洁能源应用方面发挥着重要作用。在风力发电、太阳能发电等领域，轮机工程提供了关键的技术支持，推动了清洁能源的广泛应用。

轮机工程在风力发电领域中的核心作用是设计、优化和维护风力发电机组。风力发电机组是风力发电系统的核心设备，它将风能转换为电能。轮机工程师们通过研究和应用先进的空气动力学、材料科学和控制技术，不断优化风力发电机组的设计，提高其转换效率和可靠性。轮机工程还关注风力发电系统的集成和优化。通过合理布局风力发电机组、优化电网接入方案等措施，提高整个风力发电系统的运行效率和稳定性。轮机工程还致力于风力发电技术的创新和研发。开发新型风力发电机组、研究海上风电技术等，以推动风力发电技术的不断进步和应用拓展。

在太阳能发电领域，轮机工程同样发挥着重要作用。太阳能发电系统需要将太阳能转换为电能，其中涉及光伏组件、逆变器、储能系统等关键设备的设计和制造。轮机工程师们通过研究和应用新型材料、优化电路设计等措施，提高太阳能发电系统的转换效率和可靠性。轮机工程还关注太阳能发电系统的集成和优化。通过合理设计太阳能发电系统、优化电网接入方案等措施，提高整个系统的运行效率和稳定性。轮机工程还积极参与太阳能发电技术的创新和研发。研究新型光伏材料、开发高效储能技术等，以推动太阳能发电技术的不断发展和应用拓展。

轮机工程不仅关注单一清洁能源技术的发展，还致力于清洁能源技术的融合与互补。将风力发电和太阳能发电相结合，形成风光互补发电系统，以提高清洁能源的利用效率和稳定性。另外，轮机工程还关注清洁能源与传统能源的融合。通过研究和应用先进的能源转换和储存技术，实现清洁能源与传统能源的互补和协同利用，以推动能源结构的优化和可持续发展。

二、船舶与海洋工程的重要支撑

轮机工程在船舶与海洋工程领域具有不可替代的地位。船舶的推进系统、发电系统、辅助系统等都离不开轮机工程的支持。轮机工程为船舶提供了高效、可靠的动力来源，保障了船舶的安全航行和正常运营。同时，轮机工程还推动了船舶技术的进步和创新，促进了船舶向更高效、更环保、更智能化的方向发展。

轮机工程为船舶提供了高效、可靠的动力源。无论是传统的内燃机、蒸汽轮机，还是现代化的燃气轮机、核动力装置，轮机工程，都涉及其设计、制造、安装和调试等关键环节。这些动力装置不仅确保了船舶的正常航行，还影响着船舶的航行速度、燃油消耗和航行安全等关键指标。目前，在轮机工程中对船舶动力系统进行优化，可以实现更高的能源效率、降低燃油消耗和减少对环境的影响。优化船舶动力系统，可以提高整个系统的能源利用效率。优化燃油燃烧、燃油喷射、气缸压缩等关键过程，减少能源在转换过程中的损失。优化动力系统能够降低船舶的燃油消耗，从而降低运营成本。使用先进的涡轮增压技术、智能控制系统以及高效的燃油喷射技术，能够有效提高动力系统的效率，减少每单位运输的燃油需求。船舶动力系统的性能优化不仅有助于节约能源、减少运营成本，还能够推动整个航运行业向更为可持续和环保的方向发展。这对于满足未来能源需求、应对气候变化以及提高航运的社会责任感都具有重要意义。

轮机工程在船舶航行安全方面发挥着重要作用。通过优化船舶动力系统的设计和维护，轮机工程能够确保船舶在各种工况下都能保持稳定的动力输出和航行状态。轮机工程还涉及船舶电力系统的设计和维护，为船舶提供稳定的电力供应，保障船舶导航、通信和控制系统等关键设备的正常运行。轮机工程的发展推动了船舶技术的不断创新。随着新材料、新技术和新工艺的不断应用，船舶的动力系统、推进系统、辅助系统等都在不断地改进和优化。轮机工程的研究和应用，不仅提高了船舶的性能和可靠性，还推动了船舶向更高效、更环保、更智能化的方向发展。轮机工程在海洋资源的开发利用中也发挥着重要作用。在海洋石油和天然气的开采过程中，轮机工程提供了关键的动力和能源支持。同时，轮机工程还涉及海洋平台的设计和建造，为海洋资源的开发提供了重要的基础设施。轮机工程的发展还关注对海洋环境的保护。通过采用清洁能源、减少污染排放、提高能源利用效率等手段，轮机工程致力于降低船舶对海洋环境的负面影响。轮机工程还涉及船舶废弃物处理和回收等方面的研究，为海洋环境的保护提供了技术支持。

近年来，随着大气污染问题的愈加严重和石油资源的日渐枯竭，发展船舶发动机清洁可再生的替代燃料成为目前解决船舶发动机污染物排放和缓解能源危机的有效方法之一。甲醇由于其来源广泛、含氧量高、燃烧速度快等特点被认为是最具前景的替代燃料之一。柴油甲醇组合燃烧（DMCC）技术是目前甲醇应用于柴油机上的最为成功的方式之一，大量试验结果表明，DMCC 技术能够有效降低车用发动机 NOx 和 PM 排放，同时热效率提高，油耗降低。

三、推动工业体系的发展

轮机工程是工业体系的重要组成部分，对推动工业体系的发展起到了关键作用。它不仅为工业生产提供了稳定可靠的动力支持，还通过技术创新和产业升级，推动了工业体系的整体进步。另外，轮机工程的发展还带动了相关产业链的发展，如材料科学、机械制造、自动化控制等领域，并已形成了良性的互动和协同发展。

轮机工程在技术创新方面始终走在前列。通过不断研究和开发新的轮机技术、材料和工艺，轮机工程推动了工业技术的整体进步。这些技术创新不仅提高了工业生产的效率和质量，还促进了产业链的升级和优化，推动了工业体系向更高级别的发展。轮机工程在能源供应方面发挥着重要作用。通过优化能源转换和利用技术，轮机工程为工业生产提供了稳定可靠的能源支持。同时，轮机工程还关注节能减排，通过采用清洁能源、提高能源利用效率等手段，降低能源消耗和环境污染，促进了工业体系的可持续发展。轮机工程是制造业的重要组成部分，其技术水平和创新能力直接影响着制造业的发展。随着轮机工程技术的不断进步，制造业也在逐步实现升级和转型。数字化、智能化等新技术在轮机工程中的应用，推动了制造业向更智能、更高效的方向发展。轮机工程的发展还带动了相关产业链的发展。从材料、零部件的制造到整机的组装、调试和维修，轮机工程涉及了多个产业环节。这些产业环节的协同与整合，不仅提高了整个产业链的效率和质量，还促进了产业链的升级和优化，推动了工业体系的整体发展。

轮机工程通过技术创新、能源供应、制造业升级、产业链协同和人才培养等方面的作用，推动了工业体系的整体发展。随着科技的不断进步和工业体系的不断完善，轮机工程将继续发挥重要作用，为工业体系的未来发展提供坚实的技术支撑。

四、促进科技进步与创新

轮机工程的发展离不开科技进步与创新的支持。同时，轮机工程也为科技进步与创新提供了广阔的应用场景和实验平台。在轮机工程领域，新材料、新技术、新工艺不断涌现，为整个工程领域带来了深刻的变革。轮机工程的研究不仅推动了自身的发展，还为其他学科和技术的发展提供了重要的参考和借鉴。

轮机工程是工程领域的一个分支，其研究与开发过程本身就推动了科技的不断进步。在轮机工程的研究中，工程师们不断挑战技术极限，探索新的设计理念、材料应用、制造工艺等，这些创新不仅推动了轮机工程自身的发展，也为其他工程领域提供了有益的借鉴。轮机工程是一个涉及多个学科的综合性领域，包括机械工程、热力学、流体力学、材料科学、控制工程等。这种跨学科的性质促进了不同学科之间的融合与交流，推动了跨学科研究的发展。通过不同学科的交叉融合，轮机工程能够吸收各个学科的优势，形成更为全面和深入的技术创新。轮机工程的研究成果不仅停留在实验室阶段，更重要的是能够转化为实际生产力，推动工业和社会的发展。轮机工程的技术转移与应用过程，不仅为工业领域提供了先进的技术支持，还推动了科技成果的商业化、产业化，促进了科技与经济的紧密结合。

轮机工程领域的教育和培训为科技进步与创新提供了源源不断的人才支持。通过系统的专业教育和实践锻炼，轮机工程专业培养了大量具有创新精神和实践能力的高素质专业人才。这些人才在科研、教育、生产等各个领域发挥着重要作用，推动了科技的不断进步和创新。海事院校与高新技术船舶公司合作，培养海洋强国所需人才，激发行业活力，并培养学生走出校园，积极参加创新创业活动。该模式运行至今取得了丰硕的成果，现已通过本课程的实施，累计派出数十名学生至大连中远海运川崎船舶工程有限公司进行实践实习和技术交流。学生以实际生产和科研项目为背景撰写论文和专利 60 余项；荣获全国挑战杯、国际水中机器人大赛、“互联网 +”等比赛特等奖、一等奖等荣誉 30 余项；参加国内外学术会议 10 余次；孵化科技创新公司 2 个；针对 6 个应用场景开发了百余台机器人产品，获得第 21 届高新技术成果交易会优秀产品奖，学生开发的机器人业已成功应用于船舶智能制造；多位优秀本科生通过创新创业比赛获奖等途径破格保送至清华、北大等著名高校继续深造。除学生能力的提升外，教师也获得了一定的成果，教学团队获得辽宁省高水平创新团队、辽宁省教学名师、辽宁省教学成果奖等省部级荣誉和奖励 10 余项。通过深度融合产学需求、多学科知识、科研成果、以赛促学等内容，以《机器人概论与实践》课程为重要组成部分打造完成了轮机工程专业“产－学－研－用－赛”重要政策的培养模式，该模式入选中国高等教育学会“校企合作，双百计划”典型案例，在中国高等教育院校中推广应用。

轮机工程领域的国际交流与合作也是促进科技进步与创新的重要途径。通过与国际同行的交流与合作，轮机工程领域可以引进和吸收国际先进技术和管理经验，提高自身的技术水平和创新能力；同时，还可以将自身的创新成果推向国际市场，促进国际的科技合作与交流。轮机工程在促进科技进步与创新方面发挥着重要作用。通过技术研究与开发、跨学科融合、技术转移与应用、人才培养与知识创新以及国际交流与合作等多种方式，轮机工程推动了科技的不断进步和创新，为工业和社会的发展提供了有力的支持。

五、培养高素质专业人才

轮机工程的发展离不开高素质专业人才的培养。轮机工程专业涵盖了机械设计、热力工程、控制理论等多个学科的知识体系，需要学生具备扎实的理论基础和实践能力。通过系统的专业教育和实践锻炼，轮机工程专业培养了大量具有创新精神和实践能力的高素质专业人才，为整个工程领域的发展提供了坚实的人才保障。轮机工程专业在培养高素质专业人才方面发挥着至关重要的作用。

（一）系统化课程设置

轮机工程专业拥有一套完整的课程体系，其涵盖了从基础理论到实践应用的全方位知识。这些课程不仅包括机械工程、热力学、理论力学等基础知识，还包括轮机设计、制造、安装、调试等专业技能的培训。通过系统化的课程设置，学生能够全面掌握轮机工程领域的核心知识和技能。其中理论力学是轮机工程专业一门重要的专业基础课，具有知识点抽象、内在联系紧密、理论性强的特点，要求学生熟练掌握教材中的定理定律、理解其原理在工程上的应用，以及能够运用所学知识解决实际工程问题。该课程是后续学习“材料力学”等力学课程和“机械设计原理”“柴油发电机”“船舶辅机”等专业课程的基础。然而，目前该课程存在教学实例多为土木工程、机械工程方向的工程应用，与轮机工程专业实际案例结合较少，与后续专业课程联系不够紧密，教学内容与中学力学、“大学物理”课程存在重合，定理公式复杂化，学习重点区别不清，学生主动学习的兴趣不高等问题。如何解决上述问题？提高教学质量，开展面向轮机工程专业的“理论力学”课程教学改革研究是当务之急。

（二）实践教学环节

轮机工程专业非常重视实践教学环节。学生除接受课堂理论教学外，还需要参与实验、实习、课程设计等实践活动。这些实践活动能够帮助学生将理论知识与实际应用相结合，提高解决实际问题的能力。同时，实践教学还能够培养学生的团队协作、沟通表达等综合素质。

实践教学是课程教学体系中的重要环节，对实现培养应用型本科人才的目标起着重要的作用。哈尔滨工程大学轮机工程专业侧重于船舶轮机工程设计、研究、制造、修理、使用和管理方面的高级工程技术人才的培养。船舶轮机设备不是动力机械设备就是负载设备，是船舶产生振动噪声的主要根源。轮机工程专业的学生是未来船舶轮机系统的设计者或使用者、管理者，掌握一定程度的振动噪声知识是必要的。哈尔滨工程大学轮机工程专业设置了“机械振动噪声学”这一课程。该课程主要介绍振动的基本理论和声学的基本知识，以及两者在实践中的应用实例。在“机械振动噪声学”课程教学中，实践教学是其重要组成之一，是检验学生理论和实践相结合能力的最佳途径。课题组在实践教学方面，对实验教学内容、实验教学模式、实验创新及实验考核等方面进行了全面的探索。通过不断地探索与努力，目前“机械振动噪声学”实践教学体系日渐完善成熟，课题组编写了《振动力学实验系统实验指导书》和《校园声环境质量现状测量与分析实验大纲》。现在部分学生通过“机械振动噪声学”理论学习及实践教学的锻炼，依托轮机工程专业实验室，在课程之余，积极申报学校实验室的开放基金和学术基金。其中，赵宁波同学的“水管路宽频消声器的设计与研究”科研创新成果，在“五四杯”科技竞赛中荣获二等奖。自开设“机械振动噪声学”课程以来，在选择继续深造读研的学生中，共有 60 余名优秀毕业生选择了轮机工程专业的船舶动力装置振动噪声与控制方向。通过本科期间振动噪声理论的学习及实践环节的锻炼，使他们拥有了顺利开展研究生课题所应具备的任职能力。实践证明，本着重视培养学生解决实际工程问题能力、创新思维与团队合作精神的教学理念而改革的实践教学，更符合大学生的培养要求。通过该环节的训练，既进一步加深了学生对振动噪声基本规律的理解和认识，又拓宽了学生的视野。通过创造性地进行一些综合性的实验，有力地促进了学生创新性思维的培养、提高了学生的科研与工程实践能力。

（三）创新能力培养

轮机工程专业注重培养学生的创新能力。通过开设创新实验、创新设计等课程，鼓励学生参与科研项目、科技竞赛等活动，激发学生的创新思维和创造力。同时，学校还为学生提供良好的创新环境和资源支持，如实验室、科研团队、创新基金等，帮助学生将创新想法转化为实际成果。

开设专门的创新实验课程，鼓励学生动手实践，通过实验来发现问题、解决问题，培养他们的实际操作能力和创新思维。设立创新设计课程，引导学生从实际需求出发，进行产品、系统或流程的创新设计，提高他们的设计能力和创新思维。参与科研项目与科技竞赛，鼓励学生参与科研项目，通过项目研究来培养他们的科研能力和团队协作能力，同时激发他们的创新思维和创造力。组织或参与科技竞赛，如轮机工程创新设计大赛、节能减排大赛等，为学生提供展示创新成果的平台，激发他们的创新热情。

建设先进的实验室和科研设施，为学生提供良好的实验条件和科研环境，支持他们进行创新性实验和研究。组建科研团队，由经验丰富的教师和研究人员组成，为学生提供科研指导和支持，帮助他们解决科研过程中的难题。设立创新基金，为学生提供资金支持，帮助他们将创新想法转化为实际成果，如专利申请、产品开发等。开展创新思维训练课程，如头脑风暴、逆向思维等，帮助学生打破思维定式，培养他们的创新思维和创造力。举办创新讲座和研讨会，邀请业界专家和学者分享创新经验和案例，激发学生的创新灵感和兴趣。

加强实践教学环节，如实习、实训等，让学生在实际工作环境中锻炼自己的创新能力和实践能力。与企业建立紧密的合作关系，共同开展科研项目和人才培养计划，为学生提供更多的实践机会和创新资源。同时营造浓厚的创新文化氛围，鼓励学生敢于创新、勇于尝试，为他们的创新活动提供充分的支持和鼓励。举办创新成果展示会等活动，展示学生的创新成果和风采，增强他们的自信心和荣誉感。

轮机工程在培养高素质专业人才方面发挥着重要作用。通过系统化课程设置、实践教学环节、创新能力培养等多种方式，轮机工程专业能够培养出具备扎实专业知识、实践能力和创新精神的高素质专业人才，为工业和社会的发展提供有力的人才支持。轮机工程在工程领域中具有举足轻重的地位和作用。它不仅是能源转换与利用的核心领域之一，还是船舶与海洋工程的重要支撑，在推动工业体系的发展、促进科技进步与创新、培养高素质专业人才等方面都发挥着重要作用。

第2章 软件技术基础

随着科技的迅猛发展，软件技术已成为推动各行各业进步的重要力量。特别是在轮机工程领域，软件技术的应用不仅极大地提升了设备的智能化水平，还优化了工程设计和运行管理的效率。深入理解和掌握软件技术基础，对于轮机工程师而言，具有重要的现实意义和长远的战略价值。

软件技术是信息技术的核心组成部分，其涵盖了从需求分析、设计、开发、测试到维护等全生命周期的各个环节。在轮机工程中，软件技术的应用同样遵循这一基本流程，但因其特定的工程背景和需求，软件技术的运用也呈现出一些独特的特点和挑战。本章将围绕软件技术的基本概念与原理、软件开发过程中的常见方法与技术进行详细介绍。通过阐述软件工程的基本框架和核心要素，结合轮机工程的实际需求，探讨软件技术在轮机工程中的具体应用和最佳实践，为轮机工程师提供有力的技术支持和参考。介绍软件工程的基本概念与原理，包括软件生命周期、软件开发模型、软件质量保障等核心内容。将深入探讨软件开发过程中的常见方法与技术，如面向对象分析、设计模式、敏捷开发等，为后续的轮机工程软件开发提供理论基础和技术支持。

软件工程的基本概念与原理

在轮机工程这一传统工业领域中，软件技术的融合已经成为推动其向智能化、自动化转型的关键动力。在这一变革的浪潮中，深入理解软件工程的基本概念与原理显得尤为重要，它们不仅是软件技术的基石，更是我们掌握和应用软件技术的先决条件。在轮机工程中，软件技术的应用不仅提升了设备的自动化水平，其在优化工程设计、提高运行效率、简化维护流程等方面也发挥着作用。为了充分利用软件技术的这些优势，我们必须先对软件工程的基本概念与原理有清晰的认识。这些概念与原理不仅为我们指明了软件设计与开发的方向，还帮助我们更好地理解软件的生命周期，评估软件的质量，从而确保软件能够切实满足轮机工程中的实际需求。

软件工程的基本概念包括软件的本质定义、软件工程的范畴与内涵，以及软件生命周期的各个阶段。接下来我们还将着重介绍软件工程的核心原理，如模块化、抽象化、信息隐藏、复用性、可维护性等。这些原理是软件工程实践中的指导方针，它们将引导我们设计出更加健壮、高效、易于维护的软件系统，以适应轮机工程领域日益复杂多变的需求。

一、软件的定义

计算机软件技术被人们简称为“软件”，其是软件设计、实施与应用等多种技术应用的总称。计算机软件技术的应用与操作系统、算法、程序设计语言等多种技术相关，同时也与知识产权、道德、专利、法律、可靠性、质量等多种管理及技术密切相关。计算机软件技术包括数据库系统、应用程序设计语言、可信的操作系统、软件工程、应用可移植技术、Agent 技术、分布式计算与网格计算、软件安全以及应用系统集成等技术。目前，在大数据时代发展过程中，常用的计算机软件技术主要有云存储技术、信息安全技术、虚拟化技术等。在大数据时代应用计算机软件技术，能够更好地收集、整理、分析与存储数据，使数据信息的可靠性、安全性得到有效提升，同时也能够为企业信息数据的更高效利用奠定基础，对于推动大数据时代的进一步发展非常有利。

软件是计算机系统中不可或缺的一部分，负责执行特定的任务，提供用户所需的功能。软件可以是系统软件，如操作系统、数据库管理系统等；也可以是应用软件，如办公软件、游戏软件等。

在轮机工程中，软件的定义更加具体和明确。轮机工程中的软件是指用于控制、监测、管理轮机设备运行的程序系统。这些软件需要具备高度的可靠性、稳定性和安全性，以确保轮机设备的正常运行和安全生产。同时，轮机工程中的软件还需要具备实时性、准确性和易用性等特点，以满足轮机设备运行的特殊需求。

二、软件工程的定义

软件开发是一项极其复杂的脑力活动，通常要将其分阶段分步骤完成。制订计划、需求分析、设计、编码、测试及运行维护等活动组成了软件开发的生命周期。在开发产品或构建系统时，遵循一个科学的、成熟的系统模型，合理组织这些过程相当重要。这些模型好比路线图，为软件工程师及管理人员提供了稳定、可控、有组织、有质量保证的开发蓝图。根据软件系统的实际运行情况，对系统参数进行调整，以优化性能或满足特定需求。合理分配系统资源，如 CPU、内存、磁盘空间等，以确保软件系统的稳定运行。根据安全需求，对软件系统进行安全加固，如更新安全补丁、配置防火墙等。为用户提供必要的培训，使他们能够熟练使用软件系统的各项功能。提供技术支持服务，解答用户在使用过程中遇到的问题和疑问。

通过应用软件工程，轮机工程中的软件系统能够更好地满足用户需求、提高运行效率、降低维护成本，为轮机工程的稳定运行和高效管理提供有力的支持。

三、软件生命周期

软件生命周期是一个复杂而重要的过程，涉及多个方面和视角。通过关注项目管理、团队协作、质量保证、用户体验、安全性、技术选择、敏捷开发、持续集成与部署、版本控制、文档编写、可扩展性与可维护性以及环境配置与部署自动化等方面，可以确保软件系统能够按照预定的需求和设计进行开发和使用，并为用户带来实际的价值和效益。

在软件生命周期的初期，项目管理和规划是至关重要的。这包括确定项目的目标、范围、时间表和预算，以及制订项目管理计划、风险管理计划和沟通计划。有效的项目管理和规划能够确保项目的顺利进行，并为后续的软件开发奠定坚实的基础。软件开发通常是一个团队协作的过程，团队协作和沟通在软件生命周期中扮演着关键角色。这包括确定团队成员的角色和职责、建立有效的沟通机制、确保团队成员之间的信息共享和协同工作。通过加强团队协作和沟通，可以提高开发效率，减少错误和冲突，并促进项目的成功实施。

在软件生命周期的各个阶段，都需要关注质量保证和持续改进。质量保证是指通过一系列的质量控制措施，确保软件系统的质量和性能符合用户需求和设计要求。这包括制定质量标准、进行质量评估、实施质量控制和质量改进等。持续改进则是指在软件开发过程中，不断寻求改进和优化的机会，以提高软件系统的质量和效率。通过质量保证和持续改进，可以确保软件系统能够持续满足用户的需求，并为用户带来更好的体验和价值。在软件生命周期中，用户体验和用户反馈是不可忽视的因素。用户体验是指用户在使用软件系统时所感受到的整体体验，包括易用性、可靠性、性能和界面设计等方面。用户反馈则是用户对软件系统功能和性能的评价和建议。通过关注用户体验和用户反馈，可以及时发现并解决软件系统中的问题和不足，提高用户满意度和忠诚度。同时，用户反馈也是推动软件系统不断迭代和优化的重要动力。

随着网络技术的发展，软件系统的安全性和合规性变得越来越重要。在软件生命周期中，需要关注软件系统的安全性设计和实现，确保软件系统能够抵御各种网络攻击和数据泄漏风险。同时，还需要确保软件系统符合相关的法律法规和标准要求，以避免因合规性问题而带来的风险和损失。在软件生命周期的初期阶段，技术和架构的选择对后续的开发和维护具有重要影响。需要根据项目的需求和目标，选择适合的技术和架构方案。这包括选择合适的编程语言、框架、数据库和中间件等，以及确定系统的整体架构和模块划分。通过合理的技术和架构选择，可以提高软件系统的开发效率、可维护性和可扩展性。随着软件行业的快速发展，传统的瀑布模型已经不能完全满足现代软件开发的需求。因而，敏捷开发和迭代式开发成为一种更受欢迎的开发模式。这种开发模式强调快速响应变化、持续交付价值以及团队协作和沟通。在软件生命周期中，采用敏捷或迭代式开发方法可以帮助团队更好地应对需求变更、提高开发效率，并持续交付高质量的软件产品。在软件生命周期中，文档编写和知识管理也是非常重要的。良好的文档可以帮助团队成员更好地理解软件系统的架构、设计和实现细节，以及如何使用和维护软件系统。同时，知识管理可以确保团队成员能够共享和积累经验、技能和最佳实践，从而提高整个团队的能力和效率。

四、软件工程的核心原理

软件工程的核心原理是指导软件设计和开发的一组原则和方法。这些原理有助于我们设计出更加健壮、高效、易于维护的软件系统。

（一）模块化

模块化是将软件系统划分为若干个相对独立的模块，每个模块具有明确的功能和接口。优点是通过将系统分解为更小的、更易于管理的部分，降低了整体系统的复杂性。模块化的设计使得模块可以在不同的项目或系统中重复使用，降低了开发成本。当某个模块出现问题时，可以单独对该模块进行调试和修改，而不会影响到其他模块。

在轮机工程的智能化、自动化过程中，模块化可以使得系统的各个部分（如传感器数据收集、数据处理、控制输出等）相互独立、易于管理，同时也提高了系统的可维护性和可扩展性。

（二）抽象化

抽象化是通过将复杂系统的具体细节隐藏起来，只关注其关键要素和本质特征的过程。在软件开发中，抽象化允许开发人员将复杂问题分解为更小、更易于管理的部分，并通过定义这些部分的接口和行为来简化它们之间的交互。优点是抽象化可以将复杂的软件系统分解为多个独立的、相对简单的组件或模块。这些组件或模块之间的交互通过定义好的接口进行，从而降低了系统的复杂性，使问题更容易被理解和解决。通过抽象化，开发人员可以创建出更高层次的抽象层，如控制层、数据访问层等。这些抽象层隐藏了底层实现的细节，使得上层开发人员可以更加专注于实现具体的业务逻辑，而无须关心底层的复杂性和细节。这大大提高了软件系统的可理解性，使得系统更易于被维护和扩展。抽象化有助于实现代码的复用。通过定义通用的接口和行为，可以将相同的代码逻辑应用于多个不同的场景。这不仅减少了重复编写的工作量，还提高了代码的质量和可维护性。

通过抽象化可以设计出清晰、合理的系统架构。将系统划分为多个层次或模块，每个层次或模块只关注自己的功能和接口，从而降低了系统的耦合度，提高了系统的可扩展性和可维护性。在轮机工程软件开发中，经常需要访问数据库或其他数据源。通过抽象化，可以设计出通用的数据访问层接口，使得上层开发人员可以通过统一的接口访问不同的数据源，而无须关心底层数据源的细节。控制层负责处理用户的请求和响应。通过抽象化，可以定义出通用的控制层接口和行为，使得开发人员可以更加关注业务逻辑的实现，而无须关心底层的 HTTP 协议、请求解析等细节。

（三）信息隐藏

信息隐藏就是电子信息技术使用有效的方法将机密信息伪装为一般信息的形式进行发送，使非法分子无法精确地分辨信息的一种科学手段。其可以通过声音、图像、视频、文档等多种形式进行信息隐藏，具有难以区分的特点，并且就算是发现了被隐藏的信息，要想进行提取也是具有一定困难的，从而确保机密信息的传输。其实传统的加密技术的应用也具有很好的效果，现在的隐藏电子信息的技术是基于传统加密技术的升华。其优点是通过隐藏内部实现细节，减少了外部对系统内部状态的直接访问，从而提高了系统的稳定性。信息隐藏可以限制对关键数据和操作的访问，提高系统的安全性。信息隐藏技术不仅具有良好的应用价值，还具有广阔的发展空间，信息隐藏技术可以保证信息的安全性。在国内外得到了广泛应用，并取得了很好的成绩，常被应用于数据完整性的鉴定和数据保护环节。信息的隐藏技术依旧具有较大的研究以及发展空间，来促使其在更多的领域应用，有效发挥其应用价值。

在轮机工程的软件开发中，信息隐藏可以确保系统的关键数据和操作不会被外部恶意访问或篡改，同时也可以减少因外部误操作导致的系统崩溃或数据丢失。使机密信息看起来与一般信息相同，以达到隐藏信息的目的，从而使网络传输功能更具安全性。

（四）复用性

复用性在轮机工程软件开发中指的是通过复用已有的软件模块、组件、框架、设计模式、算法等，来构建新的软件系统或扩展现有系统的功能。这种复用可以跨越不同的项目、不同的系统，甚至是不同的领域。其优点是通过复用已有的软件模块和组件，可以避免重复编写相同的代码和功能，从而节省大量的人力和时间成本。同时，复用还可以减少测试和维护的工作量，进一步降低开发成本。复用已有的代码和组件可以大幅缩短软件开发的周期。开发人员可以专注于实现新的功能和业务逻辑，而不需要花费大量时间在底层代码和通用功能的开发上。复用经过验证和测试的代码和组件，可以降低新代码引入的潜在风险。这些代码和组件通常具有较高的稳定性和可靠性，可以确保整个软件系统的质量。复用性要求开发人员对已有的代码和组件有深入的了解和掌握。这可以促进团队成员之间的知识共享和协作，提高整个团队的软件开发能力。

软件框架和库的复用：在轮机工程软件开发中，可以使用成熟的软件框架和库来构建软件系统。这些框架和库通常包含了大量的通用功能和组件，可以大大简化开发工作。

设计模式的复用：设计模式是软件开发中解决常见问题的最佳实践。在轮机工程软件开发中，可以复用已有的设计模式来优化软件结构、提高代码可维护性和可扩展性。

算法和数据结构的复用：轮机工程软件开发中经常涉及复杂的算法和数据结构。通过复用已有的算法和数据结构，可以避免重复实现相同的逻辑和数据操作，提高开发效率。

组件化开发：将软件系统拆分成多个独立的组件，并通过接口进行交互。这样可以实现组件的复用和替换，提高软件系统的灵活性和可扩展性。在轮机工程软件开发中，可以采用组件化开发的方式来构建复杂的软件系统。

（五）可维护性

可维护性是指软件在交付后易于修改、扩展和维护的程度。优点是良好的可维护性可以使得软件在出现问题时更容易被修复和修改，从而降低维护成本。通过不断地维护和更新，可以使得软件系统的寿命得到延长。在轮机工程的软件开发中，可维护性可以确保软件系统能够长期稳定运行，并随着轮机工程的发展而不断适应新的需求和技术变化。良好的可维护性也可以使得软件系统更加易于被集成和扩展，以满足更广泛的需求。

随着人们生产、生活方式的改变，为了满足人们各类需求的多层次化、多元化需求，原本的计算机软件设计理念已经难以适应时代发展背景。利用动态的眼光，对以往的软件加以完善，使软件能以继续为人们提供便捷成为软件设计人员的重要任务。在对各类软件进行优化处理工作时，软件设计人员会遇到各类困难，如软件语言的逻辑性难以被清楚认知和理解，使得软件设计的可维护性有待提升等。对原有的软件进行重新设计和开发属于资源的浪费，增加了不必要的软件设计成本，说明提高计算机软件的可维护性、易修改性会对计算机软件的寿命和应用范围产生重要影响，还与软件设计人员的工作效能密切相关。

通过多年的计算机软件行业发展，软件设计工作中开始关注软件自身的可维护性等方面，诞生了各种针对计算机可维护性评估的衡量方式，其中一种可行性较强的衡量标准可分为三个层面。质量检查表：能够用来检查计算机软件测试程序中的质量特征问题，形成一个综合性的问题清单，能够为软件设计的可维护性评价提供可靠的依据。质量测试：是指对计算机软件的质量能够用有关标准、规范等加以检测，保证软件的使用效能符合规定，属于定量分析评价的程序。质量标准：由于不同类型计算机软件在质量特征上存在差异性，有时还会发生冲突，使用不同类型的质量标准能够对软件的可维护性开展立体式的分类评价。

软件工程的发展是一个不断演进的过程。随着新技术的不断涌现和软件开发环境的不断变化，我们需要不断地更新和完善软件工程的理论和实践。软件开发人员应该保持持续学习和进步的态度，不断掌握新的技术和方法，以适应不断变化的市场需求和技术环境。

软件开发过程中的常见方法与技术

在软件工程的广阔领域中，软件开发过程占据了核心地位。软件开发不仅是一个技术密集型的过程，更是一个需要综合运用多种方法和技术的创造性活动。随着技术的不断进步和需求的日益复杂，软件开发过程中的方法和技术也在不断发展和完善。软件开发过程中的常见方法与技术，能够为开发者提供一套全面的指导和参考。软件开发过程中的方法与技术，如同航海者的罗盘和工具，它们为开发者提供了明确的方向和有效的手段。从传统的结构化开发方法，到现代的敏捷开发方法，每一种方法都有其独特的优点和适用场景。结构化开发方法强调严格的文档化、阶段划分和自顶向下的设计，适用于需求明确、规模较大的项目。而敏捷开发方法则注重快速响应变化、团队协作和持续交付，适用于需求变化频繁、时间紧迫的项目。除了开发方法的选择，技术栈的决策也是软件开发过程中的重要一环。从编程语言的选择，到数据库的设计，再到框架和工具的应用，技术栈的决策将直接影响到软件的开发效率、质量和可维护性。开发者需要根据项目的具体需求和团队的实际情况，选择最适合的技术栈来构建软件系统。通过学习和掌握这些常见的软件开发方法与技术，开发者可以更加熟练地应对各种开发场景，提高开发效率和质量。同时，这些方法和技术也将为软件项目的成功提供坚实的保障。

一、常见的软件开发方法

软件工程有各种软件过程模型：瀑布模型、快速原型模型、迭代增量模型、螺旋模型、敏捷过程以及微软过程等。在软件工程实验中根据项目的需要采用相适应的开发模式，会更容易理解掌握各种软件过程模型，并能最大限度地获得直接开发经验。对于一些比较经典的项目，可以采用瀑布模型，这样容易理解软件开发生命周期；对于一些开发时间要求较高的项目，可以采用敏捷开发，这样可以减少不必要的文件输出，提高开发效率；还有一些项目，用户系统使用经验较少或对界面要求高，可以采用快速原型法；对于一些允许逐渐增加模块的项目，可以使用增量模型。

（一）瀑布模型

瀑布模型规定软件开发活动按照图示次序从上而下、相互衔接地进行，如同瀑布流水般环环相扣逐级连接，次序不能颠倒；并且该模型是文档驱动型，每一阶段经过多次核实、验证后应产生相应的文档，成为下一个过程继续的基础，即前一阶段的输出文档成为后一阶段的输入文档。

瀑布模型的优点是可靠性高，因为每个阶段都有严格的论证，保证相对正确后才可进行下一步，因而软件开发的质量有保证，并且可以尽早发现隐患、减少风险、避免损失。其缺点主要有两个方面：一是时间周期长，瀑布模型由于有严格的顺序过程，负责后面流程的成员要等待其所依赖的前一步的任务完成后才能进行，很有可能出现等待时间比开发时间长的“堵塞状态”，同时也不利于人力资源的合理配置。二是不能应对变化的需求。毕竟需求分析阶段也不一定能百分之百地获取用户需求，况且软件行业日新月异需求变化越来越频繁，用户一旦提出需求变更，将会给软件开发带来灾难性的后果，前期的工作有可能全部被否定，带来大量人力、物力、财力的损耗。

（二）原型法

对于瀑布模型，由于软件成果与客户见面的时间太晚，不能灵活应对需求的变化。而快速原型模型则能够很好地克服这个困难。该模型要求尽早提出一个可视化的软件模型，以便与用户沟通、讨论、分析，使抽象的语言描述落实到具体的方案上。最初的模型可以是非全面的，后经过用户的反馈不断进行修改，直至用户满意认可。原型可以是页面形式，甚至是纸上画草图的形式。

原型法的优点主要表现在两个方面：一是尽早确定用户的模糊需求。用形象的软件原型进行沟通要胜过模糊不清的语言描述。二是“快”使得新产品更容易争取客户。其缺点是原型一般是快速建立起来的，比较粗糙，漏洞比较多；而在此基础上建立的系统很有可能需要连续不断地修改，甚至最初的模型会被彻底抛弃。

原型法是一种有效的软件开发方法，它强调用户参与、迭代和反馈，有助于开发者更好地理解用户需求，减少需求变更带来的风险，并加速开发进程。然而，开发者在使用原型法时，也需要注意避免过于关注原型的细节而忽略系统的整体设计和质量。通过合理的规划和管理，原型法可以成为项目成功的关键因素之一。

（三）迭代增量模型

迭代增量模型的核心思想是将整个软件任务划分成若干独立的功能模块（或增量部分）。先从核心功能模块开始，分别进行软件的分析、设计、实现及集成测试，一个模块测试完毕后再开始下一个模块（增量）的开发工作，直至整个系统开发完毕。

迭代增量模型的优点主要表现在两个方面：一是由于增量模型可以最先把核心功能模块交付给用户，所以能够解决用户的一些急用的功能；二是这种分批的交付方式使得公司能够更灵活地安排人员、资金，这一点对于小企业来说尤为重要。其缺点主要体现在风险性上。由于每个模块是按流水线方式呈现的线性序列，逐步进行需求分析、设计、实现并提交。前后模块的设计、开发交错进行并互相关联，这时若前模块设计有误，会影响以后的各模块，此过程存在较大的潜在风险。

迭代增量模型是一种灵活且适应性强的软件开发方法，它允许开发者在开发过程中逐步交付功能，并根据用户反馈进行调整和优化。然而，这种方法对项目管理要求较高，需要确保每个迭代周期都能按计划完成，并通过团队协作和持续改进来不断提高项目的质量和效率。

（四）螺旋模型

在增量模型中，我们提到了软件开发的风险。其实，软件风险评估是软件开发过程的一个重要步骤，少了这一步骤后果可能不堪设想。1988 年，软件系统开发的“螺旋模型”正式发表，它强调了其他模型所忽视的风险分析，特别适合于大型复杂的系统。螺旋模型是若干可发布的快速原型的迭代，每个原型都要经过四个过程：一是制订计划。制定目标、选择方案。二是风险分析。这一步至关重要，若分析不到位，就失去了使用该模型的意义。若使用该模型，企业应具备专业的风险分析人员，能够掌握风险分析的算法、工具，并有较强的分析经验。三是按瀑布模型步骤进行设计、编码、测试等。四是客户评估。让客户提出该版本的修改意见，也为下一版本做基础。重复以上四步，直至生产出完整、满意的产品。

螺旋模型由巴利·玻姆在 1988 年正式提出，它将瀑布模型和快速原型模型相结合，特别强调了风险分析的重要性。该模型采用一种周期性的方法来进行系统开发，每个周期都包括需求定义、风险分析、工程实现和评审四个阶段，这四个阶段不断迭代，推动软件开发过程逐步前进。

螺旋模型的最大特点在于引入了风险分析。在每个迭代阶段，都会对当前的开发环境和需求进行风险评估，以确保项目的顺利进行。这种风险分析机制使得软件在无法排除重大风险时有机会停止，以减小损失。螺旋模型采用迭代式开发，这意味着在每个迭代周期中，都会根据需求分析、风险分析的结果进行软件设计、编码和测试。随着迭代的进行，软件功能逐渐完善，直到满足所有需求为止。螺旋模型强调用户参与的重要性。在每个迭代周期中，用户都可以参与需求定义、风险分析和评审等阶段，以确保软件能够真正满足他们的需求。螺旋模型中的原型不仅是用于演示和收集用户反馈的工具，它还可以成为继续开发的基础。随着迭代的进行，原型不断进化，逐渐接近最终产品。螺旋模型具有很高的灵活性，可以根据项目的实际情况和需求变化进行调整。当某个迭代周期的风险评估结果不理想时，可以选择暂停该周期的开发，重新进行需求分析或风险分析。

螺旋模型沿着螺线进行若干次迭代，图中的四个象限代表了以下活动。制订计划：确定软件目标，选定实施方案，并明确项目开发的限制条件。风险分析：分析评估所选方案，考虑如何识别和消除风险。根据计划进行软件开发和验证。评价开发工作，提出修正建议，并制订下一步计划。

螺旋模型的优点是支持用户需求的动态变化，由于螺旋模型采用迭代式开发，可以快速响应用户需求的变化。其优点主要表现在以下几个方面。原型易于理解：原型可以看作形式的可执行的需求规格说明，易于为用户和开发人员共同理解。降低开发风险：通过严格的风险分析和管理，螺旋模型有助于降低软件开发过程中的风险。简化成本计算：将大型系统分解成小分段进行开发，可以简化成本计算过程，提高计算效率。提高项目透明度：螺旋模型要求开发团队与客户之间进行持续的沟通和协商，确保项目的透明度和可见性。其缺点是风险评估的关键是有优秀的风险分析人员，该人员的素质如何、能否及时识别风险将成为最大的风险。螺旋模型特别适合于大型、复杂且具有高风险的系统级软件应用。在这些项目中，风险是软件开发不可忽视的潜在不利因素，螺旋模型通过严格的风险分析和管理机制，有助于降低项目风险并提高成功率。

二、常见的软件开发技术

（一）面向对象编程（Object-Oriented Programming，OOP）

面向对象编程是一种编程范式，它将现实世界中的事物抽象为对象，并通过类和对象之间的交互来实现功能。OOP 具有封装性、继承性、多态性等特性，可以提高代码的可重用性、可维护性和可扩展性。在软件开发中，OOP 被广泛应用于各种编程语言中，如 Java、C++、Python 等。

1. 类是对象的模板或蓝图，它定义了对象的属性和方法。属性是对象的状态信息，而方法是对象能够执行的操作。类允许我们创建多个具有相同属性和方法的对象实例。

2. 对象是类的实例化，它是根据类创建的具体实例。每个对象都有自己的属性值，并且可以执行类定义的方法。对象之间的交互是通过调用彼此的方法来完成的。

3. 封装是面向对象设计方法的第一大特性，该特性是指把抽象的函数接口的具体实现细节当作一个包，将其包装并且隐藏起来。

（1）定义：将对象的属性和具体细节打包隐藏，对外使用时只能看到相应的接口，来执行对属性的可读及修改的访问权限。

（2）目的：增加程序的安全级别，降低后续的编程复杂度，程序的使用者不需要了解实现的细节，只需要了解它的外部接口，来进行对该类的使用。

（3）基本要求：将属性进行私有化操作，对每个属性创建 set 和 get 方法，如果这里存在一个带参数的构造函数，与此同时就必须存在一个不带参数的构造函数。在后续的开发阶段需要对已经存在的类测试，有时还需要写 toString 方法，虽然不是强制的。

（4）封装的优点：优秀的封装使用可以低耦合。类的内部结构可以根据实际需求进行更改。对成员变量的调控变得更精准。隐藏不需要外部了解实现的细节。

4. 继承是面向对象最显著的一个特性。继承是从已有的类中派生出新的类，新的类能吸收已有类的数据属性和行为，并能扩展新的能力。两个类存在同样的属性和同样的方法名称时，可以把两个类中共同的部分提取出来，新建类为父类，之前的两个类来继承这个类的使用方法。进行继承操作后，子类自动拥有了父类的属性和详细方法，但是父类存在 private 的属性和方法，子类不能够继承。除此之外，子类可以再次编写自己特有的属性和方法，目的就是后续开发过程中功能的扩展，子类也可以复写方法。继承的优点主要包括：继承可提高代码的复用性；继承可提高代码的稳定性；继承让类与类之间产生关系，是多态的前提。

5. 多态是指同一个操作或函数名在不同的上下文中有不同的行为。在 OOP 中，多态通常通过方法重载和方法重写来实现。多态使得代码更加灵活和可扩展，因为它允许我们根据对象的实际类型来执行不同的操作。

（1）概念：同样的事务处理，使用的方法为同一个方法，方法中的参数也相同，但是最后表现的结果不同。

（2）Java 如果想实现多态必须存在以下几个条件才可以成功实现，继承：在多态的管理网中必须有存在继承关系的子类和父类。重写：子类会针对父类中的一些特定方法进行自定义，后续在使用这些方法时会调用子类中重写的方法。向上转型：在多态当中需要把子类引用的对象赋值给到父类，只有这样做才能达到可以调用父类、子类方法的目的。如果满足了以上的几个条件，我们就可以在同一个继承的结构中使用统一逻辑代码，进而去处理不同类别的对象，以达到执行不同方法的目的。

（3）多态的实现方式：基于继承来实现多态，该方法主要表现在父类和继承该父类的不同子类对这些方法进行重写，多个子类进行重写，后续调用时可以执行不同的行为。基于接口实现的多态，继承是通过重新编写父类的同一个方法中的不同的子类来实现的，如果这样做的话，那就是通过覆盖接口来实现多态。

（4）多态性优点：一是提高代码的维护性（继承保证）。二是提高代码的扩展性（由多态保证）。

6. 接口是 OOP 中另一个重要的概念，它定义了一组方法的规范，但不包含具体的实现。类可以实现一个或多个接口，并提供这些方法的具体实现。接口允许我们定义一种协议或规范，使得不同的类可以按照相同的方式被使用或交互。这在一定程度上提高了代码的可维护性和可扩展性，因为只要类遵循了接口规范，就可以被替换或扩展，而不需要修改其他代码。

7. 抽象类是一种特殊的类，它不能被实例化，但可以被其他类继承。抽象类可以包含抽象方法和非抽象方法。抽象方法是一种只有方法签名而没有具体实现的方法，子类必须实现所有的抽象方法才能被实例化。抽象类提供了一种定义类层次结构的方式，允许我们定义一些通用的属性和方法，并留给子类去具体实现。

（二）设计模式

设计模式是在软件开发中解决特定问题的最佳实践和经验总结。它们提供了一套可复用的设计方案和解决方案，帮助开发者更好地设计和实现软件系统。常见的设计模式包括单例模式、工厂模式、观察者模式等。使用设计模式可以提高代码的可读性、可维护性和可重用性，降低系统复杂度和维护成本。

创建型模式提供了一种在创建对象时隐藏创建逻辑的方式，而不是使用 new 运算符直接实例化对象。它们帮助系统解耦，使得代码更加灵活和可扩展。常见的创建型模式可以确保一个类仅有一个实例，并提供一个全局访问点。定义一个用于创建对象的接口，让子类决定实例化哪一个类。提供一个接口，用于创建相关或依赖对象的家族，而不需要明确指定具体类。将一个复杂对象的构建与它的表示分离，使得同样的构建过程可以创建不同的表示。用原型实例指定创建对象的种类，并且通过拷贝这些原型创建新的对象。

结构型模式关注类和对象的组合，采用继承以外的用法来组合接口或实现以组成更大的结构。将一个类的接口转换成客户希望的另一个接口，使得原本由于接口不兼容而无法一起工作的类可以一起工作。将抽象部分与它的实现部分分离，使它们都可以独立地变化。将对象组合成树形结构以表示“部分－整体”的层次结构。组合模式使得客户对单个对象和复合对象的使用具有一致性。动态地给一个对象添加一些额外的职责，就增加功能来说，装饰器模式相比生成子类更为灵活。它可以为其他对象提供一个代理以控制对这个对象的访问。

行为型模式特别关注对象之间的通信，包括它们之间如何相互协作以实现特定的功能。常见的行为模式即观察者模式定义对象之间的一对多依赖关系，当一个对象改变状态时，它的所有依赖者都会收到通知并自动更新。迭代器模式提供一种方法顺序访问一个聚合对象中各个元素，而又不需暴露该对象的内部表示。状态模式允许一个对象在其内部状态改变时改变它的行为。对象看起来似乎修改了它的类。策略模式定义一系列的算法，把它们一个个封装起来，并且使它们可以互相替换。策略模式使得算法可以独立于使用它的客户端变化。模板方法模式定义一个操作中的算法的框架，而将一些步骤延伸到子类中。模板方法使得子类可以不改变一个算法的结构即可重定义该算法的某些特定步骤。

设计模式提供了清晰的解决方案结构，使得代码更易于理解和维护。设计模式遵循最佳实践，减少了因设计错误而导致的系统重构需求。此外，设计模式还提供了一套可复用的设计方案，使得开发者可以在不同的项目中重用这些方案。通过采用合适的设计模式，可以简化系统的设计和实现，减少代码的冗余和复杂性。设计模式使得代码更加健壮和易于扩展，从而降低了后期维护和修改成本。

软件开发过程中的常见方法与技术多种多样，每种方法和技术都有其独特的优点和适用场景。开发者需要根据项目的实际情况和需求来选择合适的方法和技术，并灵活运用它们来构建高质量的软件系统。

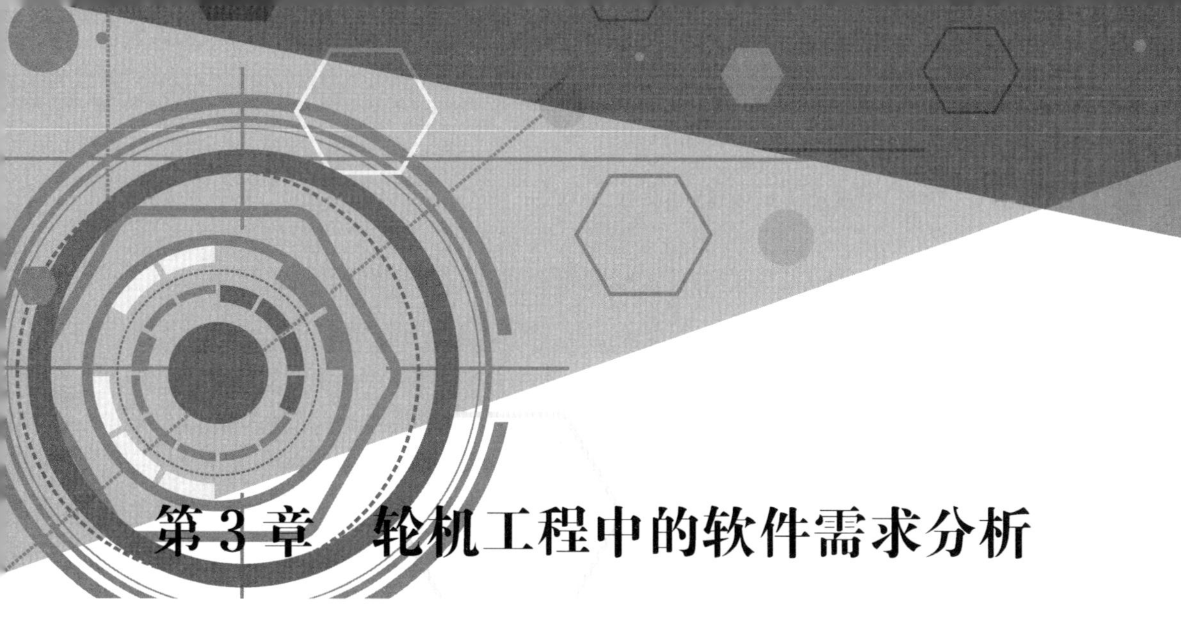

第 3 章　轮机工程中的软件需求分析

需求分析是软件开发过程中的首个关键阶段，它奠定了整个软件项目的基石。在轮机工程中，软件需求分析的目的在于明确软件需要解决的具体问题、满足其特定需求以及达到的预期效果。通过对轮机工程各环节的深入理解和分析，结合工程人员的专业知识和实际经验，我们可以准确地把握软件的功能需求、性能需求、用户界面需求以及与其他系统的集成需求。轮机工程中的软件需求分析具有其独特性和挑战性。首先，轮机工程涉及的技术领域广泛，包括机械、电子、控制等多个学科，这要求软件需求分析人员具备跨学科的知识背景。其次，轮机工程对软件的可靠性和安全性要求较高，任何小的疏漏都可能引发严重的后果，需求分析必须细致入微、严谨周密。随着技术的不断发展和工程需求的不断变化，软件需求分析也需要不断更新和完善，以适应新的挑战和需求。

轮机工程中软件需求分析的特点与挑战

随着科技的快速发展和轮机工程领域的不断进步，软件在其中的应用日益广泛，现已成为推动轮机工程高效、安全运行的关键力量。然而，在轮机工程中，软件需求分析不仅是一个技术性的问题，更是一个复杂且充满挑战的过程。我们将深入探讨轮机工程中软件需求分析的特点与挑战，以期为软件项目的成功实施提供有力的指导。轮机工程是船舶、电力、能源等领域的关键技术支撑，其复杂性和特殊性要求软件需求分析必须精准、全面。轮机工程中的软件需求分析不仅要考虑到技术的复杂性，还要充分考虑到工程的实际需求、安全可靠性、实时性以及系统集成性等多方面的因素。这使得软件需求分析在轮机工程中显得尤为重要。

轮机系统的实时性要求也使得软件需求分析需要考虑到系统的快速响应和高效运行。轮机工程中的软件需求分析还需要考虑到与其他系统的集成和协同工作，以确保整个系统的稳定性和高效性。然而，在轮机工程中，软件需求分析也面临着诸多挑战。技术复杂性使得软件需求分析变得困难重重，需要分析人员具备深厚的专业知识和实践经验。用户需求的变化和不确定性也给软件需求分析带来了挑战，要求分析人员具备灵活性和适应性。时间压力、沟通和协作等问题，也是软件需求分析中需要克服的难题。

一、轮机工程中软件需求分析的特点

在轮机工程中，软件需求分析扮演着至关重要的角色，其特点体现了轮机工程复杂性和专业性的要求。

（一）跨学科性

轮机工程中的软件需求分析之所以具有显著的跨学科性，主要是因为轮机系统本身就是一个高度集成的系统，涉及机械工程、电子工程、控制工程、计算机科学等多个学科的知识和技术。这种跨学科性使得软件需求分析变得尤为复杂和具有挑战性。

在软件需求分析过程中，分析人员需要深入理解并融合多个学科的知识。他们需要了解机械工程中的设备工作原理、性能参数和故障模式，以便在软件中准确模拟和控制这些设备。同时，他们还需要掌握电子工程中的信号处理技术、数据传输协议和接口标准，以确保软件能够与各种传感器、执行器和控制器进行通信和交互。控制工程中的控制算法、逻辑设计和优化方法也是软件需求分析中不可或缺的一部分。由于轮机工程中的软件需求分析涉及多个学科，分析人员需要与来自不同学科领域的专家、工程师和技术人员进行频繁的沟通和协作。这种跨学科的沟通与协作有助于分析人员更好地理解用户需求、系统功能和性能要求，并在软件设计中充分考虑这些要求。同时，它还能够促进不同学科之间的知识共享和技术交流，为软件的优化和创新提供新的思路和方法。

轮机工程中的软件需求分析需要整合来自不同学科的技术要求。这些技术要求大致包括机械工程中的设备性能参数、电子工程中的信号处理要求、控制工程中的控制算法和逻辑设计等。分析人员需要将这些技术要求进行综合考虑和权衡，以确保软件设计在满足各项技术要求的同时，还能够实现系统的整体优化和协同工作。随着技术的不断发展和进步，轮机工程中的各个学科领域也在不断变化和更新。这使得软件需求分析需要具备前瞻性和适应性，能够及时跟踪和了解相关学科的技术发展动态，并根据这些变化调整和优化软件需求分析结果。随着物联网、大数据和人工智能等技术的不断发展，轮机工程中的软件需求分析也需要考虑如何将这些新技术应用于软件设计中，以提高系统的智能化水平和性能表现。

轮机工程中软件需求分析的跨学科性特点要求分析人员具备广泛的知识背景、深厚的专业素养和跨学科沟通与协作能力。只有这样，才能确保软件需求分析结果的准确性和全面性，为轮机工程的高效、安全运行提供有力的支持。

（二）高度定制化

在轮机工程中，软件需求分析的一个显著特点是高度定制化。由于轮机系统通常是根据特定的应用场景、工作环境和性能要求来设计和构建，其软件需求也往往具有高度的定制化特点。

轮机系统应用于各种船舶、发电站、工业设备等，每个应用场景都有其独特的需求。软件需求分析需要深入了解这些应用场景的特点，如工作环境、负载情况、控制要求等，从而定制出符合该应用场景的软件功能。在船舶轮机系统中，软件需要支持海洋环境下的实时监测、故障诊断和远程控制等功能；而在发电站轮机系统中，软件则需要能够精确控制燃料供应、温度调节和排放控制等。不同的轮机系统用户可能会有不同的使用习惯和个性化需求。软件需求分析需要与用户进行充分的沟通和交流，了解他们的具体需求和期望。某些用户可能希望软件界面更加简洁直观，便于操作；而另一些用户则可能更关注软件的数据分析和报告功能。软件需求分析需要针对用户的个性化需求进行定制，以满足他们的具体要求。

轮机系统对软件的性能要求往往非常精确和严格。软件需求分析需要详细分析系统的性能需求，如响应时间、处理速度、存储容量等，并制订出符合这些性能要求的软件设计方案。这就要求分析人员具备深厚的专业知识和技能，能够准确评估系统的性能需求，并选择合适的软件和硬件平台来实现这些需求。轮机系统通常是一个复杂的集成系统，一般由多个子系统和设备组成。软件需求分析需要考虑这些子系统和设备之间的集成与协同工作。分析人员需要了解各个子系统和设备的功能特点、接口标准和通信协议，制订出能够实现这些子系统和设备之间无缝集成和高效协同的软件设计方案。这要求分析人员具备跨学科的知识和技能，能够深入理解不同子系统和设备的工作原理和性能要求。

轮机系统的软件需求往往随着技术的发展、用户需求的变化以及系统升级而发生变化。在软件需求分析阶段就需要考虑软件的可扩展性和可维护性。分析人员需要设计出具有良好扩展性和可维护性的软件架构和设计方案，以便在未来能够方便地对软件进行修改、升级和维护。这要求分析人员具备前瞻性和灵活性的思维方式，能够预见未来的技术发展趋势和用户需求变化。轮机工程中软件需求分析的高度定制化特点要求分析人员具备深入的应用场景理解、用户需求沟通能力、精确的性能评估技能、跨学科的知识储备以及前瞻性和灵活性的思维方式。只有这样，才能确保软件需求分析结果的准确性和针对性，为轮机系统的高效、安全运行提供有力的支持。

（三）可靠性和安全性要求高

在轮机工程中，软件需求分析的一个核心特点是可靠性和安全性要求高。这是因为轮机系统通常承载着关键性的功能和任务，如驱动船舶航行、控制发电机组运行等，其软件系统的稳定性和安全性直接关系到整个系统的正常运行和人员安全。在软件需求分析阶段，对可靠性和安全性的要求非常高。

轮机系统的软件需要具有高度的故障容忍能力，能够在发生故障时保持系统的稳定运行或迅速切换到备用系统。软件需求分析阶段需要详细考虑各种可能的故障情况，并制定相应的容错设计策略。通过冗余设计、备份系统、故障检测与恢复机制等手段，确保软件在发生单点故障时不会影响整个系统的运行。

软件的可靠性及影响因素：软件的可靠性是指在一段时间内软件无失效运行的概率。它与操作有很大关系，是动态的而非静态的。软件可靠度 R 是指软件在规定条件下、规定的时间段内完成预定功能的概率，或者说软件在规定时间内无失效发生的概率。软件可靠性是关于软件能够满足需求功能的性质。影响软件可靠性的因素主要包括：①软件的规模和内部结构（软件复杂度），随着软件规模、结构复杂程度的增加，软件可靠性问题愈显突出；

②软件开发的支持环境；③软件可靠性设计技术，也即软件设计阶段采用的用以保证和提高软件可靠性为主要目标的软件技术；④软件的开发方法；⑤软件开发人员的能力和经验；⑥软件对实际需求表述上的符合度；⑦软件的测试与投放方式等。

提高软件可靠性的方法和技术，建立以可靠性为核心的质量标准。在软件项目规划和需求分析阶段，就要建立以可靠性为核心的质量标准。这个质量标准包括实现的功能、可靠性、可维护性、可移植性、安全性、吞吐率等。目前虽然还没有一个衡量软件质量的完整体系，但还是可以通过一定的指标来指定标准基线。选择一种可靠度增长曲线预测模型，如时间测量、个体测量、可用性，在后期开发过程中，可以用来计算可靠度增长曲线的差错收敛度。在建立质量标准之后，设计质量报告及评价表，在整个开发过程中就要严格实施并及时作出质量评价，填写报告表。

软件开发方法对软件的可靠性也有重要影响。目前的软件开发方法主要有 Parnas 方法、Yourdon 方法、面向数据结构的 Jackson 方法和 Warnier 方法、PSL/PSA 方法、原型化方法、面向对象方法、可视化方法、ICASE 方法、代理开发方法等。Parnas 方法是最早的软件开发方法，是 Parnas 在 1972 年提出来的。其基本思想是在概要设计时预先估计未来可能发生的变化，并提出了信息隐藏的原则，以及提高软件的可靠性和可维护性。在设计中要求先列出将来可能要变化的因素，在划分模块时将一些可能发生变化的因素隐含在某个模块的内部，使其他模块与此无关，这样就提高了软件的可维护性，避免了错误的蔓延，也就提高了软件的可靠性。在面向对象的方法中，由于大量使用具有高可靠性的库，其可靠性也就有了保证，用面向对象的方法有利于实现软件重用。所以建议采用面向对象的方法，借鉴 Parnas 和瑞理模式的思想，在开发过程中再结合使用其他方法，吸取其他方法的优点。

最大限度地重用现有的成熟软件，不仅能缩短开发周期，提高开发效率，也能提高软件的可维护性和可靠性。一般用得比较多的是软件构件重用。在选择可重用构件时，一定要有严格的选择标准，可重用的构件必须是经过严格测试的，甚至是经过可靠性和正确性证明的构件，应模块化（实现单一的、完整的功能）、结构清晰（可读、可理解、规模适当），且有高度可适应性。开发一个大的软件系统，离不开开发管理工具，一个项目管理员仅仅靠人来管理是不够的，需要有开发管理工具来辅助解决开发过程中遇到的各种各样的问题，以提高开发效率和产品质量。在我国，开发管理工具并没有得到有效的使用，许多软件公司还停留在人工管理阶段，所开发的软件质量不会很高。

软件开发前期各阶段完成之后，为进一步提高可靠性，只有通过加强测试来实现。为最大限度地除去软件中的差错，改进软件的可靠性，就要对软件进行完备测试。要对一个大的软件系统进行完备测试是不可能的，所以要确定一个最小测试数和最大测试数，前者是技术性的决策，后者是管理性的决策，在实际过程中要确定一个测试数量的下界。总的来说，要在可能的情况下，进行尽可能完备的测试。提高系统软件可靠性的技术一般可以分为两类：①避免故障，在开发过程中，尽可能不让差错和缺陷潜入软件；②采用冗余思想的容错技术，容错技术的基本思想是使软件内潜在的差错对可靠性的影响缩小控制到最低程度。 被动的防错性技术是当到达检查点时，检查一个计算机程序的适当点的信息。主动的防错性技术是周期性地搜查整个程序或数据，或在空闲时间寻找不寻常的条件。一个项目管理员应该采用这种技术，虽然在设计时要花费一定的时间，但这对提高可靠性很有用。

（四）实时性和响应性

在轮机系统的软件需求分析中，实时性和响应性是两个至关重要的方面。由于轮机系统涉及动力、控制和安全等多个关键领域，软件必须能够迅速、准确地响应系统变化，以提供实时的数据监测和控制功能。

实时性是指系统能够在规定的时间内响应外部事件或系统内部状态变化的能力。在轮机系统中，实时性可能涉及对温度、压力、转速等关键参数的实时监测和响应。明确软件在接收到输入或系统状态变化后，需要在多长时间内给出响应。更新频率：确定软件需要多久更新一次监测数据，以确保数据的准确性和实时性。评估数据从传感器传输到软件处理并显示给用户所需的时间，确保数据延迟在可接受的范围内。考虑系统可能面临的网络延迟、硬件处理速度限制等因素对实时性的影响。分析如何在不同负载和并发场景下保持实时性。采用多线程、异步处理等技术手段优化软件性能，提高实时性。设计合理的任务调度和优先级管理策略，确保关键任务能够得到及时处理。

响应性是指软件在接收到用户请求或系统指令后，能够迅速、准确地执行相应操作的能力。在轮机系统中，响应性可能涉及对控制指令的快速响应和准确执行。明确软件在接收到用户请求后需要在多长时间内给出响应。确保软件在响应时能够正确执行用户请求，避免误操作或错误执行。考虑系统可能面临的用户并发请求、网络拥堵等因素对响应性的影响。分析如何在高负载和复杂场景下保持响应性。优化软件架构和算法，提高处理速度和效率。采用缓存、预加载等技术手段减少响应时间。设计友好的用户界面和交互流程，降低用户操作复杂度和等待时间。

在轮机系统的软件需求分析中，实时性和响应性往往是相互关联的。为了同时满足这两个方面的要求，分析人员需要在设计阶段充分考虑它们之间的相互影响和制约关系，并采取相应的技术手段和策略进行优化。可以采用分布式架构、云计算等技术手段提高系统的实时性和响应性；也可以采用负载均衡、容错处理等技术手段确保系统在高负载和复杂场景下的稳定性和可靠性。

（五）动态性和灵活性

在轮机系统的软件需求分析中，系统集成性是一个至关重要的考虑因素。由于轮机系统由多个子系统和设备组成，且需要与其他系统进行数据交换和协同工作，软件设计必须能够确保与这些系统之间的无缝集成，从而实现数据共享和功能协同。

轮机系统的复杂性和多样性要求软件能够与其他系统进行高效、可靠的数据交换和协同工作。这不仅能提高整个系统的运行效率，还能确保系统的稳定性和安全性。在软件需求分析阶段，必须充分考虑软件的集成性需求。在进行软件需求分析之前，分析人员需要深入了解轮机系统的整体架构和各个子系统的功能需求。这包括了解系统的硬件组成、网络拓扑结构、数据传输方式等。同时，还需要了解各个子系统的功能特点、数据格式、通信协议等。这些信息将为后续的软件设计提供重要的参考依据。

在了解系统整体架构和子系统功能的基础上，分析人员需要明确软件的集成性需求。这包括确定软件需要与其他哪些系统进行集成、需要实现哪些数据交换和协同工作功能、需要遵循哪些通信协议和数据格式等。还需要考虑如何确保数据的安全性和可靠性，以及如何处理数据冲突和异常等问题。为了满足软件的集成性需求，分析人员需要设计合理的软件架构和接口。这包括选择合适的开发框架、设计清晰的数据交互流程、定义明确的接口规范和通信协议等。同时，还需要考虑如何优化数据传输效率、降低数据丢失和错误的风险。

在软件开发过程中，分析人员需要与其他系统的开发人员密切合作，确保软件能够与其他系统顺畅地进行数据交互和协同工作。这包括进行接口测试、联调测试等，以确保数据的准确性和一致性。同时，还需要建立有效的沟通机制，及时处理和解决在集成过程中出现的问题和异常。在软件投入使用后，分析人员需要持续关注系统的运行情况，并根据实际需要进行优化和维护。这包括优化数据传输效率、改进数据交互流程、修复发现的程序错误等。同时，还需要与其他系统的开发人员保持沟通，确保软件的集成性能够持续满足系统的需求。

在轮机系统的软件需求分析中，集成性是一个不可忽视的重要因素。分析人员需要充分了解系统的整体架构和各个子系统的功能需求，明确软件的集成性需求，并设计合理的软件架构和接口。同时，还需要与其他系统的开发人员密切合作，确保软件能够与其他系统无缝集成，实现数据共享和功能协同。轮机工程中软件需求分析的特点体现了轮机工程复杂性和专业性的要求。这些特点要求分析人员具备跨学科的知识背景、丰富的实践经验和高度的专业素养，以确保软件能够满足轮机系统的需求，为轮机工程的高效、安全运行提供有力的支持。

二、轮机工程中软件需求分析面临的挑战

在轮机工程中，软件需求分析面临着多重挑战，这些挑战来自技术的复杂性、系统的动态性、需求的多样性以及项目的时间和资源限制等方面。

1. 技术复杂性。轮机工程中的技术复杂性使得软件需求分析面临着巨大的挑战。分析人员需要深入了解多个学科的知识和技术细节，确保软件能够满足复杂的技术要求。

轮机工程涉及机械工程、电气工程、控制工程、热力学、流体力学等多个学科的知识。软件需求分析人员需要掌握这些学科的基本原理和关键技术，以便能够准确理解系统的工作原理、控制逻辑和性能要求。他们需要了解发动机的热力学过程、流体的运动规律以及控制系统的设计方法等。轮机系统中的各种设备、传感器、执行机构等都有其特定的技术规格和参数要求。软件需求分析人员需要深入了解这些技术细节，包括设备的工作原理、接口协议、数据格式等。这有助于他们准确理解系统对软件的需求，并设计出符合要求的软件功能。

软件需求分析人员需要关注这些技术更新，并评估其对软件需求的影响。他们需要及时了解新技术的发展趋势和优势，以便在软件设计中融入这些新

技术，提高系统的性能和可靠性。轮机系统通常由多个子系统和设备组成，这些子系统和设备之间需要进行数据交换和协同工作。因此，软件需求分析人员需要考虑系统的集成性和交互性，以确保软件能够与其他系统无缝集成，并实现数据共享和协同工作。他们需要深入了解系统的整体架构和通信协议，以便设计出符合要求的软件接口和通信机制。

由于轮机系统的复杂性，软件需求分析人员需要模拟各种复杂场景，对软件进行测试和验证。他们需要设计合理的测试用例和测试场景，以覆盖系统的各种可能情况。通过测试和验证，他们可以确保软件能够满足复杂的技术要求，并具备高度的可靠性和稳定性。面对技术复杂性的挑战，软件需求分析人员需要不断学习和积累专业知识与经验。他们可以通过参加培训、阅读专业文献、参与项目实践等方式来提升自己的能力和水平。同时，他们还需要与同行进行交流和合作，共同应对技术复杂性的挑战。

2. 用户需求变化。在轮机工程项目中，用户需求可能会随着项目的进展而发生变化。这就要求软件需求分析人员具备灵活性和适应性，能够及时调整需求分析结果以满足新的用户需求。

用户需求的变化可能源于多种原因，包括市场趋势的变化、技术进步、用户反馈、项目范围调整等。软件需求分析人员需要深入了解这些变化的原因，以便更好地理解用户的新需求，并据此调整需求分析结果。面对用户需求的变化，软件需求分析人员需要保持灵活的心态和快速的反应能力。他们需要密切关注项目的进展和用户的反馈，及时发现并识别用户需求的变化。一旦识别到变化，他们需要迅速评估变化对项目的影响，并与项目团队和用户进行充分的沟通和讨论，以确定如何调整需求分析结果。在识别到用户需求的变化后，软件需求分析人员需要根据新的需求对原有的需求分析结果进行调整。这可能包括修改功能需求、调整性能要求、更新用户界面设计等方面。调整需求分析结果时，他们需要确保新的需求与项目的整体目标和约束条件保持一致，并与项目团队和用户进行充分的沟通和确认。在调整需求分析结果后，软件需求分析人员需要评估变更对项目的影响。这可能包括对项目进度、成本、质量等方面的影响。他们需要综合考虑各种因素，评估变更的可行性和风险，并向项目团队和用户提供详细的变更评估报告。

在用户需求变化的过程中，软件需求分析人员需要与项目团队和用户保持持续的沟通和协作。他们需要及时向项目团队和用户报告用户需求的变化与需求分析结果的调整情况，并与他们共同讨论和确定下一步的工作计划。

通过持续的沟通和协作，软件需求分析人员可以更好地理解用户的需求和期望，确保项目能够按时、按质、按量完成。为了更好地管理用户需求的变化，软件需求分析人员需要建立变更记录和跟踪机制。他们需要记录每次变更的原因、内容、影响以及处理结果等信息，以便在后续工作中进行参考和查询。同时，他们还需要定期回顾和评估变更的情况，以确保项目的顺利进行和满足用户的需求。

3. 系统集成性。轮机系统通常由多个子系统和设备组成，这些子系统和设备之间需要进行数据交换和协同工作。在软件需求分析阶段需要考虑系统集成性要求，确保软件能够与其他系统无缝集成并协同工作。

在软件需求分析阶段，首先需要明确轮机系统的集成需求。这包括确定哪些子系统和设备需要参与集成、它们之间的数据交换方式、通信协议以及协同工作的具体方式等。通过深入了解系统的整体架构和工作流程，可以确保软件需求分析结果能够全面覆盖系统集成的要求。在明确集成需求后，需要对现有的子系统和设备进行评估。这包括了解它们的技术规格、接口标准、数据格式等信息，以便确定软件与这些系统集成的可行性和兼容性。同时，还需要评估现有系统的性能和稳定性，以确保集成后的系统能够满足预期的性能要求。

基于集成需求和现有系统的评估结果，软件需求分析人员需要设计合理的集成方案。这包括确定数据交换的协议和方式、设计软件与现有系统的接口、制定协同工作的规则和流程等。在设计集成方案时，需要充分考虑系统的可扩展性、可维护性和安全性等因素，以确保集成后的系统具有良好的稳定性和可靠性。在集成方案实施后，需要进行验证和测试以确保集成效果符合预期。这包括测试软件与现有系统的接口是否正常工作、数据交换是否准确可靠、协同工作是否顺畅等。通过充分的验证和测试，可以及时发现并解决潜在的问题和缺陷，以确保集成后的系统能够稳定运行并满足用户的需求。

集成后的系统需要持续监控和维护以确保其稳定性和可靠性。软件需求分析人员需要与项目团队和用户保持密切沟通，及时了解系统的运行状态和用户反馈。一旦发现问题或缺陷，需要迅速响应并采取措施进行修复和改进。同时，还需要关注新技术的发展和市场需求的变化，以便及时调整和优化集成方案以适应新的需求。系统集成性要求软件需求分析人员与多个子系统和设备的开发团队进行紧密协作。他们需要共同讨论和确定集成方案、接口设计、数据交换协议等关键问题。通过跨团队协作，可以确保各方对集成需求有共同的理解和认识，从而减少误解和冲突，提高集成效率和质量。

4. 时间压力。轮机工程项目通常具有严格的时间限制，要求软件需求分析能够在有限的时间内完成。这要求分析人员具备高效的工作能力和良好的时间管理能力以应对时间压力。

在软件需求分析的开始阶段，分析人员需要明确项目的时间限制，并了解每个需求的紧急程度和重要性。通过设定明确的时间表和里程碑，可以将需求分析任务分解为可管理的部分，并为每个部分设定优先级。这有助于分析人员集中精力处理最关键和紧急的需求，确保在有限的时间内完成关键任务。在明确时间限制和优先级后，分析人员需要制订详细的工作计划。这包括确定每个需求的具体分析步骤、所需的时间和资源等。通过制订详细的工作计划，分析人员可以更加清晰地了解每个任务的要求和进度，从而更好地掌控时间。

为了应对时间压力，分析人员需要努力提高工作效率。这包括采用高效的工作方法、优化工作流程、减少不必要的延误等。可以利用模板和工具来简化重复性工作，通过并行处理多个任务来充分利用时间。与项目团队保持紧密地沟通和协作，共同解决问题和困难，也可以提高工作效率。在实际工作中，可能会出现一些不可预见的情况，如需求变更、技术难题等，这可能会导致原计划无法按时完成。在这种情况下，分析人员需要灵活调整工作计划，重新分配时间和资源，以确保关键任务能够按时完成。通过灵活调整工作计划，分析人员可以更好地应对时间压力，并保持项目的稳定性和连续性。

良好的时间管理能力是应对时间压力的关键。分析人员需要学会合理安排时间，确保在关键时期能够集中精力处理重要任务。通过设定明确的目标和计划，并坚持执行，分析人员可以更好地掌控时间，避免拖延和延误。学会拒绝非紧急任务、合理安排休息和娱乐时间等也是保持良好的时间管理能力的重要方面。在面对时间压力时，分析人员可以寻求项目团队、上级或同事的帮助和支持。通过与他们分享自己的困境和困难，并寻求建议和解决方案，分析人员可以更好地应对时间压力，并顺利完成需求分析任务。

在轮机工程项目中，时间压力是软件需求分析阶段常常面临的一项挑战。为了应对时间压力，分析人员需要明确时间限制和优先级、制订详细的工作计划、提高工作效率、灵活调整工作计划、保持良好的时间管理能力。通过实施这些措施，分析人员可以更好地应对时间压力，以确保软件需求分析在有限的时间内完成。

软件需求工程方法与实践案例

在轮机工程领域，软件技术的应用日益广泛，尤其是在船舶动力管理系统等关键领域中，软件系统的稳定性和功能性对于提升整体能效和安全性至关重要。在软件开发过程中，软件需求工程是软件生命周期的首要环节，其重要性不言而喻。软件需求工程是软件工程的一个分支，它关注获取、分析、定义、验证和管理软件需求的过程。在轮机工程领域，软件需求工程不仅要求分析人员具备深厚的工程背景知识，还需要他们能够理解并转化用户的实际需求和期望。通过采用合适的需求工程方法和技术，可以确保软件系统的开发过程更加系统、高效，并降低因需求不明确或变更而导致的风险。

一、软件需求工程方法

在轮机工程中进行软件需求分析时，可以采用多种软件需求工程方法。

（一）需求采集方法

访谈是需求采集过程中最直接且有效的方法之一。需求分析团队应与船舶运营人员、技术专家、船员等进行面对面的交流，深入了解他们对船舶动力管理系统的期望、问题和需求。在访谈过程中，团队应确保问题的开放性和针对性。开放性问题能够激发受访者的思考，使他们能够更全面地表达自己的想法和需求；而针对性问题则能够确保获取到与项目相关的具体信息。访谈结束后，团队应对收集到的信息进行整理和分析，以便更准确地理解用户需求。团队还应对访谈过程中发现的问题进行记录和跟踪，以便后续解决。

问卷调查是一种广泛使用的需求采集方法，可以覆盖更广泛的用户群体。需求分析团队可以设计一份包含系统功能、性能、易用性、安全性等方面问题的问卷，并通过电子邮件、纸质版或在线平台等方式发送给目标用户。在设计问卷时，团队应确保问题的准确性和清晰度，避免使用模糊或含混不清的措辞。同时，团队还应注意问题的顺序和逻辑结构，以便让受访者能够更顺畅地回答问题。收集到问卷后，团队对数据进行整理和分析，了解用户对系统的期望和需求。同时，团队还应对问卷结果进行统计和可视化处理，以便更直观地展示用户需求。

观察是一种直接获取用户行为和需求的方法。需求分析团队可以前往船舶运营现场，观察实际的工作流程和操作习惯。在观察过程中，团队应关注用户与系统之间的交互过程，了解用户在操作过程中遇到的问题和困难。同时，团队还应记录用户的行为和反应，以便后续进行分析和整理。观察结束后，团队应对记录的信息进行整理和分析，提取出与项目相关的需求和问题。这种方法虽然需要花费较多的时间和精力，但能够获取到最真实、最直接的用户需求。

原型演示是一种直观展示系统功能和操作流程的方法。需求分析团队可以构建一个简单的软件原型，并在演示过程中邀请用户进行体验。通过原型演示，用户可以更直观地了解系统的功能和操作流程，并提出改进意见。需求分析团队应根据用户的反馈进行原型的修改和完善，以便更好地满足用户需求。原型演示结束后，团队对收集到的反馈进行整理和分析，了解用户对系统的期望和需求。同时，团队还应对原型进行迭代和优化，以便更好地满足用户需求。

以上四种需求采集方法各有优缺点，需求分析团队应根据项目的实际情况选择合适的方法进行组合使用，以便更全面地获取用户需求。

（二）需求管理方法

规范需求提供渠道、建立需求沟通机制、明确需求接收准则和做出需求实现承诺，这是理解和承诺需求的主要活动内容。

通常由用户方指定有效的需求提供者，从而建立规范的需求提供渠道。狭义的需求提供者是用户方指定的用户代表。广义的需求提供者还可以是一个由用户、同行专家和研制方代表组成的联合工作组，也可以是一个定期召开的需求研讨会。无论采用哪种形式，目的都是规范化用户需求的提供渠道，从这一渠道提出正式的用户需求。需求提供渠道应在用户方和研制方达成共识后，写入项目计划书或其他有效力的文件中。

项目组相关人员与需求提供者应建立常态化的沟通交流机制，共同理解需求。项目组的技术负责人、测试负责人和主要管理人员充分理解需求自不待言，用户方的需求提供者也有必要在沟通交流中不断加深对需求的理解，从而将“需要”转变成清晰、合理的需求。沟通交流需求的主要形式是会议，当然也可以是邮件、访谈等其他形式。研制方应尽量使非正式的沟通内容得到需求提供者的正式认可，并保存和管理所有沟通记录。

需求提供者的出发点往往是用户方的“需要”，还要经过充分的分析和思考才能形成用户需求。在用户需求的形成过程中，研制方的观点十分重要，因为研制方关注用户需求的实现可行性、实现成本、验证可行性和内容一致性等要素，而这些要素恰恰是高质量需求不可或缺的特征，也是后期需求一致性管理的前提保障。研制方应将需求的接受准则明确下来，并按照准则讨论和接受需求。研制方可以将疑似不满足准则但暂时无法拒绝的需求标识出来，纳入风险管理。

项目组成员在充分理解用户需求的基础上承诺其可实现，从而建立并巩固用户方和研制方管理人员对实现需求的信心。承诺用户需求的形式通常有两个：研制方领导或项目组主要成员参与用户需求评审会，在会议上做出正式承诺；在项目组会议上讨论并承诺用户需求。广义的需求承诺是在项目研制过程中，始终确保所有工程活动都围绕着实现用户需求这一目标开展、所有工作产品都与用户需求保持一致，这是用户和研发管理者最想得到的一条承诺。

（三）需求分析方法

在轮机工程软件需求工程中，需求分析方法用于对采集到的需求进行深入理解和分析，以确保开发团队能够准确地理解用户需求，并转化为可实现的系统功能。

功能分解是一种将复杂需求拆分为更小、更具体的部分，更易于管理的方法。这种方法有助于将复杂的系统需求分解为多个简单的功能模块，从而降低开发难度，提高系统的可维护性和可扩展性。在进行功能分解时，需求分析师需要首先理解整个系统的需求，并识别出主要的功能模块。然后，针对每个功能模块，进一步分析并识别出更小的子功能或功能点。通过这种方式，可以将复杂的系统需求逐步细化，形成层次结构清晰的功能树。功能分解完成后，需求分析师可以使用文档或图表来记录每个功能模块的详细信息，包括功能描述、输入输出、前置条件、后置条件等，以便开发团队在后续阶段进行参考和实现。

用例分析是一种使用例来描述系统功能需求的方法。用例描述了系统如何与用户交互，以及系统应如何响应用户的请求。通过用例分析，开发人员可以更好地理解用户需求，并发现潜在的问题。在进行用例分析时，需求分析师需要首先识别出系统的主要用户角色和用例场景。然后，针对每个用例场景，详细描述用户与系统之间的交互过程，包括用户输入、系统响应、系统输出等。通过这种方式可以清晰地描述系统的功能需求，并发现潜在的问题和异常情况。用例分析完成后，需求分析师可以使用文档或工具来记录每个用例的详细信息，包括用例名称、用户角色、前置条件、后置条件、交互步骤等，以便开发团队在后续阶段进行参考和实现。

数据流图（DFD）是一种从数据传递和加工角度描述系统逻辑功能的图形化方法。通过数据流图可以清晰地表达数据在系统内部的逻辑流向和逻辑变换过程，有助于分析系统的数据处理流程和数据需求。在进行数据流图分析时，需求分析师需要首先识别出系统中的主要数据元素和数据处理过程。然后，使用数据流图中的符号（如数据源、数据池、数据处理等）来表示这些数据元素和处理过程，并使用箭头表示数据之间的流动关系。通过这种方式，可以形成一个清晰的数据流图，描述系统的数据处理流程和数据需求。数据流图分析完成后，需求分析师可以使用文档或工具来记录数据流图的详细信息，包括数据元素、数据处理过程、数据流向等，以便开发团队在后续阶段进行参考和实现。

UML（统一建模语言）是一种用于描述系统需求和设计的图形化建模语言。UML 提供了丰富的图形符号和工具，可以帮助开发人员更好地理解和管理需求。在进行 UML 建模时，需求分析师可以使用 UML 中的不同图形来表示系统的不同方面，如用例图、类图、序列图、状态图等。通过这些图形，可以清晰地描述系统的功能需求、数据结构、交互过程等。UML 建模完成后，需求分析师可以使用文档或工具来记录 UML 模型的详细信息，包括图形符号、注释、关系等，以便开发团队在后续阶段进行参考和实现。通过 UML 建模，开发人员可以更好地理解系统需求，并在开发过程中保持与需求的一致性。

（四）需求建模方法

在软件需求工程中，需求建模是将用户需求转化为具体、可理解、可实现的系统模型的过程。

最常见的方法是需求跟踪矩阵。简单的需求跟踪矩阵是一张二维表，列是用户需求、依赖用户需求、软件需求分析、软件设计、代码、测试用例和任务计划的编号，行是被追踪的用户需求条目。如果每行用户需求都能分别对应至少一条软件需求分析、软件设计、代码、测试用例和任务计划的编号，那么需求跟踪矩阵则满足了纵向追踪关系；如果标识了用户需求和依赖用户需求之间的关联关系，那么需求跟踪矩阵则满足了横向追踪关系。当存在较多的“一对多”或“多对多”的追踪关系时，这种简单的二维需求跟踪矩阵就难以维护和检索了。此时可以把简单需求跟踪矩阵的一张二维表拆分成多张二维表，即拆分成：用户需求依赖关系跟踪关系表、用户需求 – 软件需求分析跟踪关系表、软件需求分析 – 软件设计跟踪关系表、软件设计 – 代码跟踪关系表、代码 – 单元测试跟踪关系表、软件设计 – 集成测试跟踪关系表、软件需求分析 – 出所 / 出厂测试跟踪关系表、用户需求 – 验收测试跟踪关系表等，每张二维表的行和列分别是被追踪元素和依赖元素，每个单元格可以写入依赖 / 被依赖的双向追踪关系。使用一张二维表建立追踪关系的方法也称单矩阵追踪，使用多张二维表建立追踪关系的方法也称多矩阵追踪。用例图是一种描述系统功能和用户交互的图形化表示方法。它展示了系统的参与者（如用户、其他系统等）与用例（系统功能）之间的关系。在用例图中，常用的元素包括以下几个方面。参与者：与系统交互的用户或外部系统。用例：系统提供的具体功能或服务。关联：表示参与者与用例之间的交互关系。系统边界：表示系统与实际环境之间的界限。通过绘制用例图，开发人员可以清晰地看到系统的功能结构以及用户与系统之间的交互方式，有助于确保系统满足用户需求。

状态转换图（也称为“状态图”）是一种描述系统对象在不同状态之间转换的图形化表示方法。它展示了系统对象的状态变化以及触发状态转换的事件或条件。在状态图中，常用的元素包括以下几个方面。状态：表示系统对象在某个时间点的状态。转换：表示从一个状态到另一个状态的转变过程。转换通常由触发事件或条件引起。动作：表示在状态转换过程中执行的操作或行为。通过绘制状态图，开发人员可以清晰地看到系统对象的动态行为以及状态之间的转换关系，有助于确保系统在不同状态下的正确性和一致性。这些需求建模方法可以根据项目的具体需求和团队的经验进行选择和组合使用，以便更好地理解和实现用户需求。

（五）敏捷开发方法

敏捷开发方法是一种迭代和增量的软件开发方法，它强调与用户的紧密合作和快速响应变化。在轮机工程领域，由于项目复杂性和需求变更的频繁性，敏捷开发方法显得尤为重要。以下将详细阐述敏捷开发方法在轮机工程中的应用。

敏捷开发方法的核心原则是以人为本。敏捷开发强调团队协作和沟通的重要性，注重人的作用。在轮机工程领域，这意味着团队成员需要密切合作，共同面对和解决项目中的挑战。敏捷开发将项目划分为多个短周期的迭代，每个迭代都产生可交付的成果。这种方法允许团队在早期阶段就获得用户反馈，并根据反馈调整开发方向。在每个迭代中，团队都会交付一部分功能或产品增量。这些增量可以是完整的功能模块，也可以是产品的某个部分。通过增量交付，团队可以逐步构建产品，并确保每个阶段都能满足用户期望。敏捷开发强调客户的积极参与和持续反馈。在轮机工程领域，这意味着客户需要与开发团队保持紧密沟通，共同制订开发计划和验收标准。

在轮机工程中，需求变更是常态。敏捷开发方法通过迭代和增量的方式，允许团队在开发过程中快速响应需求变更。在每个迭代开始前，团队都会与客户进行需求确认和优先级排序，确保开发工作始终围绕用户需求进行。敏捷开发方法鼓励团队成员之间的紧密协作和沟通。在轮机工程领域，团队成员需要共同面对和解决技术难题与项目管理问题。通过定期召开会议、分享进展和反馈等方式，团队可以保持高效沟通，共同推动项目的进展。敏捷开发方法强调持续集成和测试的重要性。在轮机工程领域，这意味着团队需要频繁地进行代码集成和测试，以确保软件的质量和稳定性。通过自动化工具和流程，团队可以提高测试效率，减少错误和缺陷的引入。敏捷开发方法强调快速反馈和迭代的重要性。在每个迭代结束后，团队都会向客户提供可交付的成果，并收集客户的反馈和建议。根据客户的反馈，团队可以及时调整开发方向和优先级，确保产品始终满足用户需求。

敏捷开发方法可以帮助轮机工程领域的开发团队更好地应对需求变更和快速迭代的需求。通过强调团队协作、持续集成和测试、快速反馈和迭代等原则和方法，团队可以提高开发效率和质量，为用户带来更好的产品和服务。以上方法可以根据具体项目的情况和需求进行选择和组合使用。在实践中，需求分析团队应根据项目的特点、用户需求和开发团队的能力来制订合适的需求分析计划和方法。

二、实践案例

当某船舶制造公司计划开发一套船舶动力管理系统以提高船舶的能效和安全性时，需求分析团队采用了原型法和访谈法相结合的方式进行详细的需求分析。

（一）初步访谈与需求收集

需求分析团队首先与船舶运营人员进行了深入的面对面访谈。在访谈过程中，团队遵循了结构化和开放式的提问方式，以确保能够全面而准确地收集到船舶运营人员的需求和期望。

1. 船舶日常运营情况了解：团队询问了船舶的常规航行模式，包括短途航行、长途航行、航线变更等情况，以便了解不同场景下船舶动力系统的使用情况。团队详细了解了船舶的货物类型、装载量以及航行环境（如风浪、水流等），这些因素都可能对船舶的动力需求产生影响。

2. 动力系统现有问题识别：团队针对船舶运营人员提到的动力系统常见问题进行了深入探讨，如油耗偏高、发动机过热、故障预警不准确等，并询问了这些问题的发生频率、影响程度以及船员通常采取的应对措施。团队还询问了船员对动力系统维护和保养的看法和建议，以便在系统设计时考虑如何降低维护成本和提高维护效率。

3. 船员操作困难与改进点分析：团队了解了船员在操作动力系统时遇到的困难和挑战，如界面不友好、操作复杂、响应速度慢等，并询问了船员对这些问题的看法和期望的改进方向。团队还询问了船员对于动力管理系统可能具备的新功能或特性的期望，如更智能的故障预警、更便捷的远程控制等。

4. 相关数据收集与分析：团队收集了船舶运营过程中的相关数据，如油耗记录、航速记录、航行路线等，以便通过数据分析来验证和补充访谈中收集到的信息。团队还利用这些数据进行了初步的分析，识别出了一些潜在的问题和改进点，为后续的系统设计提供了有力的支持。通过初步访谈与需求收集，需求分析团队对船舶运营人员的实际需求有了深入的了解，为后续的系统设计和开发奠定了坚实的基础。同时，团队也发现了一些潜在的改进点和新功能需求，这些都将被纳入后续的系统设计和开发中。

（二）需求分析与整理

在成功收集到初步需求后，需求分析团队进行了深入的分析和整理工作。团队采用系统化和结构化的方法，将需求分为功能性需求和非功能性需求两大类，并对每一类需求进行了详细的描述和定义。

功能性需求是船舶动力管理系统的核心，它们直接关系到系统的具体功能和用户期望。针对船舶动力管理系统的特性，功能性需求主要包括以下几个方面。

实时监控船舶动力状态：实时显示船舶发动机、发电机、推进器等关键设备的运行状态。提供数据图表和可视化界面，帮助用户快速理解动力系统的整体情况。实时接收并处理传感器数据，确保数据的准确性和实时性。

优化航行路线以降低油耗：基于船舶当前位置、目标位置、风速、水流等信息，智能规划最佳航行路线。实时计算并显示预计油耗和航行时间，帮助用户做出更经济的航行决策。提供历史航行数据分析和报告，帮助用户优化未来航行计划。

预测和诊断潜在故障：通过机器学习和数据分析，预测动力系统可能出现的故障。提供详细的故障预警信息和可能的解决方案，帮助用户提前采取措施。提供故障诊断工具，帮助用户快速定位并解决问题。

操作界面与交互方式：设计简洁明了的用户界面，确保用户能够快速上手并熟练使用系统。提供多种交互方式（如触摸屏、键盘、鼠标等），满足不同用户的需求和偏好。确保界面操作逻辑清晰，避免冗余和不必要的步骤。

非功能性需求关注的是系统的性能、安全性、易用性等方面，它们对于系统的稳定运行和用户满意度至关重要。确保系统具有较快的响应时间，满足用户对实时数据的需求。保证系统在高并发情况下的稳定性和可靠性。优化系统架构和数据处理流程，提高数据处理效率和吞吐量。对关键数据进行加密存储和传输，确保数据的安全性。实施严格的用户权限管理，防止未经授权的访问和操作。提供日志记录和审计功能，便于追踪和调查潜在的安全问题。设计直观易懂的用户界面和操作流程，降低用户的学习成本。提供详细的用户手册和在线帮助文档，帮助用户快速解决问题。定期进行用户培训和反馈收集，持续优化系统的易用性。

在敏捷项目中，非功能需求的表现形式是多样的。对于内在质量需求，包括可维护性、可修改性、可测试性、延展性等内在品质，主要表现为软件开发时应该遵守的设计原则和编码规范。外在质量需求，按照适应范围区分，可以是整个系统的质量属性，也可以是系统中特定服务、功能或系统组件的质量属性，还可以是只适用于某个用户故事的质量属性。无论非功能需求的适用范围如何，要实现它们，最终需要落实到以下两个方面：独立的非功能需求，即经过分解后的独立的、具体的、适合在迭代中实现的非功能需求；功能需求的验收标准，即非功能需求成为功能需求的验收条件而存在，视为功能需求的质量约束。

（三）原型设计与反馈收集

在完成了需求分析与整理之后，需求分析团队迅速投入软件原型的设计与制作中。这个原型旨在展示系统的核心功能和基本界面，并为用户提供一种直观的体验方式，以便他们能够提供宝贵的反馈。

团队根据功能性需求，在原型中实现了船舶动力管理系统的核心功能，如实时监控、航行路线优化、故障预测与诊断等。这些功能通过简单的界面元素和操作流程进行展示，使用户能够直观地了解系统的基本运行方式。界面设计注重简洁性和直观性，以方便用户快速上手。团队采用了常见的图形和图标来表示不同的功能和操作，同时保持了界面的整洁和一致性。颜色搭配和字体选择也考虑了用户的视觉体验。原型中的交互设计旨在模拟真实的使用场景，使用户能够模拟实际操作。团队通过按钮、菜单、输入框等交互元素，引导用户完成一系列的操作流程，以使他们能够感受到系统的流畅性和易用性。

团队邀请了船舶运营人员、技术专家以及其他利益相关者参与原型的体验。这些用户代表了不同的角色和背景，他们的反馈对于完善系统具有重要意义。在体验过程中，用户被要求按照预定的操作流程进行操作，并记录下自己的感受和发现。团队提供了必要的支持和指导，以确保用户能够充分了解和体验系统的各项功能。用户根据自己的体验和观察，指出了原型中存在的问题和不足。这些问题可能涉及功能实现的准确性、界面设计的合理性、交互体验的流畅性等方面。团队认真听取了用户的反馈，并详细地记录和分析。除指出问题外，用户还根据自己的实际需求，提出了一些新的功能建议和改进点。这些建议可能涉及功能的增加、界面的优化、操作流程的改进等方面。团队积极与用户沟通，了解这些建议的可行性和优先级，以便在后续的开发中加以考虑和实现。

通过原型设计与反馈收集的过程，需求分析团队能够更深入地了解用户的需求和期望，进一步完善系统的设计和功能实现。同时，用户的反馈也为团队提供了宝贵的改进方向和建议，为后续的开发工作提供了有力的支持。

（四）迭代优化与最终确定

在接收到用户的反馈意见后，需求分析团队立即开始了对软件原型的迭代优化工作。他们深入分析了用户的反馈，并根据这些反馈对系统的功能和界面设计进行了细致的修改和完善。

针对用户指出的原型中存在的问题和不足，团队首先进行了修复。这主要包括修正功能实现的错误、调整界面设计的不合理之处、优化交互体验的流畅性等。团队通过不断测试和调整，确保每个问题都得到了妥善解决。在修复问题的同时，团队还根据用户的反馈和实际需求，对系统的功能进行了增强。这可能包括增加新的功能点、改进现有功能的操作流程、优化数据的展示方式等。团队与用户保持密切沟通，确保增强后的功能能够满足用户的期望。界面设计对于用户体验至关重要。团队根据用户的反馈，对系统的界面进行了细致的优化。这可能包括调整界面的布局、优化图标的设计、改善颜色的搭配等。通过不断地尝试和调整，团队努力使界面更加直观、易用和美观。除功能和界面设计外，团队还关注系统的性能表现。他们根据用户的反馈和测试数据，对系统的性能进行了优化。这主要包括提高系统的响应速度、增加系统的吞吐量、降低系统的故障率等。通过优化算法、改进数据结构等方式，团队努力提升系统的整体性能。

经过多次迭代和优化后，需求分析团队最终确定了船舶动力管理系统的功能需求、性能需求和安全性需求等。这些需求为后续的软件设计和开发工作提供了明确的指导方向。团队详细列出了系统的核心功能和辅助功能，并对每个功能的具体实现方式进行了描述。这些功能需求涵盖了实时监控、航行路线优化、故障预测与诊断等方面，旨在提高船舶的能效和安全性。团队明确了系统的性能指标，如响应时间、吞吐量、并发用户数等。他们通过测试和分析，确保系统能够在各种场景下保持稳定的性能表现。团队特别关注了系统的安全性问题，包括数据加密、用户权限管理、日志记录等。他们制定了详细的安全策略和规范，确保系统能够抵御各种安全威胁和攻击。

通过迭代优化和最终确定的过程，需求分析团队确保了船舶动力管理系统能够满足用户的实际需求和期望，为后续的软件设计和开发工作奠定了坚实的基础。

（五）总结与启示

通过这个案例，我们可以看到在轮机工程中进行软件需求分析时，需要紧密结合工程实际和用户需求。采用访谈法和原型法相结合的方式进行需求分析，这样可以更准确地获取用户需求和期望，并及时发现和纠正需求中的问题和缺陷。同时，需求分析团队还需要具备良好的沟通能力和团队协作能力，以确保需求分析结果的准确性和有效性。这些经验和启示对于其他轮机工程项目中的软件需求分析也具有重要的借鉴意义。

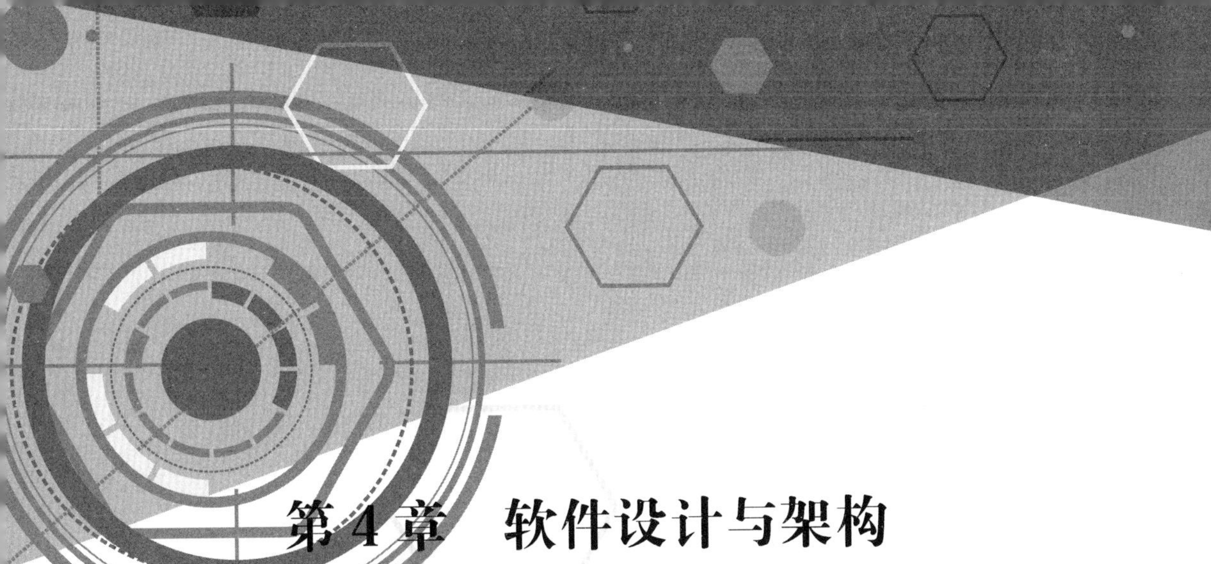

第4章　软件设计与架构

在当今的信息化时代，软件设计与架构的重要性日益凸显，尤其在轮机工程这样的复杂系统中，软件不仅是控制系统的核心，还是实现智能化、自动化管理的关键。本章将深入探讨软件设计与架构在轮机工程中的应用，旨在揭示如何通过合理的软件设计和优化的架构策略，提升轮机系统的整体性能和可靠性。

软件设计原则和模式是软件工程师在长期实践中总结出的宝贵经验，它们为复杂软件系统的开发提供了指导和规范。在轮机工程中，这些原则和模式同样具有深远的意义。它们不仅能够帮助工程师们构建出结构清晰、易于维护和扩展的软件系统，还能够显著提高软件的可重用性和健壮性，从而应对轮机系统复杂多变的运行环境。另外，软件架构设计与优化策略则是站在更高层次上考虑软件的整体结构和行为。一个优秀的软件架构能够在满足功能需求的同时，充分考虑系统的性能、安全性、可扩展性等多个方面。在轮机工程中，软件架构的设计尤为重要，因为它直接关系到轮机系统的稳定性、效率和未来的升级维护成本。

软件设计原则与模式在轮机工程中的应用

在轮机工程中，软件不仅是控制系统的大脑，更是实现各种复杂功能和操作的核心。为了构建高质量、可维护的软件系统，软件设计原则与模式的应用显得尤为重要。这些原则和模式是软件工程领域多年实践的结晶，它们为软件设计提供了清晰的指导方针，有助于工程师们避免设计上的陷阱和错误。下面我们将分析如何通过这些原则和模式来优化软件结构，提高代码的可读性和可维护性，同时确保软件系统的稳定性和可扩展性。通过了解和掌握这些设计原则与模式，轮机工程领域的软件工程师将能够更高效地开发出高质量的软件系统，以应对日益复杂的工程需求。让我们一同探索软件设计原则与模式如何为轮机工程的软件设计注入智慧和力量。

一、软件设计原则在轮机工程中的重要性

在轮机工程中，软件设计原则的应用对于确保软件系统的质量、可维护性和可扩展性至关重要。轮机系统的复杂性要求软件设计必须遵循一定的原则，以确保系统的稳定性和可靠性。这些原则包括单一职责原则、开放封闭原则、里氏替换原则、接口隔离原则和依赖倒置原则等。

（一）确保软件系统的质量

轮机系统的软件设计需要处理大量的数据和复杂的逻辑，所以必须遵循一定的设计原则来确保软件的质量。这些原则指导我们如何写出结构清晰、易于理解的代码，从而减少错误和提高系统的稳定性。

软件设计原则强调代码的模块化和分层设计，这使得代码结构更加清晰易懂。通过将功能划分为独立的模块，每个模块负责处理特定的任务或功能，我们可以更容易地理解和维护代码。这种结构化的设计方法有助于开发人员快速定位和理解代码的各个部分，从而提高开发效率并减少错误。通过遵循软件设计原则，我们可以编写出更加健壮的代码，从而减少运行时的错误。单一职责原则鼓励我们将功能划分为细粒度的类和方法，这样每个部分都只关注一个具体的任务。这种方法降低了代码的复杂性，使得错误更难以隐藏，同时也更容易进行单元测试，从而在早期阶段就发现和修复问题。软件设计原则还强调对接口和抽象的使用，这有助于我们创建出更加稳定的系统。通过定义清晰的接口并使用抽象类来隐藏实现细节，我们可以确保系统的各个部分之间的耦合度降低。这意味着当某个部分发生变化时，对其他部分的影响将被最小化，从而提高了系统的整体稳定性。

通过遵循软件设计原则，我们可以编写出结构清晰、易于理解的代码，减少错误并增强系统的稳定性，从而确保轮机系统软件的高质量。这不仅提高了软件的可靠性，还为后续的维护和扩展奠定了坚实的基础。

（二）提升可维护性

轮机软件在长期使用过程中可能需要进行修改、更新或扩展。通过遵循软件设计原则，我们可以构建出模块化、低耦合的软件系统，使得后续的维护和修改工作变得更加容易和高效。

软件设计原则鼓励我们将软件系统划分为多个独立的模块，每个模块都具有特定的功能。这种模块化设计使得代码更加清晰、有条理，并且易于管理。当需要修改或扩展某个功能时，我们只需要定位到相应的模块，而不需要对整个系统进行大规模的改动。这不仅提高了维护的效率，也降低了出错的风险。耦合性衡量的是软件系统中各个组件之间的依赖程度。软件设计原则强调降低组件之间的耦合性，以增加系统的灵活性和可维护性。低耦合意味着当某个组件发生变化时，对其他组件的影响较小。这样，在进行修改或更新时，我们只需要关注受影响的组件，而无须担心对整个系统造成破坏。

遵循软件设计原则还可以提高软件的可扩展性。通过预留接口、使用抽象类等方法，我们可以轻松地添加新的功能或模块，而无须对现有代码进行大量的修改。这种可扩展性不仅使得软件系统能够适应不断变化的需求，还降低了维护成本。除代码本身的设计外，良好的文档和注释也是提高可维护性的关键。软件设计原则鼓励我们为代码编写清晰的文档和注释，以帮助其他开发人员理解代码的功能和结构。这样，在后续的维护工作中，其他开发人员可以更快地熟悉代码，从而提高维护效率。通过遵循软件设计原则，我们可以构建出模块化、低耦合的软件系统，提升轮机软件的可维护性。这不仅使得后续的维护和修改工作变得更加容易和高效，还延长了软件系统的使用寿命并降低了维护成本。

（三）增强可扩展性

系统的可扩展性是由开闭原则、里氏替换原则、依赖倒转原则和组合/聚合复用原则所保证的。系统的灵活性是由开闭原则、迪米特法则、接口隔离原则所保证的。开闭原则、里氏替换原则、依赖倒转原则、接口隔离原则、组合/聚合复用原则和迪米特法则，这些设计原则首先都是复用的原则，遵循这些原则可以有效地提高系统的复用性，同时提高系统的可维护性。轮机系统可能会随着技术的进步和业务需求的变化而需要扩展新的功能。软件设计原则强调对扩展开放、对修改封闭，这意味着系统能够容易地接纳新的功能模块，而无须对现有代码进行大规模的改动。

软件设计原则鼓励我们构建具有良好扩展性的系统架构。这通常意味着系统应该预留出扩展点，如接口、抽象类等，以便在未来能够轻松地添加新功能。在轮机系统中，可以设计一个可扩展的接口来处理不同类型的传感器数据。当需要支持新的传感器时，只需实现该接口并添加到系统中，而无须修改现有代码。为了保持系统的稳定性和减少维护成本，软件设计原则强调对现有代码的修改应该尽可能少。这意味着当添加新功能时，我们应该尽量避免修改已有的代码。通过使用设计模式如装饰器模式、策略模式等，我们可以在不修改原始类的情况下增加新的功能或行为。这样，轮机系统在扩展新功能时能够保持代码的稳定性和一致性。将系统划分为多个独立、可复用的模块或组件，每个模块或组件都具有特定的功能。这样，当需要添加新功能时，可以创建新的模块或组件，并将其集成到系统中，而不是在现有代码中直接进行修改。在轮机系统中，不同的功能模块（如温度控制、压力监测等）可以设计为独立的组件，通过统一的接口进行交互。当需要添加新的控制功能时，只需开发新的组件并接入系统即可。

通过抽象化和接口隔离原则，我们可以定义清晰的接口边界，使得不同模块之间的依赖降到最低。这样，当添加新功能时，只需要实现相应的接口即可，而无须对现有模块进行修改。在轮机系统中，可以定义一系列抽象的接口来处理不同的功能需求。当需要添加新功能时，只需实现相应的接口，并将其注册到系统中即可实现功能的扩展。通过遵循软件设计原则中的可扩展性要求，我们可以构建一个易于扩展的轮机软件系统。该系统能够随着技术进步和业务需求的变化而灵活地添加新功能，同时保持代码的稳定性和可维护性。

二、设计模式在轮机软件中的具体应用案例

设计模式是软件设计中经常遇到的问题的最佳解决方案。在轮机工程中，可以运用多种设计模式来优化软件设计。工厂模式可以用于创建和管理不同类型的轮机设备对象；观察者模式可以用于实现轮机状态监测和事件通知机制；而单例模式则可以确保轮机系统中某些关键资源的唯一性访问。

（一）工厂模式在轮机对象创建中的应用

在轮机系统中，随着技术的进步和多样化需求，可能需要创建和管理多种类型的轮机设备对象，例如，不同类型的发动机、传感器、控制系统等。如果直接在代码中实例化这些对象，会导致代码的耦合度增加，使得未来对

系统的扩展和维护变得复杂和困难。采用工厂模式可以有效地解决上述问题。工厂模式的主要思想是将对象的创建过程封装起来，使得客户端无须关心具体对象的创建细节，只需要通过工厂来获取所需的对象实例。

定义一个轮机设备工厂类，该类负责根据客户端的需求动态地生成不同类型的轮机设备对象。工厂类可以提供一个或多个方法来创建不同类型的设备对象。工厂类的方法可以接受参数或配置信息，以确定要创建哪种类型的设备对象。这些参数或配置可以是设备类型、型号、规格等。工厂方法应返回轮机设备的抽象类型或接口类型，而不是具体的实现类。这样客户端代码就无须关心具体实现的细节，只需关注抽象接口提供的功能。通过工厂模式，客户端代码与具体的轮机设备实现类解耦，只依赖抽象接口。这使得代码更加灵活，易于维护和扩展。当需要添加新的轮机设备类型时，只需在工厂类中添加相应的创建逻辑即可。客户端代码无须修改，因为它只依赖抽象接口，而不是具体的实现类。客户端无须了解轮机设备的具体实现细节，只需调用工厂类的方法来获取所需的对象实例。这使得客户端代码更加简洁、清晰和易于理解。

工厂模式在轮机对象创建中的应用可以有效地降低代码的耦合度，提高系统的可扩展性和可维护性，同时简化客户端代码的实现。

（二）观察者模式在轮机状态监测中的应用

轮机系统在运行过程中，其状态（如温度、压力、转速等）需要实时监测，以确保系统的安全和稳定运行。当这些状态发生变化时，必须及时通知相关的处理模块或用户界面，以便采取相应的措施。观察者模式是一种非常适合解决此类问题的设计模式。在该模式中，我们可以定义一个观察者接口和可被观察的对象。在轮机系统的场景中，轮机系统的状态将成为被观察对象，而处理这些状态变化的处理模块或用户界面则成为观察者。观察者模式在轮机状态监测中的应用大致可分为以下几个步骤。

定义观察者接口：创建一个观察者接口，该接口定义了一个更新方法，用于在被观察对象状态发生变化时接收通知。

创建被观察对象：轮机系统的状态对象需要维护一个观察者列表，并提供注册、移除观察者和通知观察者的方法。当轮机状态发生变化时，它会遍历观察者列表，调用每个观察者的更新方法。

实现具体观察者：处理模块或用户界面需要实现观察者接口，以便在被观察对象状态发生变化时接收通知，并采取相应的操作。

注册观察者：在轮机系统启动时，将相关的处理模块或用户界面注册为观察者，以便在轮机状态发生变化时能够及时接收通知。

观察者模式实现了轮机状态变化与观察者之间的松耦合。轮机系统只需要关心状态的变化，而无须了解具体有哪些观察者以及它们如何处理这些变化。这种松耦合的设计使得系统更加灵活和可扩展。可以方便地添加或移除观察者，而无须修改轮机系统的核心逻辑。这使得系统能够轻松地适应新的需求变化或进行功能扩展。当轮机状态发生变化时，所有注册的观察者都会立即接收到通知，从而确保了对状态变化的实时响应和处理。观察者模式在轮机状态监测中的应用能够有效地实现轮机状态变化与观察者之间的松耦合，提高系统的灵活性和可扩展性，同时确保对状态变化的实时响应和处理。

（三）单例模式在轮机系统资源管理中的应用

在轮机系统中，存在一些关键资源，如全局配置信息、数据库连接或者特定的设备接口等。这些资源如果被多次实例化，不仅会造成资源浪费，还可能导致数据不一致或其他不可预测的问题。需要确保这些关键资源在系统中只有一个实例，并且能够在全局范围内被安全、高效地访问。为了解决上述问题，可以采用单例模式。定义一个类，该类将负责管理关键资源的唯一实例。类的构造函数应设置为私有，以防止外部通过new关键字创建多个实例。在资源管理类中提供一个全局的静态方法，用于获取资源的唯一实例。如果实例尚未创建，则该方法会创建一个新实例；如果实例已经存在，则返回已存在的实例。在多线程环境中，需要确保单例模式的线程安全性。可以通过使用同步锁、双重检查锁定等机制来实现线程安全的单例模式。对于需要释放或重置的资源，可以在资源管理类中提供相应的方法。这些方法应确保在释放或重置资源时不会影响其他正在使用该资源的部分。

通过单例模式，可以确保轮机系统中的关键资源只有一个实例，并且该实例可以在全局范围内被安全地访问。由于只创建一个资源实例，所以避免了不必要的资源浪费和性能开销。通过集中管理资源的唯一实例，简化了资源管理的逻辑和代码结构。减少了由于多次实例化关键资源而导致的潜在问题，从而提高了轮机系统的稳定性和可靠性。设计模式在轮机软件中具有广泛的应用前景。通过合理地运用这些设计模式，可以优化软件结构、降低代码耦合度、提高系统的可扩展性和可维护性。

三、软件设计原则与模式的综合应用及效果

通过综合运用上述软件设计原则和设计模式，可以显著提高轮机工程软件的可读性、可维护性和可扩展性。这些原则和模式不仅有助于构建出结构清晰、易于理解的软件系统，还能够降低系统的复杂性，提高开发效率。同时，它们也为轮机工程软件的持续演进和升级奠定了坚实的基础。

（一）综合应用

结构化设计即根据单一职责原则，轮机系统的每一项核心功能（如温度控制、压力控制、燃油供给等）都被划分为独立的模块或类。这样做的好处是，当一个功能需要修改或优化时，不会影响到其他功能。接口隔离原则确保每个模块只提供完成其功能所必需的接口，避免了接口过于臃肿，减少了模块间的耦合。依赖倒置原则指导使用抽象类和接口来定义模块间的交互。这样，高层模块不依赖低层模块的具体实现，而是依赖抽象，从而降低了系统各部分的依赖关系。通过抽象和接口的使用，进一步减少了模块间的耦合度，使得系统更加灵活和可维护。

在轮机系统中，利用工厂模式可以根据需要动态地创建不同类型的对象，如不同类型的传感器、执行器等。这种模式提高了系统的灵活性和可扩展性。观察者模式允许系统各部分之间以松耦合的方式进行通信。当轮机状态发生变化时，可以通知所有注册的观察者，而无须知道观察者的具体实现。确保轮机系统中某些关键资源（如全局配置、数据库连接等）的实例是唯一的，简化了资源管理并提高了系统性能。

轮机系统在设计时遵循开闭原则，即对扩展开放，对修改封闭。这意味着当需要添加新功能时，无须修改现有代码，而是通过扩展来实现。这一原则确保了子类型必须能够替换其基类型，从而保持系统的稳定性和兼容性。在轮机系统中，这意味着新的模块或类必须能够无缝地替换旧的模块或类，而不会影响到系统的其他部分。

（二）效果分析

结构化设计将轮机系统的复杂功能分解为独立的模块或类，每个模块都具有明确的职责。这种分解使得代码结构更加清晰，便于开发人员快速理解系统的各个组成部分。模块化不仅提高了代码的可读性，还使得开发人员可以更容易地定位和修改特定功能，因为每个模块都是相对独立的。通过降低模块间的耦合度，当某个模块需要修改或扩展时，对其他模块的影响被最小化。

这大大减少了维护时可能引发的连锁反应。设计模式为常见问题提供了标准的解决方案。这意味着开发人员在面对类似问题时，可以快速地采用已有的设计模式进行解决，从而提高了维护效率。工厂模式、观察者模式和单例模式等设计模式使得新功能的添加变得更加容易。通过工厂模式，可以轻松地添加新的对象类型而无须修改现有代码。抽象和接口为未来的功能扩展提供了灵活性。通过预定义的接口，新的模块或功能可以轻松地与现有系统集成，而无须对现有代码进行大量修改。

设计模式为开发人员提供了现成的解决方案，从而减少了设计和编码所需的时间。这意味着开发人员可以更快地完成任务，从而提高了整体的开发效率。遵循设计原则可以避免不必要的代码复杂性和重复工作。单一职责原则鼓励开发人员将功能划分为独立的模块，从而避免了代码的冗余和复杂性。这不仅提高了代码质量，还提高了开发效率。通过综合运用软件设计原则和设计模式，轮机工程软件的可读性、可维护性和可扩展性得到了显著提升。这不仅提高了软件质量，还为未来的系统升级和扩展奠定了坚实的基础。

软件架构设计与优化策略

在当今信息化时代，软件已成为各行各业不可或缺的工具，从金融、医疗到教育、娱乐，软件系统的复杂性和规模都在不断增加。软件系统的核心组成部分不仅决定了系统的整体结构和行为，更关乎软件的可扩展性、可维护性、性能以及安全性。合理的软件架构设计与优化策略显得尤为关键。随着技术的不断进步和业务需求的日益复杂，传统的软件架构已难以满足现代应用开发的高效、灵活、安全等多方面需求。这要求我们在进行软件架构设计时，必须充分考虑系统的可扩展性、模块化、容错性等因素，以适应未来可能出现的变化和挑战。同时，优化策略的制定也显得尤为重要，它不仅可以提升系统的运行效率，还能降低维护成本，提高用户体验。

一、软件架构设计

软件架构是软件系统的核心结构，它定义了系统的各个组件、组件之间的关系以及整体的行为。一个优秀的软件架构不仅要满足当前的功能需求，还要具备良好的可扩展性、可维护性和灵活性，以适应未来的变化。

（一）模块化设计

将系统划分为若干个独立且功能明确的模块，每个模块负责特定的业务逻辑或功能。这有助于降低系统的复杂性，提高代码的可重用性和可维护性。

每个模块应尽可能独立，减少对其他模块的依赖。这样，当某个模块需要修改或更新时，对其他模块的影响会降到最低。每个模块的功能应该是明确且单一的，避免功能重叠或模糊。这有助于确保模块之间的职责分明，便于后续的维护和扩展。模块内部的功能应紧密相关（高内聚），而模块之间的联系应尽量松散（低耦合）。这样的设计能够提高系统的稳定性和可维护性。

通过将系统划分为多个小模块，每个模块只关注一个特定的功能或业务逻辑，从而降低了整个系统的复杂性。这使得开发人员能够更容易地理解和修改系统。如果有一些功能在多个地方需要使用，那么可以将这些功能封装成一个独立的模块。这样，其他部分需要这些功能时，只需调用该模块即可，从而实现代码的重用。模块化设计使得系统更易于维护。当某个模块出现问题时，开发人员可以快速地定位并修复该问题，而不需要对整个系统进行大规模的修改。

首先明确系统的整体需求和功能点，为后续的模块划分提供基础。根据需求分析的结果，将系统划分为若干个独立且功能明确的模块。确保每个模块都承担明确的职责。为每个模块设计清晰的接口，包括输入、输出以及与其他模块的交互方式。这有助于确保模块之间的通信顺畅且易于维护。根据设计和接口要求，实现各个模块的功能。确保每个模块都符合预期的功能和性能要求。对每个模块进行详细的测试，确保其功能的正确性和稳定性。同时，对整个系统进行集成测试，验证模块之间的协作是否顺畅。随着系统需求的变化或技术的更新，可能需要对某些模块进行修改或更新。模块化设计使得这些变更更加容易实施，且对其他模块的影响最小化。

模块化设计是一种有效的软件设计方法，它能够帮助我们降低系统的复杂性、提高代码的可重用性和可维护性。通过合理的模块划分和接口设计，我们可以构建一个稳定、高效且易于维护的软件系统。

（二）可扩展性

设计时要考虑系统的未来增长和变化。采用可扩展的架构设计，可以方便地添加新功能、支持更多用户或处理更大的数据量。

随着业务的发展，用户数量和数据量可能会迅速增长，可扩展性确保系统能够轻松地应对这种增长，而无须进行大规模的重新设计或重构。在竞争激烈的市场环境中，能够快速添加新功能或调整现有功能以满足客户需求是至关重要的。可扩展性使得这种快速响应成为可能。通过减少因系统扩展而产生的额外开发和维护成本，可扩展性有助于降低总体拥有成本。

通过将系统划分为独立且功能明确的模块，可以更容易地添加、修改或删除特定功能，从而实现系统的可扩展性。水平扩展是通过增加更多的服务器或节点来提高系统的处理能力；垂直扩展则是通过增强单个服务器的性能来提升系统能力。这两种扩展方式都是实现系统可扩展性的重要手段。分布式架构设计能够将系统负载分散到多个节点上，从而提高系统的吞吐量和可用性。这种架构对于处理大量数据和支持更多用户非常有效。所以应尽量选择那些已经经过验证并具有良好可扩展性的技术栈，如云计算平台、分布式数据库等。确保系统的接口和数据结构能够支持未来的扩展需求，避免在未来进行大规模的修改。在系统上线前进行充分的压力测试和性能调优，以确保系统在高负载下仍能保持良好的性能和稳定性。

可扩展性是系统设计中的重要考虑因素之一。通过采用模块化设计、水平与垂直扩展以及分布式架构设计等技术手段和实践策略，可以构建一个具有高度可扩展性的系统，以适应未来的业务增长和市场变化需求。

（三）容错性

系统应具备一定的容错能力，以应对硬件故障、网络问题等潜在风险。通过冗余设计、错误检测和恢复机制等手段，确保系统的稳定性和可用性。

在面临各种意外情况时，如电源故障、磁盘损坏或网络连接中断，具备容错性的系统能够继续运行，减少停机时间。通过错误检测和恢复机制，容错性设计可以防止数据丢失或损坏，确保数据的完整性和一致性。稳定的系统运行和快速的问题恢复能够为用户提供更好的服务体验。在系统中增加多个相同或相似的组件，以提高系统的容错能力。这种设计包括冷冗余、热冗余等不同类型，可以在某个组件故障时，迅速切换到备用组件，确保系统继续运行。通过监测各个部件的状态和输出值，及时发现并处理错误。在嵌入式系统中，可以通过硬件和软件监测机制来实时检测并报告错误。当检测到错误或故障时，系统应能够自动或手动触发恢复流程。这包括重启服务、回滚到之前的系统状态或使用备份数据进行恢复等操作。

在硬件层面，可以采用双机热备、RAID 技术等来提高硬件的容错性。RAID 技术可以通过数据镜像或奇偶校验来保护数据免受磁盘故障的影响。在软件开发中，可以使用异常处理机制、检查点和恢复等技术来提高软件的容错性。编写健壮的代码和进行充分的测试也是减少软件错误的有效方法。在系统层面，可以采用负载均衡、数据备份和恢复等策略来提高整个系统的容错性。负载均衡可以将请求分散到多个服务器上，降低单点故障的风险；而数据备份和恢复策略则可以在系统故障时快速恢复数据。容错性是确保系统稳定性和可用性的关键因素。通过采用冗余设计、错误检测和恢复机制等手段,我们可以构建一个具有高度容错性的系统,以应对各种潜在风险和挑战。

（四）安全性

保护系统免受恶意攻击和数据泄漏是架构设计的关键考虑因素。需要采用加密、身份验证、访问控制等安全措施来增强系统的安全性。

对传输和存储的数据进行加密，确保即使数据被截获，也无法被未经授权的人员解读。加密技术涉及复杂的算法和密钥管理。对称加密（如 DES 算法）使用相同的密钥进行加密和解密，而非对称加密（如 RSA 算法）则使用不同的密钥进行加密和解密，这样进一步提高了安全性。加密技术广泛应用于电子商务、VPN 等场景，是保护数据安全的重要手段。通过一定的手段确认当前用户的身份,确保只有合法用户才能访问系统资源。包括基于共享密钥、生物学特征和公开密钥加密算法的身份验证。每种方法的安全性因具体实现和应用场景而异。强化身份验证方法，如多因素身份验证，结合使用两种或多种验证手段，可显著提高账户的安全性。

访问控制是保护网络资源不被非法使用和访问的关键策略。包括入网访问控制、操作权限控制、目录安全控制等，确保用户只能在其权限范围内访问和操作数据。访问控制的一部分可以监控网络流量，阻止未经授权的访问和潜在攻击。结合加密、身份验证和访问控制等多种措施，构建多层次的安全防御体系。定期更新安全策略、密钥和防火墙规则，同时实时监控网络活动以应对潜在威胁。对用户进行安全教育，增强他们的安全意识，减少人为因素引起的安全问题。

在架构设计过程中，性能优化是一个至关重要的环节，它涉及多个方面，如数据库设计、缓存策略以及负载均衡等。

通过规范化设计来减少数据冗余，提高查询效率。针对查询频繁的字段建立索引，以加快查询速度。但需注意，过多的索引会影响写入性能，所以需要权衡。对于大数据量的表，可以采用分区表来提高查询性能。通过主从复制等技术实现读写分离，分担数据库压力。使用内存缓存，如 Redis、Memcached 等，缓存热点数据和计算结果，减少对数据库的访问。合理设置缓存失效时间，避免脏读和缓存击穿。在分布式系统中，使用分布式缓存来提高系统的可扩展性和容错性。使用负载均衡器，如 Nginx、HAProxy 等，分发请求到多个服务器上，提高系统的吞吐量和可用性。定期检查后端服务器的健康状态，确保请求只被分发到健康的服务器上。在需要保持用户会话的场景下，配置负载均衡器以支持会话保持。

保护系统的安全性是一个多层次、多方面的任务，需要综合考虑技术和管理措施。使用SSL/TLS等协议对传输中的数据进行加密，保护数据的机密性。对存储在数据库或文件系统中的敏感数据进行加密，防止数据泄漏。要求用户设置复杂的密码，降低被破解的风险。结合两种或更多的认证方式，如“密码 + 手机验证码”“密码 + 指纹识别”等，提高账户的安全性。根据用户的角色来限制其对资源的访问权限。只授予用户完成任务所需的最小权限，减少潜在的安全风险。记录所有关键操作和用户行为，以便在发生安全问题时进行追溯。实时监控网络流量和用户行为，及时发现并应对潜在的安全威胁。定期更新操作系统、数据库和应用程序，以修复已知的安全漏洞。及时应用安全补丁，防止黑客利用已知漏洞进行攻击。

二、软件架构优化策略

优化软件架构是为了提高系统的性能、稳定性和可维护性。

（一）性能调优

通过对关键代码进行优化，使用更高效的算法和数据结构，减少不必要的计算和内存占用，提升系统的响应速度和吞吐量。

定期审查代码，发现性能瓶颈。重构复杂或低效的代码段，使其更加简洁高效。嵌套循环会显著增加计算复杂度。优化时应尽量减少嵌套层数或使用更高效的算法替代。将重复计算的结果存储在变量中，避免在每次需要时都重新计算。

在排序时，快速排序通常比冒泡排序更高效。针对具体问题选择合适的算法可以显著提升性能。利用高效数据结构如哈希表、二叉搜索树等，它们能提供快速地查找和插入操作，从而降低时间复杂度。只在需要时加载数据或执行计算，避免不必要的资源浪费。及时释放不再使用的内存资源，避免内存泄漏。同时，优化内存分配策略，减少碎片化和提高内存使用效率。对于可以并行处理的任务，采用异步处理或多线程技术，提高系统的吞吐量和响应速度。

合理利用缓存机制，如 LRU、LFU 等策略，减少对慢速存储设备的访问次数。针对数据库查询进行优化，如建立合适的索引、减少全表扫描等，提升数据读取效率。压缩传输数据、减少 HTTP 请求次数、使用 CDN 等技术手段来降低网络延迟和提高传输效率。性能调优是一个综合性的工作，需要从多个方面入手来提升系统的整体性能。通过不断优化关键代码、选用高效算法和数据结构、减少不必要的计算和内存占用等措施，可以显著提高系统的响应速度和吞吐量，为用户提供更好的服务体验。

（二）负载均衡

在分布式系统中，通过负载均衡技术将请求分散到多个服务器上处理，以提高系统的可扩展性和容错能力。

负载均衡器位于客户端和服务器之间，负责接收来自客户端的请求。使用特定的算法（如轮询、最少连接、最短响应时间等）来判断请求应该被分配到哪个服务器上处理。将请求转发给选定的服务器，并记录服务器的负载情况。服务器处理请求后，将响应返回给负载均衡器，再由负载均衡器转发给客户端。通过分散请求到多个服务器，可以避免单一服务器的过载，从而提高整体性能。当需要增加处理能力时，可以简单地添加更多服务器到负载均衡池中。如果某个服务器出现故障，负载均衡器可以将请求重定向到其他正常运行的服务器。

轮询（Round Robin）：按顺序轮流将请求分配到集群中的服务器上。最少连接（Least Connections）：将请求分配给当前连接数最少的服务器。最短响应时间（Shortest Response Time）：根据服务器的响应时间来决定请求的分配。

根据 HTTP 请求计算出一个真实的服务器地址，并通过 HTTP 重定向响应返回给浏览器。在 DNS 服务器上配置多个域名对应 IP 的记录，实现请求的分散。反向代理服务器管理一组 Web 服务器，根据负载均衡算法将请求转发到不同的 Web 服务器处理。在网络层通过修改目标地址来实现负载均衡。在数据链路层修改 Mac 地址进行负载均衡。为了确保负载均衡器自身的高可用性，需要有良好的冗余解决方案。这可能包括备用负载均衡器、故障切换机制以及持续的健康检查。采用灵活、直观和安全的管理方式，便于安装、配置、维护和监控。这有助于提高工作效率并减少差错。负载均衡技术是分布式系统中不可或缺的一部分，它通过有效地分散请求到多个服务器上处理，显著提高了系统的可扩展性和容错能力。

（三）缓存策略

合理利用缓存技术，如 Redis、Memcached 等，减少对数据库等后端资源的访问次数，提升系统响应速度。

根据系统需求和特点，选择适合的缓存技术。Redis 和 Memcached 是两种常用的内存缓存系统，它们能够提供快速的数据读写能力。将缓存服务部署在靠近应用服务器的地方，以减少网络延迟。同时，确保缓存服务具备高可用性和可扩展性。将经常访问的数据存储在缓存中，以减少对数据库的访问次数。这通常包括用户频繁查询的数据、热门商品信息等。根据数据的访问模式和更新频率，制定合理的缓存策略。对于不经常变化的数据，可以采用较长的缓存有效期；而对于频繁更新的数据，则需要设置较短的缓存有效期或采用实时更新的策略。

当数据库中的数据发生变化时，需要确保缓存中的数据得到及时更新。这可以通过设置缓存失效时间、使用消息队列通知缓存更新等方式实现。在分布式系统中，确保各个节点上的缓存数据保持一致是一个挑战。可以采用分布式锁、版本控制等技术手段来保证数据的一致性。当某个热点数据在缓存中失效时，大量并发请求会直接落到数据库上，导致数据库压力骤增。为了避免这种情况，可以采取缓存预热策略，即提前将热点数据加载到缓存中。当大量缓存同时失效时，会导致大量请求直接访问数据库，从而造成系统崩溃。为了避免缓存雪崩，可以设置不同的缓存失效时间，避免大量缓存同时失效。在系统启动时或定期将热点数据加载到缓存中，以减少对数据库的访问次数并提高系统响应速度。

通过监控工具对缓存的命中率、失效率、响应时间等指标进行实时监控，以便及时发现问题并进行调优。根据监控结果对缓存的配置进行调整，如调整缓存大小、设置合理的缓存有效期等，以提高缓存的性能和效率。合理利用缓存策略可以显著提升系统的响应速度和性能。通过选择适合的缓存技术、部署缓存服务、制定合理的数据缓存和更新策略、处理缓存击穿和雪崩问题以及进行监控和调优等措施，可以有效地减少对数据库等后端资源的访问次数并提高系统的整体性能。

（四）异步处理

对于耗时的任务，可以采用异步处理的方式，避免阻塞主线程，提高系统的并发处理能力。

异步处理是指在处理耗时的任务时，主线程不会被阻塞，而是可以继续执行其他任务。这种处理方式允许后续操作继续进行，直至其他线程将处理完成，并通过回调通知此线程。这与同步处理形成鲜明对比，同步处理需要等待任务完成后才能继续执行后续操作。异步处理允许在等待耗时任务完成的同时，处理其他任务，从而提高了设备的使用率。通过并行处理多个任务，可以在宏观上提升程序的运行效率。异步处理可以避免界面卡顿，使用户能够在等待耗时任务完成时继续进行其他操作。通过注册事件监听器来提前定义相应的逻辑。当异步操作完成时，会触发相应的事件，并触发监听器中的相应逻辑。一种基于事件的设计模式，将异步操作封装在被观察者对象中，并注册相应的观察者来处理异步操作的结果。Promise 是 ES6 中新增的异步编程实现方式，它将异步操作的结果包装在一个 Promise 对象中。Async/Await 则是基于 Promise 的更高级的异步编程方式，它使异步代码看起来像同步代码一样简洁易读。除上述方式外，还有协程、数据流编程等其他异步编程实现方式。

异步处理适用于对耗时任务的处理，如网络请求、大数据计算、文件 I/O 等。这些任务通常需要较长时间来完成，如果采用同步处理方式，会阻塞主线程并降低程序的整体性能。而异步处理则可以将这些耗时任务放在后台线程中执行，避免阻塞主线程。虽然异步处理具有诸多优势，但在实际使用中也需要注意一些问题。需要合理设计回调函数以避免回调地域问题；同时也要注意线程安全和资源管理问题，以避免出现数据竞争和资源泄漏等问题。异步处理是一种高效的编程模式，特别适用于耗时任务的处理。通过合理利用异步处理技术，可以显著提高系统的并发处理能力并提升用户体验。

（五）监控与日志

建立完善的监控与日志系统，实时掌握系统的运行状态和性能数据，便于及时发现和解决问题。

监控系统能够实时提供关于系统的运行状态、性能数据以及可能存在的问题，帮助运维团队迅速做出响应。通过对系统各项指标的实时监控，可以在问题发生前进行预警，或者在问题出现时立即发现并着手解决。日志系统详细记录了系统的所有活动和事件，包括服务调用、数据库访问等关键信息。当系统出现故障时，日志系统提供的详细记录可以帮助开发人员迅速定位并解决问题。

结合监控系统和日志分析，可以获得更全面的系统运行情况视图，更准确地识别和解决问题。通过设置预警规则和阈值，当监控数据或日志分析发现异常情况时，系统可以自动发送预警通知，以便相关人员及时介入处理。根据系统需求和资源情况，选择适合的监控和日志分析工具，如 ELK（Elasticsearch、Logstash、Kibana）Stack 等。明确需要监控的关键指标，如 CPU 使用率、内存占用、请求响应时间等。确保日志的集中存储和高效分析，以便在需要时能够快速检索和查看相关信息。建立完善的监控和日志系统是保障系统稳定运行的重要措施。通过实时监控和详尽的日志记录，可以及时发现并解决系统问题，提高系统的可靠性和性能。

（六）代码重构

随着系统的不断演进，定期对代码进行重构，以消除冗余、提升代码质量，并适应新的业务需求。

重构和设计是相辅相成的，它和设计彼此互补。重构降低了程序初始设计的复杂性。如果为了短期目的，或者在完全理解整体设计之前，就修改代码，程序将逐渐失去自己的结构，程序员很难通过阅读源码而理解原来的设计。重构可以使你的代码回到原来的设计。软件产品的生产都是经过精心设计的，具有良好的结构。但随着时间的推移，当需要改变时，我们必须不断地修改原有的功能，增加新的功能，但也不可避免地存在一些缺点有待改进。为了实现改变，必然违反原设计结构。软件随着越来越难以维持，越来越难以达到新的要求，软件体系结构对提出新的要求逐渐失去能力支持，且成为制约。通过重构，该系统不断调整结构的系统需求的变化，总是有很强的适应能力。Martin Flower 在《重构》中有一句经典的话：任何一个傻瓜都能写出计算机可以理解的程序，只有写出人类容易理解的程序才是优秀的程序员。有些程序员总是能够快速编写出可运行的代码，但代码中晦涩的命名使人难以理解，软件的生命周期往往需要多批程序员来维护，为了使代码容易被他人理解，需要在实现软件功能时做许多的工作，如清晰的排版布局、简明扼要的注释。其中命名是一个重要的方面。一个很好的办法就是采用暗喻命名，即以对象实现的功能的依据，用形象化或拟人化的手法进行命名，所以重构要求更加小心自己的命名机制。软件快速开发的前提是有一个良好设计。没有好的设计，也许是某段时间你进展很快，但糟糕的设计会很快让你慢下来。你会花时间调试，不能添加新的功能。修改的时间越长，你必须花更多时间来了解系统，发现重复的代码。所以，良好的设计是保持软件开发速度的基础。重构可以帮助您使软件开发更迅速，还可以防止系统瘫痪，它甚至可以提高设计质量。

重构的目的是使软件更容易被理解和修改，可以在软件内部做很多修改，但必须对软件可观察的外部行为只造成很小变化，或甚至不造成变化。与之形成对比的是性能优化，性能优化虽然可以改变内部结构，使软件代码较难理解，而重构在不影响软件行为的同时，只是改变软件的内部结构。将一个大函数根据不同功能拆分成几个小函数，这样其他函数也可能会用到其中的某个函数。将经常一起使用的代码块封装成一个函数或类，以减少代码重复和提高可读性。通过泛型编程，可以减少因数据类型不同而导致的重复代码。过多的参数会使函数难以理解和使用，可以通过重构来减少函数的参数数量。

由于需求的不明确和需求的变化，导致软件开发的各个阶段都要随之变化，包括分析建模、概要设计、详细设计、代码设计、软件测试等，从而对软件开发的成本、工作量、开发进度、软件质量都形成了严峻的考验。需求永远是处在变化中的，虽然这越来越成为软件研发人员的共识。但是，依然有相当多的软件饱受需求变化之苦，在一次又一次无奈地修补后，变得遍体鳞伤，其健壮性和可扩展性被严重削弱，越来越难以维护，问题越积越多，直到无法正常运行。许多项目因此夭折，无论是用户还是研发者都蒙受了巨大的损失。软件的维护是软件公司开发软件中的一个很重要的环节，软件维护会在一个软件生命周期中占据大部分时间。研究表明，当前软件维护成本占整个开发过程超过 60%。在研究软件维护过程中，提出了熵的概念。所谓的软件熵是指软件的趋向，随着时间的逝去，维护变得困难和昂贵。一个经历持续修改的软件系统，有新的功能添加到它的最初设计上或适合于最新的技术环境，将随着它的增长最终变得更加复杂和紊乱，失去了它的最初设计结构。所以，为了使软件更好地维护，需要对现有的代码重构。软件开发公司往往都会做常规的代码复审，因为这种活动可以改善开发状况，使程序开发人员能够进一步沟通。编写清晰的代码更适合代码复审，重构能够帮助程序员修改和回顾别人的代码。在开始重构时要先认真阅读代码，然后对代码有一定的理解；并提出一些建议，看看您是否可以使代码有更简洁的设计；

最后重构，可以清楚地看到效果。重复数次之后，会有一个更好理解的代码。

数据库中的数据进行技术加密，防重构经常出现问题的一个领域就是数据库。很多程序是与数据库结果连接在一起，所以这就是数据库结构难以修改的原因之一。另一个原因是数据迁移，面向对象数据库提供了不同版本的对象之间的自动迁移功能，虽然减少了数据迁移的时间，但还是会损失一定的时间，如果数据库之间的数据迁移并非自动进行，你就必须自行完成迁移工作，这个工作量是很大的。重构可以修改“已发布接口”，利用重构修改已发布的接口，必须同时维护新旧两个接口，直到所有用户都有时间对这个变化做出反应，让旧接口调用新接口。当你要修改某个函数名称时候，请留下旧函数，让它调用新函数。重构并不可能完全排除所有设计错误，在某些核心设计决策中也无法以重构手法修改，在这个领域里，本文的统计数据尚不完整。当然某些情况下可以很有效地重构，但是在实际工作中重构代码完成设计改动是很难的。比如，在一个项目中，很难将无安全需求情况下构造起来的系统重构为安全性良好的系统。

软件架构设计与优化是一个持续的过程，需要不断地根据业务需求和技术发展进行调整和完善。通过合理的架构设计和优化策略，可以构建一个高效、稳定、可扩展的软件系统，以满足用户的需求并应对未来的挑战。

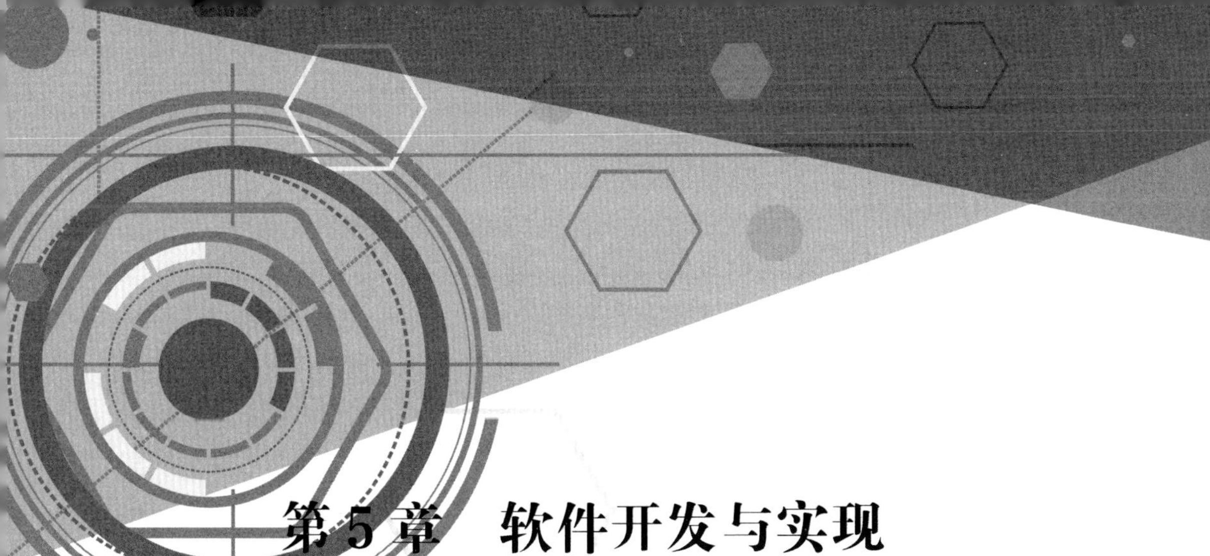

第5章　软件开发与实现

在轮机工程中，软件不仅控制着各种机械设备的运行，还负责数据采集、分析以及系统监控等关键任务。软件开发的成功与否，直接影响到轮机系统的稳定性和运行效率。为了提高软件开发的效率和质量，选择合适的方法和工具显得尤为重要。从需求分析到设计、编码、测试以及集成与部署，每一个环节都需要借助专业的方法和工具来确保项目的顺利进行。在软件开发过程中，遵循最佳实践可以显著减少错误和返工，提高代码质量和可维护性。轮机工程中的软件开发更需要注重实践经验的积累和总结，以确保系统的可靠性和安全性。

软件开发过程中的常用工具

在软件开发过程中，选择和使用合适的工具对于项目的顺利进行至关重要。随着技术的不断进步和软件开发需求的日益复杂，越来越多的工具被开发出来，以帮助开发人员更高效地完成各项工作。这些工具不仅提高了开发效率，还确保了软件质量，简化了复杂的工作流程，使得软件开发变得更加规范化、自动化和智能化。在软件开发过程中常会用到一些工具，这些工具涵盖了软件开发的各个阶段，包括需求分析、设计、编码、测试和部署等。通过了解和掌握这些工具，开发人员可以更加高效地完成软件开发任务，提高软件的质量和用户体验。在软件开发过程中，各种工具的使用可以大大提高开发效率和质量。

一、建模工具

建模工具用于描述系统的需求，并辅助设计。它们通常支持创建 UML 图（统一建模语言图表）、流程图等，有助于开发人员可视化地理解和分析系统。建模工具在软件开发过程中起着至关重要的作用，它们帮助开发人员描述系统的需求并辅助设计。这些工具通常支持创建 UML 图、流程图等，使得开发人员能够可视化地理解和分析系统。以下是对 Rational Rose 和 Microsoft Visio 这两款常用建模工具的详细介绍。

（一）Rational Rose

Rational Rose 提供了丰富的图形化工具，支持创建各种类型的 UML 图，包括但不限于类图、时序图、用例图、活动图等。这些图形化表示方法有助于开发人员更直观地理解和设计复杂的软件系统。正向和反向工程支持 Rational Rose 具备出色的正向工程能力，允许开发人员根据 UML 模型自动生成代码框架，从而加速开发过程并减少手动编码错误。它还支持反向工程，即从现有代码中提取出 UML 模型。这一功能对于理解和维护遗留系统或第三方库尤为有用。Rational Rose 不仅支持常见的编程语言如 Java、C++ 和 Visual Basic 等，还可以根据需要进行扩展，以适应更多的编程语言和环境。

Rational Rose 支持模型的团队开发，允许多个开发人员同时处理同一个项目，并提供版本控制功能以确保数据的一致性和可追溯性。Rational Rose 允许将模型发布到 Internet 上，供其他团队成员或利益相关者查看和评论。它还能自动生成与模型相关的文档，如需求规格说明书、设计文档等，从而简化项目管理和交付流程。Rational Rose 具有高度的可扩展性和定制性。用户可以根据自己的需求实现自定义的代码生成器、菜单和工具栏等，以满足特定的项目需求或组织标准。由于其强大的功能和灵活性，Rational Rose 已被广泛应用于企业级软件开发项目中。它能够帮助企业建立清晰、一致且可维护的软件模型，降低项目风险并提高开发效率。Rational Rose 是一款全面而强大的建模工具，适用于各种规模和复杂度的软件开发项目。通过充分利用其丰富的功能和高度的可扩展性，开发人员可以更加高效地进行软件建模和设计工作。

（二）Microsoft Visio

Microsoft Visio 是一款功能强大的图表和矢量绘图软件，由微软公司开发。它支持多种类型的图表绘制，不仅限于流程图，还包括组织结构图、网络图、甘特图等，非常适用于系统设计和规划。

除基本的流程图外，Visio 还支持绘制组织结构图，清晰地展示公司的层级结构和职责关系。网络图功能使得设计和规划网络系统变得简单直观。通过甘特图，用户可以轻松进行项目管理，展示任务的进度和时间表。Visio 的用户界面直观友好，使得用户即使没有专业的建模背景也能快速上手。丰富的模板库为用户提供了大量预设的图表模板，进一步简化了绘图过程。拖曳式的操作方式和智能的绘图工具使得绘图变得更加高效。Visio 与其他 Office 应用程序如 Word、Excel 等具有出色的集成性，可以轻松导入导出数据。用户可以将 Visio 图表直接嵌入 Word 文档，或者在 Excel 中使用 Visio 的数据可视化功能。无论是在项目管理、网络设计、组织结构展示还是业务流程优化等方面，Visio 都能提供强大的支持。它在各个行业和领域都有广泛的应用，如 IT、金融、教育、制造等。

Visio 允许用户自定义形状、线条、颜色和样式，以满足特定的绘图需求。用户可以创建自定义的模具和形状库，以便在未来的项目中重复使用。Visio 支持多人协作编辑图表，使得团队成员可以共同参与图表的设计和修改中。通过共享链接或集成到 Microsoft Teams 等协作工具中，团队成员可以实时共享和讨论图表。Visio 可以将数据与图表相结合，通过数据驱动的动态可视效果来展示复杂的信息。用户可以将图表连接到外部数据源（如 Excel、SQL 数据库等），实现数据的自动更新和可视化展示。Microsoft Visio 以其多样化的图表类型、易用性、与其他 Office 应用程序的良好集成性以及广泛的应用场景等特点，成为图表绘制和系统设计的优选工具之一。无论是在企业环境还是个人使用中，它都能提供强大的支持和灵活的定制选项来满足用户的需求。总的来说，Rational Rose 和 Microsoft Visio 都是优秀的建模工具，具有各自的特点和优势。开发人员可以根据项目的具体需求和自身习惯选择合适的工具来辅助软件开发过程。

综上所述，除了流程图以外，Visio 还支持多种类型的图表，如组织结构图、网络图等，非常适用于系统设计和规划。

二、集成开发环境（IDE）

IDE（Integrated Development Environment，集成开发环境）为开发人员提供了代码编辑、编译、调试和测试等一体化功能，是现代软件开发中不可或缺的工具。

（一）Eclipse

Eclipse 是一个开源的、基于 Java 的可扩展开发平台。该平台不仅仅是局限于 Java 语言的开发，而是一个多功能、模块化的系统，允许用户通过插件来定制和扩展其功能。这种灵活性使得 Eclipse 能够根据不同的开发需求进行个性化配置，从而满足广泛的项目开发场景。基于 Java 的开发平台，Eclipse 自然对 Java 语言提供了全面的支持，包括代码编辑、调试、构建和部署等功能。其他编程语言：除了 Java，Eclipse 还支持 C/C++、PHP 等多种编程语言。这种跨语言的能力使得 Eclipse 成为一个通用的开发工具，适用于多种编程环境和项目需求。语言插件：对于非 Java 语言的支持，通常通过安装相应的语言插件来实现。这些插件为特定语言提供了代码高亮、语法检查、自动补全等 IDE 特性。

Eclipse 拥有一个活跃的插件市场，用户可以在其中找到并安装各种功能的插件。功能扩展：通过安装插件，用户可以轻松地扩展 Eclipse 的功能，例如添加对特定数据库的支持、集成第三方工具或服务、增强代码编辑和调试功能等。社区支持：许多插件是由 Eclipse 社区中的开发者贡献的，这保证了插件的质量和兼容性。Eclipse 被广泛用于构建大型企业级应用，其强大的插件系统和多语言支持使得它能够满足复杂项目的需求。移动应用开发：通过安装相应的插件和 SDK，Eclipse 也可以用于开发移动应用，如 Android 应用。科学计算和数据分析：Eclipse 的科学计算插件使得它也成为科学研究和数据分析领域的有力工具。教育和培训：由于其开放性和可扩展性，Eclipse 也被广泛用于教育和培训领域，帮助学生和开发者学习和掌握各种编程语言和开发技术。

Eclipse 是一个开源的、可扩展的开发平台，以其强大的插件系统、多语言支持和广泛的应用场景，成为软件开发领域的重要工具之一。

（二）IntelliJ IDEA

IntelliJ IDEA 是一款功能强大的集成开发环境，主要用于 Java 语言开发，但也支持其他多种编程语言。

IntelliJ IDEA 被业界公认为最佳的 Java 开发工具之一，这主要得益于其出色的智能代码助手和代码自动提示功能。它可以根据上下文智能地提示代码，自动完成代码片段，从而显著提高开发效率。强大的重构功能：IDEA 提供了丰富的重构工具，如重命名、提取方法、安全删除等，这些工具使得对代码进行修改和优化变得更加简单和安全。IntelliJ IDEA 内置了对多种版本控制工具的支持，包括 Git 和 SVN 等。这使得开发人员能够轻松地进行团队协作、版本管理和代码追踪，提高了开发流程的效率和可靠性。功能扩展：与 Eclipse 等 IDE 相似，IntelliJ IDEA 也支持通过插件来扩展其功能。不过，值得一提的是，IDEA 本身的功能已经非常强大，其中包括 JUnit 测试集成、代码质量分析等，无须额外安装插件即可满足大部分开发需求。广泛的适用性：无论是进行 Java Web 开发、Android 开发还是其他类型的软件开发，IntelliJ IDEA 都能提供强大的支持和辅助。

主打 Java 开发的 IDE，IntelliJ IDEA 对 Java 提供了全方位的支持，包括代码补全、重构、调试等各个方面。多语言兼容性：除了 Java，IntelliJ IDEA 的旗舰版还支持 HTML、CSS、PHP、MySQL、Python 等其他编程语言。这使得开发者能够在同一个开发环境中处理多种编程语言的项目，提高了开发效率和便利性。IntelliJ IDEA 以其强大的智能编码辅助、多版本控制支持、丰富的插件库以及旗舰版的多语言支持等特点，成为开发人员首选的集成开发环境之一，无论是初学者还是经验丰富的开发者，都能从中受益良多。

（三）Visual Studio

Visual Studio 是微软公司提供的一套全面的开发工具集，它为 .NET 开发人员提供了丰富的功能和工具，以支持整个软件开发生命周期。

Visual Studio 不仅是一个代码编辑器，它还包括了 UML 工具、代码管控工具等，覆盖了软件开发过程中的多个方面。这套工具集使得开发者能够从需求分析、设计、编码、测试到部署和维护，都在一个统一的环境中完成，提高了开发效率和代码质量。Visual Studio 配备了功能强大的调试器，支持逐行跟踪代码、检查变量的值、监视方法的执行过程等。开发者可以利用断点、单步执行、查看堆栈跟踪等功能，快速定位和修复代码中的错误。调试器还提供内存分析、性能分析等高级功能，帮助开发者诊断和解决性能问题。

通过 .NET Framework 和 .NET Core，Visual Studio 支持 Windows、Web、移动应用等多种平台和应用场景的开发。无论是构建传统的桌面应用程序，还是开发 Web 服务或移动应用，Visual Studio 都能提供所需的工具和框架。微软旗下的产品 Visual Studio 不断更新和完善，引入了智能感知、自动完成、版本控制等先进功能。它还支持多种编程语言，如 C++、C#、Visual Basic 等，满足不同开发者的需求。Visual Studio 拥有庞大的用户群体和活跃的开发者社区，为学习和使用者提供了丰富的在线资源和支持。

Visual Studio 以其全面的开发工具集、强大的调试器、多平台支持和丰富的功能及广泛的社区支持，成为 .NET 开发人员首选的集成开发环境。

三、版本控制系统

版本控制系统是用于追踪和管理代码变更历史的重要工具，它支持多人协作开发，确保项目的顺利进行。其中，Git 是一个分布式版本控制系统，它因其流行度和功能强大而广受好评。

（一）分布式特性

分布式特性是 Git 版本控制系统的一个核心优势，它赋予每个开发者更大的自主性和灵活性。

在 Git 中，每个开发者的本地环境都保存了一个完整的项目历史纪录。这不同于传统的集中式版本控制系统，后者通常只在中央服务器上保存项目的所有版本和历史纪录。由于每个开发者都拥有完整的历史纪录，他们可以独立地查看项目的任何历史版本，进行代码的提交、回滚或其他操作，而无须实时连接到中央服务器。开发者可以在离线状态下继续工作，进行代码的编写、修改和提交。这种离线操作性对于网络环境不稳定或无法实时联网的场景特别有用，如远程地区、移动设备或安全限制较高的环境中。即使在离线状态下，开发者也可以创建新的分支、进行代码的修改和提交等操作。当重新连接到网络时，他们可以将本地的更改同步到远程仓库中。

由于不需要实时与中央服务器通信，Git 的操作速度通常更快。开发者可以迅速地进行代码的提交、分支的切换和合并等操作，而不会受到网络延迟的影响。由于每个开发者都拥有项目的完整副本，他们可以同时进行多个任务的开发，而不会相互干扰。这大大加速了开发过程，并提高了团队的协作效率。分布式特性还意味着数据的安全性得到了提高。由于每个开发者都保存了项目的完整副本，即使中央服务器发生故障或数据丢失，项目的历史纪录和数据仍然可以从开发者的本地仓库中恢复。

（二）如何利用分布式特性

开发者可以在本地进行多次提交，这意味着他们可以在不影响远程仓库或其他开发者的情况下，不断地完善功能或修复错误。每次提交都会记录在当前分支的历史中，这样开发者可以清晰地追踪到自己的更改过程。这种工作方式极大地减少了网络传输的次数，因为只有在开发者认为功能完善或问题解决后，才需要将更改推送到远程仓库。这不仅提高了工作效率，还降低了对网络连接的依赖。

多个开发者可以同时处理不同的功能或问题，这在传统的集中式版本控制系统中可能会导致大量的冲突和合并问题。但在 Git 中，每个开发者都可以在各自的分支上独立工作，互不干扰。当他们的任务完成时，可以通过合并请求（Pull Request）或直接的合并操作，将这些更改集成到主分支中。这种方式大大降低了合并冲突的风险，提高了团队协作的效率。

Git 的分布式特性还意味着数据是分散存储的。除远程仓库外，每个开发者的本地仓库也保存了完整的项目历史。这种冗余存储实际上增加了数据的稳健性。如果中央服务器发生故障或数据丢失，项目管理员或团队领导可以从任意一个开发者的本地仓库中恢复数据，确保项目的连续性和完整性。Git 的分布式特性赋予了开发者极高的灵活性。无论是在办公室、家里，还是在咖啡馆，只要有网络连接，开发者就可以随时随地进行代码提交、拉取和推送操作。这种灵活性使得跨地域、跨时区的团队协作成为可能，极大地提高了软件开发的效率。由于 Git 记录了每一次提交的历史，开发者可以轻松地回溯到任何一个历史版本，比较不同版本之间的差异，甚至撤销或重做某些更改。这种强大的版本控制能力使得软件开发过程更加透明和可控，有助于团队更好地管理和维护代码库。Git 的普及也催生了一个庞大的开源社区和丰富的工具生态系统。无论是 GUI 客户端、CI/CD 工具，还是各种 Git 扩展和插件，都为开发者提供了极大的便利。这些工具和资源进一步增强了 Git 的分布式特性所带来的优势，使得软件开发更加高效和顺畅。

（三）强大的分支和合并功能

Git 的分支和合并功能是其最强大的特性之一，它允许开发者在同一项目下轻松管理和切换不同的开发分支，从而实现高效的并行开发和精细的版本控制。

Git 提供了简洁的命令来创建、切换和删除分支。使用 git branch <branch−name〉命令可以创建一个新分支，而 git checkout <branch−name〉命令则用于切换到已存在的分支。开发者可以为不同的功能开发、bug 修复或实验性代码创建独立的分支，从而保持主线代码的整洁和稳定。通过创建独立的分支，开发者可以在不影响主线开发的情况下进行自己的工作。这种隔离性确保了不同开发任务之间的互不干扰，提高了开发效率和代码质量。多个开发者可以同时在不同分支上进行开发，实现真正的并行开发模式。每个开发者都可以专注于自己的任务，而无须担心与其他人的工作发生冲突。

当某个分支的开发任务完成后，开发者可以使用 git merge <branch−name〉命令将该分支的更改合并到主线或其他目标分支中。这使得代码的集成变得非常简单和高效。在合并过程中，如果两个分支对同一部分代码进行了修改，可能会产生冲突。Git 提供了强大的冲突解决工具，帮助开发者快速定位和解决这些冲突。一旦冲突被解决，开发者可以继续完成合并操作，将多个分支的更改整合到一起。每次合并操作都会生成一个新的版本节点，以记录合并前后的代码状态。这使得开发者可以轻松地回溯和比较不同版本的代码差异，提高了版本控制的精细度和灵活性。

Git 的分支和合并功能为开发者提供了高效、灵活且强大的版本控制工具。通过创建和管理不同的分支，开发者可以实现并行开发、隔离开发环境和代码集成等操作，从而提高开发效率和代码质量。同时，Git 的合并功能确保了多个分支的更改能够无缝地整合到一起，为项目的顺利进行提供了有力支持。

（四）高效的性能

Git 以其高效的性能在版本控制系统中脱颖而出，这主要得益于其本地操作的特性和对中央服务器的非依赖性。

与传统的需要在线操作的版本控制系统（如 SVN）不同，Git 的所有操作，包括提交、分支、合并等，都可以在开发者的本地环境中进行，无须实时与中央服务器通信。由于避免了网络延迟和服务器处理时间，Git 的操作速度大大加快。开发者可以迅速完成代码的提交、回滚、比较等操作，提高了开发效率。在网络环境不佳或无法连接到服务器的情况下，开发者仍然可以继续使用 Git 进行版本控制。他们可以在本地进行代码的修改、提交等操作，待网络环境恢复后再与远程仓库同步。由于数据主要存储在本地，即使在网络故障或服务器故障的情况下，开发者的代码和数据仍然安全，不会丢失。

在 Git 的分布式架构中，每个开发者的本地仓库都包含了项目的完整历史纪录。这种数据冗余实际上提高了数据的可靠性和可用性，因为即使某个开发者的数据丢失，也可以从其他开发者的仓库中恢复。分布式架构还支持多个开发者并行开发，每个开发者都可以在自己的分支上独立工作，然后再将更改合并到主分支中。这种并行开发模式可以大大提高开发速度和效率。Git 的高效性能主要体现在其本地操作、对网络环境依赖性低以及分布式架构的优势上。这些特性使得 Git 成为现代软件开发中不可或缺的工具，特别是在需要高效版本控制和协作的复杂项目中。

（五）广泛的应用场景

Git 的灵活性和强大功能确实使其成为处理复杂项目和多团队协作的理想选择。

开源项目通常涉及众多开发者和复杂的代码库。Git 的分布式版本控制特性使得每个开发者都能独立工作，同时又能轻松地合并代码，非常适合这种大规模协作。像 Linux 内核这样的大型开源项目，就使用 Git 来管理其源代码，确保全球各地的开发者能够高效地协作。在商业软件开发中，版本控制是确保项目顺利进行的关键。Git 提供了精细的版本管理功能，使得开发团队能够追踪代码的每一个变动，确保软件质量。Git 还支持分支和标签功能，这使得开发者可以轻松管理不同版本的软件，满足客户的定制化需求。

对于个人开发者来说，Git 也是一个极好的工具。它可以帮助开发者管理自己的代码库，记录每一次的修改历史。通过使用 Git，个人开发者可以轻松地回滚到之前的版本，或者比较不同版本之间的差异，从而提高开发效率。Git 不仅适用于传统的软件开发项目，还广泛应用于数据科学和机器学习领域。在这些项目中，数据和模型都需要进行版本控制。使用 Git 数据科学家可以追踪实验的变化和结果，确保每次实验的可重复性，并与其他团队成员共享和协作。Git 的跨平台特性使其可以在多种操作系统（如 Windows、Linux、macOS 等）上无缝使用，这增加了其应用的广泛性。Git 还支持与多种集成开发环境（IDE）和文本编辑器的集成，为开发者提供了极大的便利。在教育环境中，Git 可以帮助学生和教师更好地管理课程项目和作业。通过 Git 教师可以追踪学生的进度，学生也可以学会如何使用专业的版本控制工具。研究机构可以利用 Git 来管理和共享研究数据、代码和文档，确保研究工作的可重复性和透明度。Git 的广泛应用场景涵盖了从大型开源项目到个人开发的各个方面。其强大的功能、灵活性和易用性使得它成为现代软件开发和数据科学项目中不可或缺的工具。

（六）丰富的社区支持和资源

Git 是一个广泛使用的版本控制系统，拥有庞大的用户群体和活跃的开发者社区，这为学习和使用者提供了丰富的在线资源和支持。

Git 的用户群体遍布全球，涵盖了从初学者到资深开发者的各类人群。这意味着无论你处于哪个学习阶段或遇到何种问题，都能在社区中找到相似经历的人并寻求帮助。Git 的开发者社区非常活跃，不仅有大量的开源项目和贡献者，还经常举办技术讨论、分享会等活动。这为使用者提供了一个交流和学习的平台，有助于快速解决遇到的问题。

由于 Git 的普及和广泛应用，互联网上涌现了大量与 Git 相关的教程、博客文章、视频教程等在线资源。这些资源涵盖了从基础入门到高级应用的各个方面，有助于用户系统地学习和掌握 Git 的使用。Git 官方网站提供了详尽的文档和指南，包括命令的详细解释、使用示例以及常见问题解答等。官方还提供了邮件列表、论坛等支持渠道，方便用户寻求帮助和反馈问题。由于 Git 的开放性和可扩展性，许多开发者为 Git 开发了各种实用的第三方工具和插件。这些工具和插件可以简化操作、提高效率，进一步丰富了 Git 的生态系统。在社交媒体平台上，如 GitHub、Stack Overflow 等，有大量关于 Git 的讨论和交流。用户可以在这些平台上提问、分享经验或寻求帮助，与其他开发者进行互动。Git 的丰富社区支持和资源为学习和使用者提供了极大的便利和帮助。无论你是初学者还是资深开发者，都能在 Git 的社区中找到适合自己的资源和支持，从而更好地应用和学习 Git。

四、测试工具

测试工具在软件开发过程中起着至关重要的作用，它们帮助开发者和测试人员自动化测试流程，从而确保软件的质量和性能。下面详细介绍两种常用的测试工具：Selenium 和 JMeter。

（一）Selenium

Selenium 是一个功能强大的自动化测试工具，专为 Web 应用设计。

Selenium 支持在多种主流浏览器中运行测试脚本，包括但不限于 Chrome、Firefox、Edge、Safari 等。这种广泛的浏览器支持确保了测试的全面性和兼容性，使开发人员能够检查其 Web 应用在各种浏览器环境下的表现。Selenium 提供了测试脚本的录制功能，用户可以通过这一功能记录自己在浏览器中的一系列操作。录制完成后，用户可以编辑这些自动生成的脚本，以满足特定的测试需求，如添加断言、设置变量、处理异常等。通过这种方式，Selenium 大大降低了编写测试脚本的复杂性，使测试人员能够更高效地创建测试用例。

Selenium 是一个跨平台的工具，可以在 Windows、Linux、macOS 等多种操作系统上无缝运行。这种跨平台特性使得测试团队能够在不同的系统环境下进行测试，从而更全面地评估 Web 应用的性能和兼容性。Selenium 提供了丰富的 API 接口，支持多种编程语言，如 Java、Python、C# 等，方便测试人员根据自己的喜好和项目需求选择合适的语言编写测试脚本。Selenium 还有大量的插件和扩展，可以进一步增强其功能，如报告生成、测试数据管理等。

Selenium 拥有庞大的用户社区和丰富的文档资源，为初学者和经验丰富的测试人员提供了大量的学习材料和支持。社区中经常有新的功能和技巧分享，以及针对常见问题的解决方案，这大大降低了学习和使用 Selenium 的难度。通过 Selenium，测试人员可以模拟真实用户在 Web 应用中的行为，进行全方位的测试。这包括功能测试（验证应用是否按照预期工作）、兼容性测试（检查应用在不同浏览器和设备上的表现）以及性能测试（评估应用在负载下的响应时间和稳定性）。

Selenium 以其强大的功能和灵活的跨平台支持，成为 Web 应用自动化测试领域的佼佼者。无论是对于个人开发者还是大型企业团队，Selenium 都是一个不可或缺的测试工具。

（二）JMeter

JMeter 是一个功能强大的开源性能测试工具，它广泛应用于对 Web 应用程序进行压力测试和负载测试。

JMeter 是一款完全开源且免费的性能测试工具，为众多开发团队和测试人员提供了便捷、经济的测试解决方案。由于其开放源代码的特性，用户可以根据自身需求进行定制和优化，这使得 JMeter 具有很高的灵活性和可扩展性。除了常见的 HTTP/HTTPS 协议，JMeter 还支持多种其他协议的性能测试，如 JDBC（Java Database Connectivity）用于数据库性能测试，JMS（Java Message Service）用于消息队列测试，FTP（File Transfer Protocol）用于文件传输性能测试，以及 LDAP（Lightweight Directory Access Protocol）用于目录服务性能测试等。这种多协议支持使得 JMeter 能够满足各种复杂应用场景的测试需求。

JMeter 允许用户根据实际需求创建复杂的测试场景。用户可以模拟多用户并发请求，设置不同的请求参数，如请求头、请求体、Cookie 等。用户还可以定义响应断言来验证服务器返回的响应是否符合预期，从而确保测试的有效性和准确性。JMeter 提供了直观的图形化用户界面（GUI），方便测试人员进行可视化操作，如构建测试计划、配置测试元件、查看测试结果等。同时，JMeter 还支持命令行模式，这使得用户可以通过编写脚本实现自动化测试，提高测试效率。JMeter 能够生成详细的测试结果报告，包括响应时间、吞吐量、错误率等关键性能指标。这些指标有助于测试人员全面评估系统的性能表现，发现潜在的性能瓶颈和优化点。JMeter 还支持将测试结果导出为 CSV 或 XML 格式，方便用户进行进一步的数据分析和可视化展示。与 Selenium 类似，JMeter 也可以在多种操作系统上运行，如 Windows、Linux、Mac OS 等。这种跨平台特性使得 JMeter 能够适应不同的测试环境和需求，提高了测试的灵活性和便利性。

通过使用 JMeter，开发团队可以对 Web 应用进行精确的性能评估。在软件开发过程中，性能测试是至关重要的环节。通过模拟实际用户行为和负载情况，测试人员可以找出潜在的性能瓶颈和优化点，从而提升系统的稳定性和响应速度。这对于确保软件质量、提高用户体验以及降低运营成本具有重要意义。同时，JMeter 还可以用于评估系统的可扩展性和可靠性，帮助开发团队更好地了解系统的性能表现并进行相应的优化。Selenium 和 JMeter 是两种功能强大的测试工具，它们在 Web 应用测试领域各自发挥着重要作用。Selenium 更侧重于自动化功能测试，而 JMeter 则专注于性能测试和压力测试。结合使用这两种工具，可以更全面地确保 Web 应用的质量和性能。

五、项目管理工具

项目管理工具用于跟踪和管理软件开发过程中的任务、缺陷和变更请求。JIRA 是一个流行的项目管理工具，它可以提供问题跟踪、工作流和自定义字段等功能，非常适合敏捷开发团队。

（一）适用性

JIRA 为敏捷开发团队提供了强大的支持，特别是针对 Scrum 和 Kanban

等流行的敏捷项目管理方法。这意味着团队可以在 JIRA 中直接实施和管理这些方法论，无须额外的工具或平台。为了帮助团队更好地实现敏捷开发，JIRA 提供了丰富的可视化工具和仪表板。冲刺板（Sprint Boards）可以让团队成员清晰地看到当前冲刺（Sprint）的进度，而看板（Kanban Boards）则提供了工作上的实时可视化。JIRA 允许团队根据敏捷开发的需要自定义工作流，确保项目管理流程与团队的敏捷实践保持一致。

尽管 JIRA 在软件开发领域广受欢迎，但其强大的项目管理功能也使其在市场营销、产品设计、人力资源和财务等其他领域得到了广泛应用。在市场营销中，团队可以使用 JIRA 来跟踪和管理各种营销活动的进度和效果；在产品设计领域，设计师和工程师可以利用 JIRA 协作，确保产品的设计和开发流程顺畅进行。JIRA 的广泛适用性还得益于其高度的定制性和扩展性。用户可以根据不同行业的特点和需求，通过自定义字段、工作流和仪表板等功能，将 JIRA 打造成适合特定行业的项目管理工具。同时，丰富的插件生态系统也进一步增强了 JIRA 的跨行业应用能力。

（二）功能特点

JIRA 允许用户根据项目或团队的具体需求自定义问题类型。这意味着，除了默认的问题类型（如 Bug、任务、故事等），用户还可以创建特定于他们工作流程的问题类型。JIRA 配备了一个功能强大的工作流引擎，使用户能够精确地控制问题的状态和状态之间的转换。一个问题可以从“待处理”状态转移到“进行中”状态，然后再到“已完成”状态，且这些状态转换可以根据团队的实际工作流程进行自定义。除了 JIRA 提供的标准字段，用户还可以根据项目需求创建自定义字段。这些字段可以是文本框、选择列表、日期选择器等多种形式，有助于捕捉和展示与项目相关的特定信息。虽然自定义字段提供了很大的灵活性，但过多的自定义字段可能会影响 JIRA 的性能。用户在添加自定义字段时需要权衡其必要性与潜在的性能影响。

JIRA 拥有一个庞大的插件生态系统，市场上有数千个插件可供选择。这些插件涵盖了从时间跟踪、自动化工具到与其他系统的集成等各个方面，大大扩展了 JIRA 的核心功能。通过这些插件，用户可以轻松地定制和扩展 JIRA，以满足其特定的项目管理和工作流程需求。这种高度的灵活性和可扩展性使得 JIRA 能够适应各种规模和复杂度的项目。

（三）集成与协作

与其他工具的集成：JIRA 通过提供 REST APIs 和 Java APIs，实现了与其他多种系统的无缝集成。这些 API 允许开发者创建自定义的集成解决方案，以满足特定的业务需求。JIRA 可以与 Git、SVN 等版本控制系统紧密集成。这意味着开发者可以直接在 JIRA 中查看和管理代码提交信息，实现开发与问题跟踪的无缝衔接。JIRA 还可以与 Jenkins、TeamCity 等持续集成工具集成，实现自动化测试和部署流程的跟踪与管理。这种集成使得团队能够更快地发现问题并进行修复，从而提高软件质量。

团队协作：通过看板视图和冲刺板，团队成员可以实时查看每个任务的当前状态，包括待办、进行中、已完成等。这种透明度有助于提高团队协作效率，减少沟通成本。JIRA 提供了丰富的可视化工具，如任务进度条等，帮助团队成员更好地理解项目进度和团队的工作负载。JIRA 还支持灵活的权限和角色设置，确保每个团队成员只能访问和操作其被授权的任务和信息。这有助于保护敏感数据并提高团队协作的安全性。

（四）安全性与可靠性

数据安全性：JIRA 提供了严格的身份验证机制，确保只有经过验证的用户才能访问系统。同时，通过精细的权限管理系统，JIRA 可以实现用户角色的精确授权，从而保护项目数据不被未授权的用户访问。为了确保数据的安全性，JIRA 支持数据加密功能。敏感数据在存储和传输过程中都会进行加密处理，以防止数据泄漏或遭到恶意攻击。JIRA 还提供了安全审计和日志记录功能，可以追踪和监控系统的所有活动。这有助于及时发现潜在的安全威胁，并采取相应的措施进行防范。

系统稳定性：JIRA 是一款成熟的项目管理工具，已经经过了广泛的测试和验证，具有高度的系统稳定性和可靠性。它能够满足企业级应用的需求，在大量用户同时使用的情况下依然保持稳定的性能。JIRA 提供了完善的故障恢复和备份机制。在出现系统故障或数据丢失的情况下，可以快速恢复系统和数据，确保项目管理的连续性和稳定性。Atlassian 公司是 JIRA 的开发商，持续为产品提供更新和技术支持。这意味着 JIRA 可以不断适应新的安全威胁和技术挑战，保持系统的最新状态和最佳性能。

（五）客户支持与社区

Atlassian 为 JIRA 用户提供专业的客户支持服务。当用户在使用过程中遇到问题时，可以通过官方渠道寻求帮助，并得到及时的响应和解决方案。Atlassian 会定期发布 JIRA 的产品更新和补丁，以修复已知的问题并增强软件的功能。用户可以及时获取这些更新，以确保软件的稳定性和安全性。

JIRA 拥有庞大的用户社区，这意味着用户可以在社区中找到大量与自己有相似需求和使用经验的同行。在社区中，用户可以分享自己的使用心得和技巧，从而提高使用效率并解决可能遇到的问题。这种经验分享对于新手用户来说尤为宝贵，可以帮助他们更快地熟悉和掌握 JIRA 的使用。除了使用心得，用户还可以在社区中分享最佳实践案例。这些案例可以为其他用户提供参考和借鉴，帮助他们优化自己的项目管理流程。当用户遇到问题时，可以在社区中发帖寻求帮助。由于社区用户众多且经验丰富，所以通常能够得到及时且有效的解答。这种互助氛围大大降低了用户解决问题的成本和时间。

六、持续集成 / 持续部署（CI/CD）工具

JIRA 是 Atlassian 公司出品的一款非常流行的项目管理工具，广泛应用于软件开发和项目管理领域。它以其强大的功能和灵活的定制性受到了许多开发团队和项目管理者的青睐。

1. 概述：Jenkins 是一个开源的持续集成工具，广泛用于自动化构建、测试和部署各种应用程序。它提供了一个友好的操作界面，并支持多种构建工具和测试框架，从而大大加快了软件开发和发布的速度。

2. Jenkins 是一款强大的持续集成 / 持续部署工具，它的主要功能和特点使得软件开发流程更加高效、自动化，并且能够显著提高软件质量。

Jenkins 能够持续监控代码仓库（如 Git、SVN 等）的变化。通过配置 Jenkins 与代码仓库的连接，它可以实时检测是否有新的代码提交。这种持续监控机制确保了任何代码的更新都不会被遗漏，从而及时触发后续的自动化流程。一旦监控到代码仓库中有新的代码提交，Jenkins 可以自动触发构建过程。这意味着开发者无须手动启动构建，Jenkins 会自动进行编译、打包等操作，大大提高了工作效率。Jenkins 通过配置可以实现代码提交后的全自动流程，包括构建（编译、打包）、集成（将不同模块的代码合并）、测试（运行单元测试、集成测试等）和部署（将应用部署到目标环境）。这一系列自动化流程确保了软件的质量，并且显著缩短了软件的发布周期。Jenkins 具有广泛的兼容性，可以与多种构建工具（如 Maven、Ant、Gradle 等）和测试框架无缝集成。这使得开发者能够继续利用他们熟悉的工具和框架，而无须进行大

量修改，即可实现自动化构建和测试。

Jenkins 提供了丰富的插件和扩展点，使得开发者能够根据自己的需求定制构建流程。无论是简单的构建任务还是复杂的部署场景，Jenkins 都能通过配置和插件来满足。Jenkins 支持分布式构建，可以在多台机器上并行执行构建任务，从而提高构建速度。Jenkins 的架构允许其轻松扩展以支持更多的项目和更复杂的构建需求。Jenkins 提供了直观的用户界面，使得配置和管理构建任务变得相对简单。Jenkins 还提供了详细的日志和报告功能，帮助开发者快速定位和解决问题。Jenkins 拥有庞大的用户社区和丰富的文档资源，为开发者提供了强大的支持。无论是初学者还是经验丰富的开发者，都能在社区中找到帮助和解答。

Jenkins的主要功能和特点使其成为现代软件开发中不可或缺的工具之一。通过自动化构建、集成、测试和部署流程，Jenkins 不仅提高了软件质量，还缩短了发布周期，为开发团队带来了显著的生产力提升。

3. 强大的插件系统：Jenkins 的插件系统是它的一个核心优势，为用户提供了极大的灵活性和可扩展性。

Jenkins 拥有一个庞大的插件生态系统，这些插件由社区开发和维护，可以轻松地扩展 Jenkins 的功能，以满足各种特定的需求和场景。无论是与特定的代码仓库、构建工具、测试框架集成，还是实现特定的构建步骤、通知机制，甚至是与其他系统的交互，都可以通过安装相应的插件来实现。开发者可以根据项目的具体需求，选择并安装适合的插件。如果项目使用 Git 当作版本控制系统，那么可以安装 Git 插件以实现对 Git 仓库的监控和构建触发；如果项目需要进行代码质量检查，可以安装 SonarQube 插件以集成代码质量管理工具。这种按需定制的方式，使得 Jenkins 能够灵活地适应各种不同的项目需求。

Jenkins 提供了一个直观的 Web 界面，用于管理插件的安装、配置和卸载。开发者可以通过这个界面轻松地浏览和搜索可用的插件，查看插件的详细信息、版本历史和用户评价，以便做出明智的选择。Web 界面还提供了插件的配置选项，使得开发者能够根据自己的需求对插件进行详细的设置。除插件管理外，Jenkins 的 Web 界面还提供了丰富的实时监控功能。开发者可以通过界面查看构建的状态、进度和结果，以及测试报告、构建历史纪录等详细信息。这些信息不仅有助于开发者及时了解项目的健康状况，还能帮助他们迅速发现问题并进行修复。如果某个构建失败，Jenkins 会提供详细的错误日志和报告，帮助开发者定位并解决问题。

Jenkins 的插件系统还提升了团队协作的效率。通过安装和配置相关的插件，团队可以实现自动化的代码审查、测试报告生成、构建通知等功能，从而减少人工干预和沟通成本。一些插件还提供了与团队协作工具（如 Slack、JIRA 等）的集成，使得团队成员能够更方便地协作和沟通。Jenkins 的插件系统为其提供了强大的可扩展性和灵活性，使得开发者能够根据项目需求定制和扩展 Jenkins 的功能。通过直观的 Web 界面和丰富的实时监控功能，团队能够实时监控项目的健康状况并及时发现问题，从而提升软件开发的效率和质量。

4. 灵活性和可定制性：Jenkins 的灵活性和可定制性是其成为行业领先 CI/CD 工具的重要因素。

Jenkins 赋予了用户更大的自由度，允许他们根据项目的具体需求灵活定制构建流程、测试计划和部署策略。这意味着不同的项目团队可以根据自己的实际情况，设置独特的构建步骤、选择特定的测试框架，并制定符合自身需求的部署策略。在构建流程中，用户可以自定义构建触发的条件，如定期构建、当代码变更时构建，或者基于其他特定事件触发构建。在测试计划方面，Jenkins 支持多种测试框架，用户可以根据项目需求选择合适的测试工具，并定义测试的执行顺序、测试数据的准备等。至于部署策略，Jenkins 提供了灵活的选择，如蓝绿部署、滚动部署等，以满足不同项目对部署稳定性和效率的要求。

Jenkins 的 Pipeline 功能是其灵活性和可定制性的重要体现。通过 Pipeline，用户可以以代码的方式定义和管理整个软件交付流程。这意味着构建、测试和部署等步骤可以通过编写 Pipeline 脚本来自动化执行。这种代码化的管理方式不仅提高了流程的透明度，还使得流程的修改和优化变得更加容易。Pipeline 脚本可以使用 Jenkinsfile 来描述，该文件可以存储在项目的源代码库中，从而实现构建流程的版本控制。这种方式确保了团队成员之间的协作更加顺畅，因为任何人都可以清楚地看到流程的当前状态，并了解如何进行修改。

由于 Jenkins 是用 Java 编写的，所以它具有很好的跨平台兼容性，可以在多个操作系统上运行，包括 Windows、Linux 和 Mac OS 等。这使得 Jenkins 能够适应不同的开发环境和需求。无论开发团队使用的是哪种操作系统或开发环境，Jenkins 都能提供一致且高效的持续集成和持续部署服务。Jenkins 拥有一个活跃的社区，为用户提供了丰富的文档和教程来支持他们的使用。这个社区不仅提供了大量的学习资源，还是用户寻求帮助、分享经验并共同解决问题的重要平台。无论是初学者还是经验丰富的开发者，都能在社区中找到有价值的信息和支持。Jenkins 是一个开源的持续集成工具，通过自动化构建、测试和部署过程，显著提高了软件开发的效率和质量。其灵活性和可定制性使得开发团队能够根据自身需求定制最适合他们的持续集成和持续部署流程。而丰富的插件生态系统、可视化的监控界面以及跨平台的兼容性，更是让 Jenkins 成为众多开发团队的首选工具。在软件开发的各个阶段，从需求分析、设计、编码、测试到部署，Jenkins 都能提供强大的支持，帮助开发团队更高效、更高质量地完成软件开发工作。

轮机工程中软件开发的最佳实践

轮机工程中的软件开发不仅涉及复杂的系统设计，还包括对安全性、稳定性和可靠性的极高要求。采用最佳实践来确保软件质量、提升开发效率并减少潜在风险显得尤为重要。在轮机工程中，软件开发是确保轮机系统高效、安全运行的关键。通过精确的控制算法和智能化的管理系统，软件能够实现对轮机设备的实时监控、故障诊断以及性能优化。这不仅提高了轮机的运行效率，还大大降低了维护成本和故障风险。轮机工程中的软件开发也面临诸多挑战。首先，轮机系统的复杂性要求软件具备高度的可靠性和稳定性。其次，随着技术的快速发展，软件需要不断适应新的硬件设备和系统要求。开发过程中的项目管理、团队协作以及代码质量控制也是不可忽视的难题。为了应对这些挑战，采用软件开发的最佳实践显得尤为重要。这些实践不仅涵盖了项目管理、需求分析、设计、编码、测试等各个环节，还强调了团队协作、持续集成和持续交付等现代软件开发理念。通过遵循这些最佳实践，开发团队能够更高效地交付高质量的软件产品，从而满足轮机工程的实际需求。

一、明确需求并进行有效管理

在轮机工程软件开发过程中，明确并有效管理需求是至关重要的。

（一）深入了解与明确项目需求

在项目启动初期，为了确保软件开发能够满足轮机工程的实际需求，软件开发团队需要与轮机工程师、操作员等利益相关者进行深入的交流。这一步骤至关重要，因为它奠定了整个软件开发项目的基础。

安排项目启动会议，邀请所有关键利益相关者参加，包括轮机工程师、操作员、项目管理层等。会议目标是介绍项目背景、目标，以及软件开发团队期望从利益相关者那里获取的信息。设计详细的问卷调查表，发送给利益相关者，以便收集他们对软件功能、界面设计、操作流程等方面的期望和建议。访谈：与关键利益相关者进行一对一或小组访谈，深入了解他们的日常工作流程、痛点以及对软件的特定需求。现场观察：软件开发团队成员应实地参观轮机工程现场，观察并记录实际工作流程，以更好地理解实际操作环境和潜在需求。

对收集到的需求进行归类整理，区分功能需求、性能需求、用户界面需求等。分析需求的可行性、优先级和实现难度，为后续的项目规划和开发提供依据。将整理后的需求文档发送给利益相关者进行确认，确保没有遗漏或误解。根据利益相关者的反馈进行必要的调整和完善。设立定期的沟通会议，以便在软件开发过程中不断校验需求的实现情况。建立问题反馈渠道，鼓励利益相关者在使用过程中提出改进意见和问题。

（二）充分沟通与确认需求

为了确保软件开发过程中的需求准确性和完整性，充分沟通与确认需求是至关重要的环节。

根据项目进展和关键节点，制订详细的需求确认会议计划。发送正式的会议邀请，明确会议的时间、地点和目的，并提供会议议程。邀请所有关键利益相关者参加，包括轮机工程师、操作员、项目管理层等，确保各方充分参与。制作软件原型，并在会议上进行演示。这有助于利益相关者更直观地理解软件功能和操作流程。针对关键功能或复杂流程，编写用户用例，并在会议上进行分析和讨论；还可以帮助利益相关者了解具体功能如何满足他们的实际需求，并鼓励利益相关者提出问题和建议，通过讨论和辩论来达成共识。软件开发团队应积极回应并解释相关设计决策。

在会议期间，指定专人记录所有讨论要点和达成的共识。

会议结束后，尽快整理并发布会议纪要，明确记录已确认的需求和待解决的问题。立一个反馈期限，允许利益相关者在一定时间内对会议纪要提出补充或修改意见。设立定期的沟通会议，以便在软件开发过程中不断校验需求的实现情况。这些会议可以包括进度汇报、问题讨论等。提供多种沟通渠道，如邮件、在线协作工具等，以便利益相关者随时提出问题和建议。对于关键变更或新增需求，应及时与所有利益相关者进行沟通并达成共识。

（三）持续验证与调整

在软件开发过程中，持续验证与调整是一个至关重要的环节。为了确保开发工作与需求保持一致，并减少后期的重大变更。

设定固定的回顾周期，如每周或每两周进行一次项目进度的回顾和验证。在回顾会议中，检查已完成功能是否符合预期需求，评估工作进度是否与计划相符。验证的方法可以包括功能测试、用户反馈收集、代码审查等。若在回顾中发现需求存在不清晰或矛盾之处，应立即与相关利益相关者（如产品经理、客户等）进行沟通。通过讨论和协商，明确需求的具体细节和预期目标，对需求文档进行必要的修订。确保所有团队成员都了解最新的需求变更，以便及时调整开发工作。

对于经过验证和讨论后确定的需求变更，应建立详细的变更管理流程。这主要包括更新项目计划、重新分配任务、调整开发时间表等。确保所有相关人员都清楚变更的内容及其对项目的影响。识别潜在的风险点，并制定相应的应对策略。

对于可能影响项目进度或质量的风险因素，可以提前进行风险评估和制订预案。采用自动化测试工具进行持续的集成测试，以便及时发现问题并进行修复。利用项目管理工具来跟踪和管理需求变更、任务分配和项目进度。建立一个有效的客户反馈机制，以便及时收集用户对产品的意见和建议。根据客户反馈进行产品调整和优化，以确保最终产品能够满足用户需求。通过以上细化措施，可以有效地进行持续验证与调整，确保软件开发工作的顺利进行，并最终交付一个符合用户需求的高质量产品。

二、强调风险管理和评估

在软件开发项目中，风险管理和评估是确保项目成功实施的关键环节。通过全面的风险识别、分析和应对，项目团队可以更好地掌控项目进程，减少不确定因素对项目的影响。

（一）风险识别

风险识别是项目管理中至关重要的一步，它涉及对项目过程中可能出现的各种风险因素的预判和识别。在项目启动初期，项目经理应组织团队成员进行一次或多次头脑风暴会议。这些会议的目的是集思广益，让团队成员能够自由发表对项目可能面临的风险的看法。头脑风暴法能够激发团队成员的创造性，帮助团队从不同的角度审视项目，从而更全面地识别出潜在的风险。在头脑风暴过程中，团队成员应畅所欲言，提出自己认为项目中可能遇到的问题，无论这些问题看起来多么不切实际或微小。项目经理则负责记录和整理这些意见，为后续的风险分析和管理提供依据。

除头脑风暴外，项目经理还应充分利用组织内部或外部的历史项目数据和经验来进行风险识别。通过分析过去类似项目的成功与失败案例，可以深入剖析可能出现的技术障碍、进度延误因素以及需求变更的潜在原因。如果历史项目中多次出现因技术难题而导致的进度延误，那么在当前项目中就应重点关注可能出现的技术风险。同样，如果历史项目中需求变更频繁且对项目进度和成本产生了重大影响，那么，在当前项目中就应制定更加严格的需求变更管理流程。项目中引入新技术和新工具往往能带来效率和质量的提升，但同时也可能带来未知的风险。在风险识别阶段，项目经理应特别注意项目中使用的新技术和新工具，并对其成熟度和稳定性进行评估。了解新技术或新工具在市场上的应用情况和用户反馈，以判断其是否成熟可靠。检查新技术或新工具的官方文档是否完善，以及是否有足够的社区支持或商业支持。评估新技术或新工具与现有技术栈的兼容性和集成难度，以避免因技术冲突而导致的风险。

（二）技术风险评估

在技术风险评估阶段，项目团队需要对已识别的技术风险进行深入地分析和评估。

分析技术风险对项目目标、进度、成本和质量等方面可能产生的影响。某些技术难题可能导致开发进度延误或成本超支。根据历史数据、专家判断或相关统计信息，评估技术风险发生的可能性。这有助于团队了解哪些风险更为紧迫，需要优先处理。综合考虑风险的影响和发生概率，对技术风险进行优先级排序。这有助于团队合理分配资源，优先处理高风险项。基于技术风险评估的结果，项目团队需要制定相应的预防措施，以降低风险的发生概率或减轻其影响。其具体措施包括：针对项目中可能遇到的技术难题，提前进行技术预研。通过查阅相关资料、进行小规模实验或咨询专家等方式，了解并掌握解决这些技术难题的方法和技术路线。为确保在项目遇到技术挑战时能够迅速应对，项目团队需要建立技术储备。这主要包括积累相关技术文档、工具、库和框架等资源，以及培养具备相关技能的人才。针对可能发生的技术风险，制订应急方案，明确在风险发生时，团队应如何迅速调整策略、调配资源以应对风险。

制定了预防措施后，项目团队需要确保这些措施得到有效实施，并持续监控其效果。将预防措施的实施任务分配给具体的团队成员，并明确其职责和完成时间。定期对预防措施的实施情况进行检查和评估，确保其有效性。如发现实施过程中存在的问题或不足，及时调整和改进。在项目执行过程中，持续监控技术风险的发展情况，并定期向项目管理层报告。如发现风险有升级或扩大的趋势，应立即启动应急方案进行应对。

（三）风险管理计划制订

在软件开发项目中，制订一个全面且有效的风险管理计划是至关重要的。这样的计划能够确保项目团队在项目执行过程中对各种风险有明确的应对策略和监控手段。

在制订风险管理计划之前，项目团队需要对之前进行的风险评估结果进行深入分析。这包括了解各种风险的性质、发生概率、可能造成的损失以及对项目目标的影响程度。通过这一步骤，团队能够明确哪些风险是需要重点关注的，基于风险评估的结果，项目团队需要为每种识别的风险制定具体的应对策略。对于某些高风险且潜在损失巨大的风险，团队可能会选择通过修改项目计划、采用替代方案或完全放弃某些活动来规避这些风险。对于多数风险，团队会选择采取措施来降低其发生概率或减轻其影响。这可能包括增加资源投入、改进技术方法、加强团队培训等。在某些情况下，团队可能会选择通过购买保险、签订合同或与其他组织合作来转移部分风险。对于一些低概率、低影响的风险，团队可能会选择接受这些风险，并在风险发生时采取相应的应对措施。

为了确保风险管理计划的有效实施，项目团队需要建立一个有效的风险监控机制。项目团队应定期（如每月或每季度）召开风险审查会议，以评估当前项目的风险状况，讨论已识别风险的应对策略，并识别任何新出现的风险。团队应定期编制风险评估报告，详细记录各种风险的状态、采取的应对措施以及这些措施的有效性。这些报告不仅有助于团队内部沟通，还可以成为向项目管理层和其他利益相关者报告的依据。通过使用项目管理软件或其他工具，团队可以设置一个风险预警系统，当某些关键指标超出预定阈值时自动触发警报。这可以确保团队在风险升级或新风险出现时能够迅速作出反应。随着项目的进展和外部环境的变化，原先制订的风险管理计划可能需要进行相应的调整。项目团队应定期审查并更新风险管理计划，以确保其始终与项目的实际情况保持一致。

三、优化项目管理和进程控制

在软件开发过程中，优化项目管理和进程控制是确保项目成功完成的关键。

（一）制订详细的开发计划

在项目管理中，一个详细的开发计划是至关重要的。它不仅为项目团队提供了一个清晰的方向，还有助于确保项目按时、按预算和按规格完成。在项目开始之前，必须明确项目的核心目标和期望成果。这些目标应该是具体、可衡量且可实现的，以便团队能够明确知道他们需要达到的标准。一个软件开发项目的目标可能是开发一款具有特定功能的应用程序，该应用程序需要在特定的时间框架内完成，并满足一定的性能指标。根据项目目标和期限，制定一个详细的时间表，包括各个阶段的开始和结束时间。这将有助于确保项目按计划进行，并及时完成。时间表应该包括关键任务、依赖关系和里程碑事件，以便团队成员可以清楚地了解项目进度和下一步计划。评估项目所需的人力、物力和财力资源，并进行合理分配。这包括确定团队成员的角色和职责，以及分配必要的设备和预算。确保团队成员具备完成各自任务所需的技能和资源，以避免项目延误或超预算。

在项目时间表中设定关键的里程碑，以便跟踪项目进度并评估是否按计划进行。这些里程碑应该是项目中的关键事件或决策点，有助于团队及时发现问题并采取相应的纠正措施。在软件开发项目中，关键的里程碑可能包括需求分析完成、设计阶段结束、编码开始、测试阶段开始和项目部署等。识别项目中可能遇到的风险，并制订相应的风险管理计划。这包括评估风险的大小和可能性，以及确定应对风险的策略和措施。风险管理计划有助于团队在项目执行过程中及时应对和解决潜在问题，确保项目的顺利进行。在项目实施过程中，持续监控项目进度和资源使用情况，并根据实际情况进行调整。这包括定期与团队成员沟通项目进展、解决问题和调整计划，以确保项目能够按计划完成。通过持续的监控和调整，团队可以更好地应对变化和挑战，确保项目的成功实施。

（二）采用敏捷开发方法时的注意事项

在敏捷开发中，团队成员之间的沟通至关重要。由于敏捷方法强调快速反馈和适应性，所以团队成员之间需要频繁且有效地交流信息、想法和问题。简化文档并提取文档重点有助于加速信息传递，减少误解，并让团队成员能够快速了解项目状态、需求和变更。敏捷开发的核心是以人为本，这意味着在开发过程中应充分考虑团队成员的意见、技能和创造力。通过迭代的方式循序渐进地完成开发任务，每个迭代周期都产生可交付的软件产品，这样可以及早发现问题并进行调整，同时也使客户能够更早地看到实际成果。

敏捷团队应该是高度协作和自组织的。团队成员需要被赋予更多的自主权和决策权，以便在面临变化时能够快速调整。团队领导者应该信任团队成员，给予他们充分的授权和赋能，这样团队成员才能更好地发挥自己的才能和创造力，为项目的成功作出贡献。敏捷开发是一个持续迭代和改进的过程。在每个迭代周期结束时，团队应该进行反思和优化，以适应变化的需求和环境。通过持续改进，团队可以不断提高开发效率、软件质量和客户满意度。敏捷开发的精髓在于灵活应对变化。当需求或市场环境发生变化时，团队需要能够快速调整开发计划和策略。避免过度规划和过度细化，以免限制团队的灵活性和响应能力。

（三）监控和调整项目进度

安排定期的项目会议是监控项目进度的重要手段。这些会议可以是周会、双周会或月会，具体频率应根据项目的复杂性和紧急性来定。在会议中，各团队成员应汇报自己的工作进度、遇到的问题及需要的支持。会议还应包括对项目整体进度的评估，通过对比实际进度与计划进度，发现潜在的偏差；除通过项目会议进行口头的进度汇报外，还需要定期进行书面的进度评估报告。这些报告应详细列出已完成的任务、正在进行的任务以及即将开始的任务，并提供具体的时间线和负责人。通过数据和图表（如甘特图、网络图等）来可视化项目进度，使得管理层和团队成员能够直观地了解项目状态。

当发现项目进度偏离计划时，项目经理需要迅速做出反应。其中，调整资源分配是关键措施之一。这可能包括重新分配人力、物力或财力资源，以确保关键任务得到足够的支持。如果某个任务进度滞后，可能需要增加人手或延长工作时间来迎头赶上。除资源分配外，调整任务的优先级也是重要的调整手段。项目经理需要根据实际情况评估哪些任务是项目的关键路径，并据此调整任务的执行顺序。有时，为了确保项目整体进度，可能需要暂时搁置某些非关键任务，而集中力量攻克对项目完成时间有决定性影响的任务。现代项目管理软件提供了强大的进度跟踪和报告功能，可以大大简化监控和调整项目进度的过程。通过这些软件，项目经理可以实时查看项目进度数据，包括任务完成情况、资源使用情况等，从而做出更精准的决策。

（四）风险管理

通过全面的分析和讨论，确定项目中可能出现的风险。这些风险可能来源于项目内部或外部环境，如技术难题、市场变化、政策调整等。可以利用多种方法进行风险识别，如头脑风暴、判断矩阵、SWOT 分析等，以确保不遗漏任何潜在风险。在识别出潜在风险后，需要对其发生的可能性和影响程度进行评估。这有助于确定风险的优先级，并为后续的风险应对策略提供依据。在评估过程中，可以使用定量或定性方法，如概率－影响矩阵、期望货币值等，来量化风险的大小和可能造成的损失。根据风险评估的结果，为每个识别的风险制定相应的应对策略。这些策略可能包括避免、减轻、转移或接受风险等。在选择应对策略时，需要考虑项目的实际情况、团队能力和资源限制等因素，以确保策略的有效性和可行性。

在项目实施过程中，需要定期对项目进行风险评估，以及时发现并解决潜在问题。这可以通过定期的项目审查、风险评估会议等方式实现。当发现风险状况发生变化时，应及时调整风险应对策略，以确保项目的顺利进行。在风险管理过程中，团队成员之间的沟通与协作至关重要。需要建立有效的沟通机制，确保每个成员都了解项目的风险状况，并能及时提供反馈和建议。同时，与利益相关者和其他项目组织进行充分的沟通，以便共同应对和解决项目中的风险问题。

四、注重系统设计与技术选型

在软件开发过程中，系统设计与技术选型是至关重要的环节，它们会直接影响到软件的质量、开发效率以及未来的可扩展性和可维护性。

（一）系统设计

在系统设计之初，基于深入的需求分析，我们首先要明确系统的功能模块，进而设计出整体结构。这个结构不仅涉及系统的主要组件，还包括这些组件之间的关系以及数据流。根据系统的功能需求，我们会识别出核心的功能模块，如用户管理、数据处理、界面展示等，每个模块都会对应一个或多个系统组件。明确各个组件之间的交互方式，包括数据是如何在各个组件之间传递和处理的。这需要我们设计清晰的数据流图，以确保数据的准确性和一致性。在设计中，我们遵循高内聚、低耦合的原则。高内聚意味着每个组件或模块内部的功能是紧密相关的，而低耦合则保证了组件之间的依赖关系最小化，这样设计的系统更加稳定且易于维护。

为了提高系统的灵活性和可复用性，我们将系统拆分为多个独立的组件。每个组件都负责实现特定的功能，如用户认证、数据存储、业务逻辑处理等。这种拆分使得每个组件都可以独立开发、测试和部署。设计清晰的组件接口是确保组件之间能够顺畅交互的关键。我们会定义明确的输入和输出参数，以及异常处理机制，从而保证组件之间的通信是清晰的、高效的。在设计组件时，我们会考虑其复用性。这意味着在未来的项目中，我们可以复用这些已经设计好的组件，从而大大降低开发成本和提高开发效率。一个好的系统设计必须考虑未来的发展和变化。我们会在设计中预留扩展点，以便在未来能够轻松地添加新功能或模块。这可能涉及使用插件机制、提供开放的 API 接口等方式。为了确保系统的可维护性，我们会编写清晰的代码，添加必要的注释和文档。我们还会进行定期的测试和修复工作，以确保系统的稳定性和可靠性。

（二）技术选型

技术选型是软件开发过程中至关重要的一步，它直接影响到项目的开发效率、系统性能和后期维护成本。

根据项目的具体需求和团队的技能储备来选择合适的编程语言。不同的编程语言有不同的特性和适用场景。如果项目需要处理大量数据或要求高性能和并发处理，C++ 或 Go 等语言可能是更好的选择。这些语言在底层性能优化和多线程处理方面具有优势。对于需要快速迭代和原型制作的项目，Python 或 Ruby 等动态语言可能更适合。这些语言通常具有更简洁的语法和丰富的库支持，能够加快开发速度。在选择编程语言时，还需要考虑语言的学习曲线、社区支持和生态系统。一个拥有广泛社区支持和丰富库资源的语言，能够大大降低开发难度和提升开发效率。根据项目需求，选择与项目相匹配的框架和库。对于 Web 开发项目，可以选择 Django、Flask 等成熟的 Web 框架。这些框架提供了丰富的功能和强大的社区支持，能够加速 Web 应用的开发进程。如果项目涉及大量数据处理和分析，可以选择 Pandas、NumPy 等数据处理库。这些库提供了强大的数据处理和分析能力，能够大大提升数据处理效率。在选择框架和库时，要考虑其稳定性、性能、易用性以及社区支持。一个稳定且性能良好的框架或库，能够提升系统的整体性能和稳定性。

选择能够提高开发效率的工具也是技术选型的重要环节。选择一个功能强大且易用的 IDE，如 PyCharm、Visual Studio Code 等，能够提升代码编写和调试的效率。使用 Git 等版本控制系统来跟踪和管理代码的变化，确保代码的可追溯性和团队协作的效率。选择适合的自动化测试工具，如 Selenium、JUnit 等，以确保代码质量和提升测试效率。所选工具应与团队的工作流程和项目需求相匹配，以提升团队的整体开发效率。在技术选型时，还需要考虑所选技术与现有技术栈的兼容性。选择与现有技术栈相匹配的技术，可以降低整合成本和学习成本。同时，选择成熟稳定的技术能够降低项目风险并提高系统的稳定性。

技术选型是软件开发过程中的关键环节。通过合理的技术选择，可以提高软件的开发效率、质量和可维护性，从而为项目的成功奠定坚实的基础。在技术选型过程中，需要综合考虑项目需求、团队技能、语言特性、框架和库的稳定性与性能以及开发工具的效率等多个方面。

五、实施编码规范和版本控制

在软件开发过程中，实施统一的编码规范和版本控制是至关重要的。这不仅关系到代码的可读性和可维护性，还直接影响到团队合作的效率和项目的顺利进行。

（一）编码规范

在软件开发项目中，首先需要制定一套全面且详细的编码规范。这套规范应该由团队成员共同讨论和确定，以确保其既符合项目需求，又能得到大家的认可。

明确变量、函数、类等元素的命名方式，以提高代码的可读性。统一代码的缩进风格，如使用空格还是制表符，以及每一级的缩进数量。规定注释的书写方式和位置，强调注释的重要性和必要性，以便其他开发人员理解代码。明确函数和类的结构，避免过于复杂的逻辑和冗长的函数，以简化代码的维护。编码规范制定后，必须强制执行并定期审查。定期进行代码审查，检查代码是否符合编码规范，以及是否存在潜在的问题。使用自动化工具来检查代码风格和规范，如使用 linters 或 static code analysis tools。对新加入团队的成员进行编码规范的培训，并提供持续的指导。随着技术的发展和团队的变化，编码规范也需要不断更新和完善。定期组织团队成员审查编码规范，讨论并确定是否需要修改或添加新的规则。鼓励团队成员提出对编码规范的反馈和建议，以便不断完善。

（二）版本控制

选择一个适合团队需求的版本控制系统，如 Git。这样的系统允许多人协作，并能详细记录代码的每次修改。使用版本控制系统跟踪每次代码的变化，包括修改的内容、时间和修改者。这样，在出现问题时可以迅速定位并修复。版本控制系统如 Git 支持多人并行工作，减少了团队合作中的冲突。同时，通过代码审查功能，可以确保代码质量，及时发现潜在问题。利用版本控制系统的分支功能，可以为不同的特性开发或错误修复创建独立的分支。这样可以保持主分支的稳定性，同时允许团队成员在独立的环境中工作。制定明确的分支合并策略，以确保代码合并的顺利进行，并避免冲突。结合持续集成工具，可以自动化构建、测试和部署过程。这大大提高了开发流程的效率和可靠性，减少了人为错误，并加速了软件的交付周期。通过这种方式，每次代码提交后都可以自动进行构建和测试，确保代码的稳定性和质量。

六、严格的测试与质量保证

在软件开发过程中，严格的测试与质量保证是确保软件功能、性能和稳定性的重要环节。

（一）单元测试

单元测试是软件开发过程中非常重要的一环，它针对软件中的最小可测试单元（通常是模块、函数或类）进行验证，以确保其按预期工作。针对每个模块或函数编写测试：为了全面测试软件，需要为每个重要的模块或函数编写相应的测试用例。测试用例应设计得足够全面，以覆盖模块的所有功能点，包括正常情况、边界条件和异常处理。在测试用例中，应使用断言来验证模块的输出是否符合预期。断言是检查程序状态的一种简单方法，用于确认某个条件是否为真。

通过执行单元测试，可以检测出模块内部的问题（如逻辑错误、边界条件处理不当等），并及时进行修复。定期的单元测试有助于维持和提高代码的质量，减少在集成测试和系统测试阶段出现的问题。为了提高效率，应使用自动化测试工具来执行单元测试。这样，每次代码更改后，都可以快速重新运行测试，以确保没有引入新的问题。测试覆盖种类与用例设计：在进行单元测试时，还需要考虑不同的测试覆盖种类，以确保测试的全面性和有效性。这些包括以下几个方面。语句覆盖：确保程序中的每条可执行语句都至少被执行一次。判定覆盖（分支覆盖）：确保程序中每个判断语句的取真分支和取假分支都至少被执行一次。条件覆盖：确保程序中每个判断语句的每个条件的每个可能取值都至少被执行一次。路径覆盖：设计足够的测试用例，以覆盖程序中所有可能的路径。为了达到这些覆盖标准，需要精心设计测试用例。常用的用例设计方案包括条件测试、基本路径测试和循环测试等。持续集成与持续测试：在现代软件开发中，持续集成（CI）和持续测试（CT）是确保软件质量的关键实践。通过将这些实践与单元测试相结合，可以更早地发现并修复问题，从而提高软件的可靠性和稳定性。

（二）集成测试

集成测试是软件开发过程中的一个重要环节，其主要目的是在单元测试之后，将所有模块组合起来进行继续测试的过程，用以发现临时版本（迭代测试）和最终版本（系统测试）文档和评审错误，以及设计和文档错误。

验证模块间的交互，集成测试的一个重要任务是检查不同模块之间的接口是否正确对接。这包括数据传递、函数调用等是否按预期进行，以确保模块间能够协同工作。在模块交互过程中，数据的一致性至关重要。集成测试会验证数据在各个模块之间传递时是否保持一致，防止因数据格式、单位或其他差异导致的问题。当模块间交互出现异常或错误时，集成测试会检查系统的错误处理机制是否有效，以及是否能够恢复到稳定状态。确保系统整体性，通过集成测试，可以验证整个系统的功能是否符合设计要求。这包括各个模块组合后的整体功能，以及系统是否能够满足用户需求。除了功能验证外，集成测试还会对系统的整体性能进行评估。这包括响应时间、吞吐量、资源利用率等关键指标，以确保系统在实际运行环境中具有良好的性能表现。在集成测试阶段，还会对系统的安全性和稳定性进行测试。这包括检查系统是否存在安全漏洞，以及在长时间运行或异常情况下系统的稳定性表现。

先从主模块开始，逐步向下集成子模块。这种方法的优点是能够早期发现上层模块的错误，缺点是需要开发大量的桩模块。先从底层模块开始集成，然后逐步向上层模块集成。这种方法的优点是不需要开发桩模块，但缺点是早期无法发现上层模块的错误。结合自顶向下和自底向上的方法，旨在充分利用两者的优点并减少缺点。通过集成测试，可以在软件发布前发现并修复大量潜在的问题，从而提高软件的质量和用户满意度。在集成测试阶段发现并修复问题，可以避免在软件发布后因为用户反馈而进行的紧急修复，从而降低维护成本。经过充分的集成测试后发布的软件，能够给用户带来更加稳定和可靠的体验，从而增强用户对软件的信心。

（三）自动化测试

自动化测试工具在软件开发过程中扮演着至关重要的角色，能够显著提高测试的效率和准确性，同时减少人为错误。

自动化测试工具能够自动执行大量的测试用例，从而避免了测试人员手动执行相同的测试步骤。这不仅加快了测试速度，还降低了出错率，因为自动化脚本不会像人类那样受到疲劳或注意力分散的影响。自动化测试工具可以精确地控制测试的执行时间，确保每个测试用例都在相同的环境和条件下运行，从而提高了测试的准确性和可重复性。通过使用自动化测试工具，测试人员可以轻松地创建和执行数据驱动的测试用例。这意味着可以使用不同的数据集来反复运行相同的测试，以验证系统的各种边界条件和异常情况。

结合持续集成（CI）工具，每次代码变更后都可以自动触发测试流程。这种即时反馈机制使得开发团队能够快速地发现并修复问题，从而保持代码库的健康状态。通过持续集成和自动化测试，开发团队可以在代码合并到主分支之前捕获潜在的问题。这有助于减少在生产环境中出现的缺陷数量，从而降低项目的风险。自动化测试和持续集成的结合使得开发团队能够更频繁地集成和部署代码，而无须担心引入新的问题。这加速了开发过程，并允许团队更快地响应市场变化和用户需求。

（四）质量保证措施

代码审查是一种通过系统化地检查源代码来发现潜在错误和不规范编码风格的方法。它不仅能提高代码质量和可读性，还能促进团队成员之间的知识共享和最佳实践的传播。代码审查可以以多种方式进行，如正式的代码审查会议、轻量型的非正式代码审查或使用自动化工具进行静态代码分析。正式的代码审查通常包括多位参与者分阶段进行，能够更全面地发现问题；而非正式代码审查则更加灵活，适用于日常开发中的快速反馈。根据卡珀斯·琼斯的研究，使用正式代码审查的项目能够发现 60% ~ 65% 的潜在缺陷，这显著提高了软件的质量。

测试报告是记录和分析测试结果的关键文档，它提供了关于软件功能和性能表现的详细信息。测试报告应包括测试目标、测试环境、测试数据、测试步骤、实际结果与预期结果的对比，以及发现的问题和建议的改进措施。通过对测试报告的深入分析，开发团队可以了解软件的弱点，识别需要优化的区域，并为后续的改进工作提供依据。

用户反馈是软件持续改进的重要驱动力。通过收集和分析用户反馈，开发团队可以了解用户的需求和期望，发现软件存在的问题，并制定相应的改进措施。基于用户反馈和市场分析，制订明确的迭代计划，包括功能增强、性能优化、用户界面改进等方面。每次迭代都应以提升用户体验和满足用户需求为目标。在持续改进过程中，保持团队成员之间的有效沟通和协作至关重要。定期的会议、使用协作工具以及明确的责任分配都有助于确保改进措施的顺利实施。严格的测试与质量保证是软件开发过程中不可或缺的一环。通过单元测试、集成测试和系统测试以及自动化测试工具的应用等措施，可以确保软件的质量、性能和稳定性达到预期要求。

七、部署与运维的细致规划

在软件开发完成后，部署与运维的细致规划是确保软件稳定运行、性能优化的关键环节。根据软件的运行需求和预计的访问量，选择合适的服务器规格和数量。配置服务器的网络环境，确保服务器的网络连通性和安全性。安装必要的服务器软件和工具，如操作系统、Web 服务器软件等。选择适合的数据库系统，并进行合理的配置，包括内存分配、存储设置等。建立数据库的用户权限管理体系，确保数据的安全性。对数据库进行性能调优，以提高数据的读写速度和响应时间。将开发完成的应用代码部署到服务器上，确保代码的正确性和完整性。配置应用的运行环境，如 Java 虚拟机设置、Python 环境等。设置应用的日志记录系统，以便追踪和排查问题。

使用专业的监控工具对服务器的 CPU、内存、磁盘 I/O 等关键指标进行实时监控。定期对服务器的性能数据进行分析，及时发现并处理性能瓶颈。收集并分析应用的错误日志，找出潜在的问题和异常。根据日志分析结果，对代码或配置进行相应的优化和调整。定期检查服务器的安全设置，确保没有安全漏洞。使用防火墙、入侵检测系统等工具保护服务器的安全。

根据性能监控和错误日志分析的结果，对代码进行有针对性的优化。采用更高效的算法和数据结构，提高代码的执行效率。根据系统的运行情况和用户需求，对系统的整体架构进行调整和优化。引入缓存、负载均衡等技术手段，提高系统的可扩展性和稳定性。部署与运维的细致规划是确保软件在生产环境中稳定运行的重要环节。通过制订详细的部署计划、持续监控系统性能和进行代码及架构的优化，可以最大限度地提高软件的可用性、性能和安全性。

通过遵循这些最佳实践，轮机工程中的软件开发可以更加高效、准确地满足实际需求，提高轮机系统的性能和可靠性。

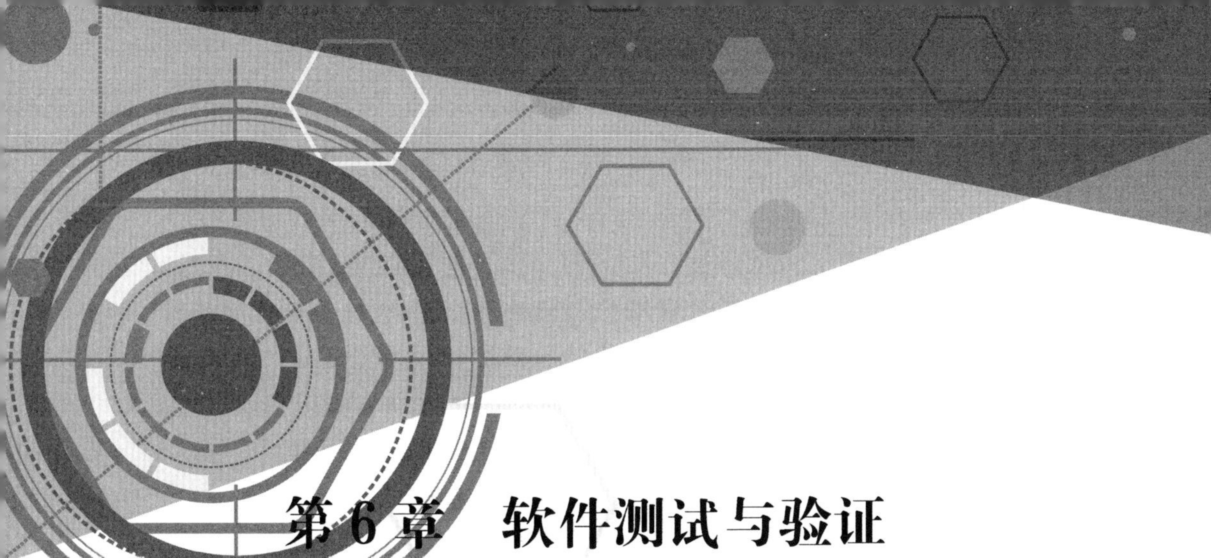

第6章　软件测试与验证

随着轮机工程技术的不断发展，软件在轮机系统中的应用越来越广泛，从控制系统到监测设备，几乎无处不在。软件的稳定性和可靠性对于轮机系统的安全运行至关重要。然而，软件错误和缺陷可能会导致系统故障，甚至引发安全事故。在轮机工程中，软件测试与验证成为确保软件质量的关键环节。软件测试是为了发现程序中的错误而执行程序的过程，它是软件开发周期中不可或缺的一部分。在轮机工程中，软件测试的目的不仅是找出软件的缺陷，还要验证软件是否满足轮机系统的特定需求和性能指标。通过有效的测试，可以显著提高轮机系统的可靠性和安全性。轮机软件的验证也是确保软件质量的重要手段。验证过程旨在确认软件是否满足其规格说明和用户需求，以及是否能够在各种环境和条件下稳定运行。这包括功能验证、性能测试、安全性验证等多个方面。读者将能够更深入地理解软件测试与验证在轮机工程中的重要性，并掌握相关的方法和技术，为轮机系统的安全运行提供有力保障。

软件测试方法与技术在轮机工程中的应用

在轮机工程中，软件测试是确保软件质量和功能正确性的关键环节。轮机系统的复杂性要求软件必须具备高度的稳定性和精确性，而软件测试正是实现这一目标的重要手段。随着轮机工程技术的不断进步，传统的软件测试方法已经无法满足日益增长的需求。探索和应用先进的软件测试方法与技术，对于提升轮机软件的可靠性和安全性具有重要的意义。

一、从模块到系统：逐步构建测试体系

在轮机工程软件开发中，从模块到系统逐步构建测试体系是确保软件质量和可靠性的关键步骤。这一体系的构建涉及多个层次和方面的测试，旨在逐步验证软件的各个组成部分以及整体性能。

（一）从微观视角出发：单元测试

在轮机工程软件开发中，单元测试是对软件中最小的可测试单元进行验证的过程。这个过程就像是对一个个精致的齿轮进行细致的检查，确保每个齿轮，也就是我们的软件模块或函数，都能独立、准确地转动。在这个阶段，测试人员会深入代码的最底层，对每个函数、方法或类进行详尽的测试。单元测试关注的是软件的基础组件——这些“齿轮”的功能性和正确性。测试人员会设计一系列测试用例，来验证这些组件是否按照预期工作。以轮机转速计算模块为例，这个模块可能是一个复杂的算法，负责根据传入的参数计算出轮机的实时转速。在进行单元测试时，测试人员会为这个模块设计多个测试用例，包括正常情况、边界条件、异常情况等。

在正常情况下，测试人员会输入一系列标准的参数，然后检查模块输出的转速值是否准确。这可以验证模块在常规操作下的正确性。在边界条件下，测试人员会输入接近或达到模块处理极限的参数，比如最大或最小转速值，以检验模块在这些极端情况下的表现。在异常情况下，测试人员会故意输入无效或不合理的参数，比如负值或非数字值，来观察模块是否能够恰当地处理这些错误输入，并给出相应的错误提示或警告。通过这种细致入微的测试方法，单元测试能够帮助开发团队及时发现并修复那些可能隐藏在代码深处的问题。这些问题如果在后续的集成测试或系统测试中才发现，可能会带来更大的修复成本和风险。单元测试是确保轮机工程软件质量的重要一环，它为后续更高层次的测试奠定了坚实的基础。

（二）齿轮的啮合：集成测试

在轮机工程软件中，集成测试是一个至关重要的环节，它好比是将一个个经过精细打磨的齿轮啮合在一起，验证它们是否能协同工作，共同推动整个轮机系统的运转。经过严格的单元测试后，我们确保了每个“齿轮”——

也就是软件模块——都能独立、准确地工作。然而，这并不意味着当它们组合在一起时也能完美运行。集成测试的目的就是检查这些已验证的模块在组合后是否能够无缝衔接，协同完成任务。在集成测试中，我们关注的是模块之间的接口和交互。这些接口就像是齿轮之间的咬合点，必须精确匹配，才能保证整个系统的顺畅运行。为了验证这一点，我们会将不同的模块按照设计要求组合在一起，然后进行一系列的测试。以控制系统模块和监测系统模块为例，这两个模块在轮机工程中扮演着至关重要的角色。控制系统负责发出指令，控制轮机的运行；而监测系统则负责实时收集和分析轮机的运行状态数据。在集成测试中，我们会将这两个模块连接起来，测试它们之间的数据传输和指令执行是否顺畅无误。

我们会设计一系列测试用例来模拟实际运行场景。当控制系统发出一个加速指令时，监测系统是否能够准确接收到这个指令，并实时反馈轮机的加速状态？当轮机出现异常时，监测系统是否能够及时将异常数据传递给控制系统，以便控制系统做出相应的调整？通过这些测试用例，我们能够发现那些在单元测试中难以暴露的问题。两个模块之间的数据传输格式可能不匹配，导致数据丢失或解析错误；或者某个模块的接口设计不合理，导致与其他模块的交互出现问题。这些问题在单元测试阶段可能无法发现，因为单元测试主要关注的是模块内部的功能实现，而集成测试则更重视模块之间的协同工作。通过集成测试，我们可以确保各个模块在整合后依然能够稳定运行，为后续的系统测试和最终的产品交付打下坚实的基础。这就像将一个个精致的齿轮完美地啮合在一起，共同推动轮机工程软件的稳定运行。

（三）全局视角的审视：系统测试

在完成了单元测试和集成测试之后，我们迎来了软件测试的最后一个关键阶段——系统测试。这个阶段是从全局的视角出发，对整个轮机工程软件进行细致而全面的审视，确保它在真实或近似真实的工作环境中能够稳定、高效地运行。

系统测试不再局限于单一模块或模块间的交互，而是着眼于整个软件的综合性能。测试人员在这一阶段的任务是模拟轮机在实际运行中可能遇到的各种情况，以检验软件的稳定性、可靠性和性能表现。在功能测试方面，测试人员会逐一验证软件的所有功能点，确保每一项功能都按照设计要求正确实现。这包括轮机启动、停止、加速、减速等基本操作，以及可能的异常处理和恢复机制。测试人员会设计各种测试用例，包括正常情况、异常情况、边界条件等，以全面评估软件的功能完整性。

性能测试是系统测试中另一个重要的方面。在这一环节，测试人员会关注软件在不同负载下的响应时间和处理能力。他们会模拟多用户同时操作、大数据量处理等场景，以检验软件在高并发和高负载情况下的表现。还会对软件的资源利用率进行评估，如 CPU 占用率、内存消耗等，确保软件能够在有限的资源下高效运行。安全性测试在系统测试中也占据着举足轻重的地位。测试人员会模拟各种安全攻击场景，如 SQL 注入、跨站脚本攻击等，以检验软件的安全防护能力。同时，他们还会对软件的权限管理、数据加密等安全特性进行验证，确保用户数据的安全性和隐私保护。除上述的测试点外，系统测试还会关注软件的易用性、兼容性等其他方面。易用性测试旨在评估软件的用户界面是否友好、操作流程是否合理，以便提供良好的用户体验。兼容性测试则是为了验证软件是否能够在不同的操作系统、浏览器或硬件平台上稳定运行。系统测试是一个全方位、多角度的测试过程，旨在确保轮机工程软件在实际应用中能够经得起各种考验。通过这一阶段的测试，我们可以为轮机的安全运行提供坚实的技术支撑，确保软件在实际运行过程中能够稳定、高效地发挥作用。

二、新兴软件测试技术在轮机工程中的应用

随着轮机工程领域的快速发展，软件系统的复杂性和重要性日益凸显。为确保轮机系统的稳定性和高效性，软件测试技术扮演着举足轻重的角色。

自动化测试是通过编写测试脚本来自动执行测试过程，从而极大地提高测试效率和准确性。在轮机系统的软件开发过程中，每当新功能增加或错误修复后，都需要进行回归测试以确保原有的功能没有受到影响。通过自动化测试脚本，可以快速、准确地执行大量的测试用例，从而及时发现并修复潜在的问题。自动化测试与 CI/CD 流程紧密结合，每次代码提交后都会自动触发测试流程，确保新提交的代码不会引入新的问题，从而加速软件开发的速度并保证质量。自动化测试能够大幅减少人工测试的时间和成本，使测试人员能够将更多精力投入测试用例的设计和测试策略的制定上。

性能测试在轮机工程中具有至关重要的地位，它直接关系到轮机系统的运行效率和稳定性。性能测试主要关注软件在特定条件下的各项性能指标，如响应时间、吞吐量、资源利用率等。通过模拟多用户同时访问轮机系统的

场景，测试系统在不同负载下的性能指标，从而确保系统在实际运行中能够承受预期的用户并发量。测试轮机系统在极端负载条件下的性能和稳定性，以发现系统的瓶颈和潜在问题。根据性能测试的结果，开发团队可以有针对性地优化代码和架构，提升轮机系统的整体性能。

在轮机工程中，安全性测试是确保系统安全性和可靠性的关键环节。它主要涉及以下几个方面：通过模拟各种恶意攻击场景，如 SQL 注入、跨站脚本攻击（XSS）等，来测试轮机系统的安全防护能力。验证系统的用户权限管理是否严格，防止未授权访问和数据泄漏。测试系统在异常情况下的稳定性和恢复能力，如电源中断、硬件故障等。自动化测试、性能测试和安全性测试在轮机工程中发挥着不可或缺的作用。它们共同确保了轮机系统软件的质量、效率和安全性，为轮机系统的稳定运行提供了坚实的保障。随着技术的不断发展，这些测试技术也将不断进步和完善，为轮机工程的发展提供更有力的支持。

三、单元测试的应用

在轮机工程中，单元测试是最为基础和关键的测试环节。轮机系统的软件涉及大量的算法和计算模块，这些模块是轮机性能和安全的关键因素。为了确保这些模块的正确性，测试人员会进行详尽的单元测试。

单元测试是针对软件中的最小可测试单元进行的测试，这些单元通常是函数、方法或者是一个小的功能块。在轮机系统软件中，这样的单元可能是一个计算轮机转速的函数，或者是一个估算燃油消耗率的模块。测试人员会针对这些单元进行测试，以确保它们的功能正常。在进行单元测试时，测试人员首先会仔细研究相关模块的设计文档和源代码，了解其功能需求和输入/输出规范。接着，他们会设计一系列具有代表性的输入数据，这些数据应该覆盖到模块可能遇到的各种情况，包括正常情况、异常情况以及边界条件等。测试人员会使用自动化的测试工具来执行这些测试用例。这些工具可以自动调用被测试的模块，并传入预设的输入数据。然后，测试工具会捕获模块的输出，并将其与预期的输出进行比较。如果两者一致，则说明该模块的功能是正确的；如果不一致，则说明模块中存在错误，需要进行修复。

单元测试的重要性在于它能够及时发现并定位代码中的错误。由于轮机系统的软件包含大量的算法和计算模块，任何一个小的错误都可能导致轮机性能下降或者安全隐患。通过单元测试，测试人员可以确保每个模块都能按照设计要求正常工作，从而提高整个轮机系统软件的质量和可靠性。单元测试还具有易于编写、运行和维护的优点。由于它只关注软件中的最小可测试单元，所以测试用例的编写相对简单且快速。同时，自动化的测试工具可以大大提高测试效率，减少人为错误的可能性。当代码发生变更时，测试人员也可以快速地重新运行单元测试来验证变更是否引入了新的问题。单元测试在轮机工程的软件测试中具有重要的作用。它不仅能够确保软件中每个模块的正确性，还能够提高整个轮机系统软件的质量和可靠性。通过仔细设计和执行单元测试，测试人员可以为轮机系统的安全运行提供有力的保障。

四、集成测试的应用

轮机系统是一个由多个模块组成的复杂系统，其中每个模块都承担着特定的功能，如控制系统模块负责轮机的运行控制，而监测系统模块则实时监控轮机的各种参数。然而，仅仅确保每个模块在单元测试中表现正常是不够的，因为在实际运行中，这些模块需要相互协作以实现整体功能。这就是集成测试的重要性所在。

集成测试的主要目的是验证不同模块之间的接口和交互是否正确。在轮机系统软件中，这意味着测试人员需要确保数据能够在模块之间正确传输，指令能够被准确执行，以及各模块能够协同工作以完成复杂的控制逻辑。在集成测试阶段，测试人员首先会仔细研究系统的设计文档，了解各个模块之间的依赖关系和交互方式。接着，他们会将已经通过单元测试的模块按照设计文档进行组合，构建一个相对完整的系统。以控制系统模块和监测系统模块的集成为例，测试人员会设计一系列的测试用例来验证两者之间的交互。他们可能会模拟监测系统发送各种数据给控制系统，然后检查控制系统是否能够准确接收这些数据，并根据这些数据发出正确的控制指令。这包括验证数据的格式、传输速度、准确性等方面。测试人员还会关注模块之间的错误处理和异常情况。如果监测系统发送了无效或异常数据，控制系统应该能够识别并处理这种情况，而不是导致系统崩溃或产生不可预测的行为。

集成测试还涉及性能方面的考虑。测试人员会检查在模块交互过程中是否存在性能瓶颈，如数据传输延迟、处理速度等，以确保系统在实际运行中能够满足性能要求。集成测试在轮机工程软件测试中扮演着至关重要的角色。它确保了各个模块之间的顺畅交互和协同工作，从而提高了整个轮机系统软件的质量和可靠性。通过仔细的集成测试，测试人员可以发现并解决模块之间的潜在问题，为轮机系统的安全、高效运行提供有力的保障。

五、系统测试的应用

系统测试是轮机工程软件测试过程中至关重要的一个环节，它在真实或高度仿真的工作环境中对整个轮机系统软件进行全面的、综合的测试。这一阶段的核心目标是评估软件在整体性能和功能上是否能够满足用户的实际需求。

在系统测试阶段，测试团队会精心构建测试场景，模拟轮机在实际运行中可能遇到的各种正常操作、异常情况以及边界条件。测试人员可能会模拟轮机启动、运行、停机等正常操作流程，以检验软件在这些常规操作中的稳定性和可靠性。同时，他们还会故意引入一些异常情况，如电源故障、传感器失灵等，来观察软件是否能够及时检测并妥善处理这些突发状况。除了功能和稳定性的测试，系统测试还包括对软件易用性的评估。测试人员会站在用户的角度，检查软件的操作界面是否友好，功能布局是否合理，以及是否有明确的操作提示和反馈。这些易用性测试有助于确保轮机操作人员能够轻松上手，并在使用过程中获得良好的体验。

兼容性测试也是系统测试的一项重要内容。由于轮机系统可能涉及多种硬件设备和操作系统，所以测试人员需要验证软件是否能够在不同的平台和环境下正常运行，且不会出现功能缺失或性能下降的情况。性能测试在系统测试中占据着重要地位。轮机系统软件需要处理大量的实时数据，包括温度、压力、转速等多种参数，这就要求软件必须具备高效的数据处理能力和快速的响应速度。性能测试旨在验证软件在不同负载下的表现，包括响应时间、吞吐量、资源利用率等关键指标。通过这些性能测试，测试人员可以确保软件在实际运行中能够满足设计要求，不会因为数据处理能力的不足而影响轮机的正常运行。系统测试是确保轮机系统软件质量和用户体验的关键环节。通过模拟真实环境、构建全面的测试场景以及进行细致的性能测试，测试人员可以全面评估软件的性能、功能、易用性和兼容性，从而为轮机系统的安全、稳定运行提供有力的保障。

六、新兴技术的应用

（一）自动化测试的应用

自动化测试技术在轮机工程软件测试中的应用变得越来越重要。这种技术通过编程方式自动执行测试用例，从而大幅提高了测试效率，同时显著减少了人为操作的误差和不确定性。

在轮机系统软件开发过程中，自动化测试展现出其独特的优势。首先，它能够快速、准确地检测出代码中的问题。相较于传统的手动测试，自动化测试能够在短时间内执行大量的测试用例，及时发现代码中的缺陷和错误，为开发团队提供快速的反馈。这有助于开发团队及时纠正问题，加速软件的迭代和更新过程。自动化测试能够覆盖更多的测试场景。轮机系统软件通常涉及复杂的逻辑和多种操作场景，手动测试很难覆盖所有可能的情况。而自动化测试可以通过编写脚本、模拟各种操作场景和用户行为，提供更全面的测试数据。这有助于开发团队更全面地了解软件的性能和功能表现，进一步提升软件的质量。自动化测试还具有可重复性和一致性高的特点。通过自动化测试，可以在不同的环境和配置下重复执行测试用例，确保软件在各种条件下都能保持稳定的性能。同时，自动化测试的结果也更加客观和一致，减少了人为因素对测试结果的影响。自动化测试技术在轮机工程软件测试中发挥着重要作用。它不仅提高了测试效率，减少了人为误差，还能覆盖更多的测试场景，提供更全面的测试数据。这些优势有助于开发团队及时发现并修复代码中的问题，加速软件的迭代和更新过程，从而提升轮机系统软件的质量和可靠性。

（二）持续集成 / 持续部署（CI/CD）的应用

持续集成是一种软件开发实践，它要求开发人员频繁地将代码集成到共享代码库中。在轮机系统软件的开发过程中，每当开发人员提交新的代码更改时，CI 系统会自动触发构建和测试流程。这意味着任何新引入的问题或错误都会在早期阶段被发现，从而能够迅速地进行修复。通过自动化的构建和测试，CI 不仅确保了代码的质量，还大大降低了集成过程中的风险。持续部署则是持续集成的延伸，它强调将经过测试的代码快速、安全地部署到生产环境。在轮机系统软件中，持续部署使得开发团队能够在短时间内将新功能或修复推送给用户，而无须经历冗长的发布周期。这种快速反馈机制有助于团队及时调整开发方向，更好地满足用户需求，并提升系统的整体性能。

CI/CD 流程提高了代码的可靠性和质量。通过频繁的集成和测试，问题在萌芽状态就被发现和解决，避免了在开发后期才发现重大错误而导致的返工和延期。CI/CD 加速了开发流程。传统的软件开发流程中，测试和部署往往是耗时的瓶颈环节。而 CI/CD 通过自动化这些流程，减少了人工干预的需要，从而加快了软件从开发到发布的速度。CI/CD 提高了团队的协作效率。开发人员可以更加频繁地合并代码，而不用担心引入难以追踪的问题。同时，自动化的测试和部署流程也让团队成员能够更专注于解决实际的业务问题，而不是陷入烦琐的技术细节中。持续集成和持续部署在轮机工程软件测试中的应用是提升软件质量、加速开发流程和促进团队协作的重要手段。通过引入 CI/CD 流程，轮机系统软件能够更快速、更可靠地满足用户需求，为轮机系统的安全运行提供有力的保障。

软件测试方法与技术在轮机工程中的应用对于确保轮机系统软件的质量和可靠性至关重要。通过综合运用传统的测试方法如单元测试、集成测试和系统测试，以及引入新兴技术如自动化测试和 CI/CD 流程，可以显著提高轮机系统软件的质量、可靠性和开发效率。这些技术的应用不仅减少了人为错误和测试周期，还为轮机系统的安全运行提供了有力的保障。

轮机软件验证与质量保证策略

随着轮机技术的不断进步，轮机软件的复杂性和功能性也在日益增强。轮机软件是轮机系统的“大脑”，其性能的稳定性和可靠性直接关系到整个轮机系统的安全运行。在轮机软件开发过程中，严格的软件验证与质量保证策略显得尤为重要。这些策略不仅关乎软件开发的各个阶段，更影响到轮机系统的整体效能和用户的信赖度。在当今这个高度信息化的时代，任何软件的失误都可能导致严重的后果，轮机软件更是如此。它涉及轮机设备的监控、控制、故障诊断等多个关键环节，一旦出现问题，不仅可能影响到轮机的正常运行，甚至可能引发安全事故。我们必须从源头上抓起，通过科学严谨的验证流程和质量保证措施，确保轮机软件的每一个细节都达到最高的安全标准。

一、软件验证策略

从软件验证的全面性和过程管理的角度来看，软件验证策略可以分为以下几个方面。

（一）验证计划的制订

在项目开始之初，验证计划的制订是确保软件质量和满足用户需求的关键步骤。确定验证的主要目的，如确保软件功能正确性、性能满足要求、系统稳定可靠等。设定具体的验证指标，如错误发现率、测试覆盖率等，以便量化验证的效果。根据项目需求文档和设计文档，列出所有需要验证的功能点和非功能需求。识别关键业务场景和核心流程，确保这些部分得到充分的验证。考虑软件的边界条件和异常情况，确保这些情况也被纳入验证范围。根据项目的特点和需求，选择合适的验证方法，如单元测试、集成测试、系统测试等。确定是否需要使用自动化测试工具来提高验证效率。考虑引入第三方验证机构或专家进行独立的验证和评估。

评估验证工作所需的人力、物力和时间资源，并进行合理分配。确定验证团队的组成和角色分工，包括测试人员、开发人员、项目经理等。为验证工作提供必要的硬件和软件环境支持。根据项目的整体进度和里程碑计划，制订详细的验证时间表。确保验证工作与开发工作相协调，避免因为验证延迟而影响项目的整体进度。为可能的问题修复和回归测试预留足够的时间。明确每个验证活动的预期输出和结果，包括测试报告、缺陷记录等。设定验证通过的标准和条件，如测试覆盖率达到某个阈值、无严重缺陷等。考虑项目风险和不确定性因素，制订相应的应对措施和预案。根据软件的重要性和复杂性，以及项目的实际需求和资源情况，确定验证的深度和广度。对于关键功能和核心业务场景，进行深入的验证和测试，确保软件的稳定性和可靠性。对于非关键功能和辅助性模块，可以适当减少验证的深度和广度，以节省资源和时间。

（二）需求验证

在软件开发过程中，需求验证是确保项目成功和满足用户期望的关键步骤。

识别并邀请所有关键的项目关系人参与需求验证过程，包括最终用户、业务分析师、产品经理等。建立有效的沟通渠道，如定期会议、电子邮件交流或在线协作平台，以确保信息的及时传递和反馈。通过面对面的讨论、问卷调查、访谈等方式，深入了解用户需求和业务目标。对收集到的需求进行整理和分析，确保对需求的准确理解，包括功能需求、性能需求、安全需求等各个方面。制作软件原型，以可视化的方式展示软件的功能和界面设计。

邀请用户和业务分析师对原型进行评估，收集他们的反馈和建议。根据评估结果调整原型设计，确保软件的功能和用户体验符合用户期望。

将需求分解为具体的用户故事，每个用户故事描述一个具体的功能点或业务需求。与用户一起确认每个用户故事的正确性、优先级和验收标准。通过用户故事的确认，确保开发团队和用户对需求的理解保持一致。对收集到的需求进行全面的审查，确保没有遗漏或矛盾的地方。通过与其他项目关系人的讨论和确认，验证需求的正确性。如果发现需求不完整或存在疑问，及时与用户和业务分析师进行沟通并补充完善。在整个需求验证过程中，始终以用户为中心，确保软件的功能和设计能够满足用户的实际需求和期望。通过用户反馈和测试来验证软件是否真正满足了用户的需求和期望。如果发现软件与用户需求存在偏差，及时调整设计方案和开发计划。通过以上细化的需求验证过程，可以确保软件开发团队对需求有准确的理解，并且软件的功能和设计能够满足用户的期望。这有助于减少开发过程中的返工和修改工作，提高软件的质量和用户满意度。

（三）设计验证

在设计阶段，对软件的设计进行验证是至关重要的，它确保设计的正确性和可行性。

对软件架构文档进行审查，确保其结构合理、可扩展且符合系统的整体设计要求。审查模块设计文档，检查每个模块的功能划分是否合理，模块间的依赖关系是否清晰。对接口设计进行验证，确保接口定义明确，输入输出参数合理，且能够支持与其他系统的集成。组建由多领域专家组成的设计评审团队，对设计文档进行全面评审。通过评审会议，讨论设计的合理性、可行性和潜在风险，并提出改进建议。确保设计评审过程中发现的问题能够得到及时解决，并对评审结果进行记录和跟踪。设计走查是一种更为详细的验证方法，通过逐步检查设计的每一个细节来发现可能的问题。在走查过程中，要特别关注设计的边界条件和异常情况处理。走查结束后，应编写走查报告，总结发现的问题和潜在的改进点。

对照需求规格说明书，检查设计文档是否完全覆盖了所有需求点。验证设计是否能够实现预定的功能，并满足性能、安全等非功能性需求。如果发现设计与需求存在偏差，应及时调整设计以确保其与需求保持一致。采用专业的验证工具对设计进行自动化检查，提高验证的效率和准确性。利用仿真技术模拟软件运行环境，对设计进行初步测试以发现潜在问题。对验证过程中发现的问题进行详细记录，包括问题的类型、严重性和可能的影响。对验证结果进行分析，识别设计的薄弱环节和需要改进的区域。将验证结果及时反馈给设计团队，以便他们进行必要的调整和优化。通过以上细化的设计验证过程，可以确保软件的设计质量得到有效控制，降低开发风险，并提高最终产品的可靠性和可用性。

（四）编码和单元测试验证

编码和单元测试验证是软件开发中确保代码质量和功能正确性的重要环节。

建立代码审查机制，确保所有关键代码或新增功能都经过至少一位同事的审查。审查内容包括代码结构、逻辑清晰性、变量命名规范、注释充分性、异常处理等。通过代码审查可以发现潜在的错误、不符合编码规范的写法，以及可能的性能问题。使用自动化工具对代码进行静态分析，检查代码的语法、风格以及潜在的缺陷。这些工具可以帮助发现未使用的变量、未处理的异常、内存泄漏等常见问题。根据静态代码分析的结果，对代码进行修正和优化。确保所有开发人员遵循统一的编码规范，这有助于保持代码的清晰度和一致性。编码规范应包括变量命名、函数命名、注释规则、缩进和空格使用等。

对于每个代码单元（如函数、方法或类），开发人员应编写相应的单元测试。单元测试应覆盖代码单元的所有主要路径和边界条件。单元测试主要以白盒测试为主，即测试人员可以看到并了解代码的内部结构和逻辑。测试应关注代码单元的内部逻辑、条件分支、循环结构等。使用断言来验证代码单元的输出是否符合预期。对于依赖外部系统或资源的代码单元，可以使用模拟对象（Mock Objects）来模拟这些依赖项的行为。追踪单元测试的覆盖率，确保尽可能多的代码路径被测试到。高测试覆盖率可以增加对代码质量的信心。将单元测试集成到持续集成（CI）流程中，每次代码变更时自动运行测试。自动化测试可以快速反馈代码变更是否引入了新的问题。

（五）集成与系统测试验证

集成测试和系统测试是软件开发过程中确保软件质量的关键环节，它们分别验证了模块间的交互以及整个系统的功能和性能。

集成测试的主要目的是检查不同模块之间的接口是否正确以及模块之间的相互作用是否正常。测试人员需要设计集成测试用例，以覆盖所有关键的模块接口和交互场景。通过执行测试用例，验证数据在不同模块之间的传递是否正确，以及模块间的协作是否按预期进行。确定集成测试的范围和目标，明确需要测试的模块和子系统。设计集成测试用例，准备测试环境，并执行测试用例。记录测试结果，分析并修复发现的问题，然后重新进行测试以确保问题已解决。

系统测试主要以黑盒测试为主，测试人员从用户的角度出发，验证系统的功能和性能是否满足用户需求。测试人员无须了解系统的内部结构和代码实现，只关注系统的输入和输出。功能测试即验证软件系统的功能是否符合需求规格说明。测试人员需要根据用户需求和设计文档编写测试用例，并执行测试以验证系统的各项功能。评估软件系统在正常和负载情况下的性能表现和稳定性。这包括响应时间、吞吐量、并发用户数等关键性能指标的测试。

（六）验收测试与用户反馈

验收测试与用户反馈阶段是软件开发周期中至关重要的环节，这两个步骤确保软件符合用户或客户的期望和需求。

与用户或客户代表协商，制订详细的验收测试计划。确定验收测试的范围、目标、测试用例设计、测试环境等。根据验收测试计划，设计覆盖所有关键业务场景和功能的测试用例。邀请用户或客户代表参与测试过程，确保测试用例的执行符合他们的期望。详细记录测试过程中的所有操作和结果。分析测试结果，识别出所有未通过测试的用例和问题。针对测试中发现的问题，开发团队进行修复。修复完成后，进行回归测试以验证问题是否已被解决。

在验收测试期间，通过问卷调查、访谈、用户日志分析等方式收集用户的反馈。鼓励用户提供关于软件可用性、功能实用性、界面设计等方面的意见和建议。对收集到的用户反馈进行整理，分类汇总问题和建议。分析反馈的普遍性和严重性，确定哪些问题是需要优先解决的。根据用户反馈，开发团队对软件进行必要的调整和优化。对于重大功能改进或修复，可能需要重新进行部分或全部的验收测试。在软件开发和优化的过程中，保持与用户的持续沟通。根据用户反馈和市场变化，进行软件的迭代更新，以保持软件的竞争力和满足用户需求。

（七）回归测试与持续验证

在软件开发和维护过程中，回归测试与持续验证是确保软件质量持续稳定和功能正确的重要环节。

当软件进行修改、更新或添加新功能后，需要制订详细的回归测试计划。计划中应包括测试范围、测试目标、测试用例选择、测试环境准备等内容。根据修改或更新的内容，选择相关的测试用例进行回归测试。这些测试用例应覆盖修改部分以及可能受到影响的其他部分。执行测试用例，并记录测试结果。如果在回归测试中发现新的问题，应立即记录并跟踪。开发团队需及时修复这些问题，并重新进行测试以确保问题已被解决。完成回归测试后，需编写回归测试报告，总结测试过程和结果。报告中应包括测试通过的部分、发现的问题以及修复情况等信息。

通过持续集成（CI）和持续部署（CD）流程，每次代码变更都会触发自动化测试。这有助于及时发现并修复问题，确保软件质量。在软件运行过程中，通过监控工具收集性能、稳定性和其他关键指标的数据。分析日志文件以发现潜在的问题或异常行为。在软件的生命周期内，持续收集用户的反馈和问题报告。对用户反馈进行分类、优先级划分，并跟踪问题的解决情况。定期对软件进行评估，包括性能、安全性、可用性等方面。根据评估结果，制订改进计划并付诸实施。

使用版本控制系统（如 Git）来管理代码的变更历史。每次变更都应通过测试验证其正确性和稳定性，确保不会引发新的问题。通过以上细化的软件验证策略，可以从多个角度和层面来确保软件的质量和正确性，从而提高用户的满意度和软件的市场竞争力。

二、质量保证策略

（一）代码审查

代码审查是软件开发过程中的重要环节，旨在发现潜在的错误、不符合编码规范的地方以及可能的安全隐患。

发现并纠正代码中的逻辑错误、语法错误或拼写错误。确保代码符合项目或组织的编码规范。检查代码是否存在安全隐患，如未经验证的用户输入、不安全的直接操作等。提升代码质量和可维护性，通过审查来优化代码结构和性能。同行评审即由项目团队成员或其他具备相关技术背景的同行进行代码审查。这种方式能够借助开发者的专业知识和经验来识别潜在问题。一种更为正式的审查技术，通常由团队成员一起进行，对代码进行逐行检查，讨论并识别问题。走查通常有一个主导者和记录员，确保所有问题都被记录下来并得到解决。

使用静态代码分析工具来自动检查代码中的潜在问题。这些工具可以快速识别常见的编码错误和安全漏洞，并提供修复建议。首先是，提交代码，即开发者将代码提交到版本控制系统。其次是选择审查人，即项目负责人选择适合的审查人员。审查人员会根据代码规范、设计模式和项目需求对代码进行仔细审查。审查人员提供反馈，并与开发者讨论发现的问题及改进建议。开发者再根据反馈修改代码，并进行必要的测试以确保问题得到解决。审查结果和修改记录应被妥善保存，以便未来参考和追踪。检查代码是否遵循项目或组织的编码规范。这主要包括以下几个方面。逻辑正确性：验证代码的逻辑是否正确，能否按预期工作。安全性：检查代码是否存在安全漏洞，如 SQL 注入、跨站脚本攻击（XSS）等。性能优化：评估代码性能，提出尽可能的优化建议。确保代码结构清晰、易于理解，方便未来维护和扩展。

（二）持续集成与持续部署

持续集成与持续部署是现代软件开发中的关键实践，通过自动化的构建、测试和部署流程来确保每次代码变更都能及时得到验证。

持续集成是指开发人员将代码频繁地集成到共享代码库中的实践。这意味着每当有新的代码提交时，系统会自动触发构建和测试流程。CI 的目标是尽早发现并修复问题，减少集成风险，并确保代码质量。通过频繁的集成和测试代码，可以更快地检测出错误和不兼容，从而加速问题的解决。高频地集成、自动化地构建和测试、共享的代码库。

持续部署是在持续集成的基础上，将经过测试的代码自动部署到生产环境的过程。它确保软件始终处于可发布状态，并能够快速、安全地将新功能或修复推送给用户。减少从开发到生产的时间，使用户能够更快地体验到新功能或修复。同时，通过自动化部署来降低人为错误和减少部署风险。团队在很短的迭代内交付代码，确保可以随时可靠地发布新版本，在发布的时候可以进行手动发布。

通过自动的部署行为来快速频繁地交付软件，自动化地将项目部署到真实的生产环境。自动化的部署流程、频繁的交付、生产环境的即时反馈。

开发人员提交代码变更到版本控制系统，CI/CD 系统自动拉取最新代码。使用构建工具自动编译、打包和生成可执行文件。对构建后的代码进行单元测试、集成测试和功能测试等，确保代码质量。将经过测试的代码部署到目标环境，如开发环境、测试环境或生产环境。对部署后的应用进行监控，收集性能数据和用户反馈，以便进行持续优化。通过频繁的集成和测试，可以更早地发现并修复问题，从而提高代码质量。自动化的测试流程有助于降低人为错误和减少集成风险。

CI/CD 可以缩短从开发到生产的时间，使新功能或修复能够更快地到达用户手中。

CI/CD 促进了团队成员之间的协作和沟通，因为所有人都在使用相同的代码库和工具链。

（三）自动化测试

自动化测试是利用自动化测试工具和方法，通过编写脚本来自动执行测试用例，从而提高测试效率，减少人为错误的一种测试方法。它涵盖了自动化单元测试、集成测试和系统测试等多个层面。

单元测试是对最小可测试单元的检查和验证，通常以函数或类作为单元进行测试。使用自动化测试框架，如 JUnit、TestNG 等，编写测试脚本来自动执行单元测试。通过模拟输入和预期输出，验证单元的功能和性能是否符合预期。集成测试是在单元测试后，将多个模块组合在一起进行测试，以检查它们之间的交互和协同工作。自动化集成测试通过编写脚本来自动执行测试用例，验证系统各组件之间的接口和交互是否正确。使用自动化测试工具，如 Selenium、Appium 等，进行 Web 或移动应用的自动化集成测试。系统测试是在整个系统范围内进行的测试，旨在验证系统是否满足需求规格说明书中的要求。自动化系统测试通过编写脚本来模拟用户操作，检查系统的整体功能和性能。使用自动化测试工具来执行测试，并生成详细的测试报告，以便快速定位和修复问题。

自动化测试可以快速执行大量测试用例，减少人工测试所需的时间和人力成本。自动化测试可以避免人为因素导致的测试错误，提高测试的准确性和一致性。

自动化测试可以与 CI/CD 流程集成，确保每次代码变更都能得到及时验证，从而加速软件开发和发布周期。为了实施有效的自动化测试，需要注意以下几点。首先，根据测试需求和项目特点选择合适的自动化测试工具，以提高测试效率和准确性。其次，编写高质量的测试脚本，测试脚本的质量直接影响自动化测试的效果，所以需要编写稳定、可靠且易于维护的测试脚本。最后，为了确保测试的准确性和可重复性，还需要建立有效的测试数据管理策略，包括测试数据的生成、存储和使用等方面。随着项目的不断演进和需求的变更，需要持续改进和优化自动化测试流程，以适应新的测试需求和挑战。

（四）性能测试

性能测试是确保软件在不同负载条件下能够正常运行的关键环节。它主要包括压力测试和负载测试等，旨在验证软件在不同负载下的性能和稳定性。

验证软件在极限条件下的性能和稳定性。通过模拟大量用户的同时访问、处理和交互行为，对软件进行测试。常用的压力测试工具有 ApacheBench 和 Siege 等。软件的响应时间、吞吐量、错误率等，以确定软件在极限负载下的表现。评估软件在不同负载条件下的性能表现。通过模拟实际用户的交互行为，以及在不同负载水平下对软件进行测试。常用的负载测试工具有 JMeter 和 LoadRunner 等，包括响应时间、吞吐量、并发用户数等，用于找出系统的性能瓶颈。

在进行性能测试时，还需要注意以下几点：确保测试环境与生产环境尽可能相似，以便获得准确的测试结果。使用真实或接近真实的数据进行测试，以反映软件在实际情况下的性能。设计不同的测试场景，包括正常负载、高负载和异常负载等，以全面评估软件的性能。对测试结果进行深入分析，找出性能瓶颈并提出优化建议。性能测试还可以结合其他测试类型进行，如稳定性测试、容错测试等，以更全面地评估软件的性能和质量。

（五）安全测试

安全测试是软件开发过程中的重要环节，旨在发现潜在的安全漏洞并确保软件的安全性。

模拟黑客的攻击行为，评估系统的安全防护能力。使用各种技术手段尝试非法入侵系统，检测是否存在可被利用的漏洞。测试系统的弱点、技术缺陷或安全漏洞，并从攻击者的角度评估系统的安全性。自动化检测网络、系统、应用程序中的安全漏洞。利用专门的漏洞扫描工具检查系统配置、运行的软件及开放端口等信息，与已知的漏洞数据库进行匹配，识别潜在的安全风险。如 Nessus、Qualys、OpenVAS 等。

在安全测试过程中，还需要注意以下几点：根据系统的特性和需求，制定合适的安全测试策略，明确测试目标和范围。针对不同的测试需求，选择合适的测试工具以提高测试的效率和准确性。一旦发现安全漏洞，应立即采取相应的措施进行修复，以确保系统的安全性。为了提高安全测试的效果，可以结合其他安全措施进行，如定期进行安全培训、加强系统的访问控制等。安全测试是确保软件安全性的重要环节。通过渗透测试和安全漏洞扫描等方法，可以有效地发现潜在的安全风险并及时进行修复，从而保障软件的安全性。

（六）配置管理与版本控制

配置管理与版本控制在软件开发中占据至关重要的地位，它们为团队提供了一种机制来管理系统和代码的变更，确保项目的顺利进行。

配置管理涉及对设备或系统正常运行所需数据的设定、更改、存储和备份。其目的是初始化网络、配置网络，以提供网络服务，并确保设备有效管理和维护。

其具体过程是：接收客户端（如后台网管）的配置请求。对配置数据进行有效性检查。将正确的配置数据保存在数据库中。返回执行结果给客户端。开局阶段：进行全局性的数据配置，以激活系统业务。维护阶段：由于网络参数改变（如新增节点、链路），需要局部调整配置。

版本控制追踪和管理文件（包括程序代码、配置文件等）的变更。目的是记录每一次文件的改变，增加文件的版本号，管理并行开发中的版本同步问题。记录何时、何人更改了文件的哪些内容，以及版本号的增加。有效解决版本同步和不同开发者间的通信问题，提高开发效率。通过分支管理不同开发任务，合并解决冲突，形成统一版本。常用工具为 Git，即一个流行的版本控制系统，帮助记录和管理代码的修改历史。Git 基本概念主要包括以下几个方面。仓库（Repository）：存储代码和历史纪录的地方。提交（Commit）：保存代码修改的操作，有唯一标识符。分支（Branch）：独立地修改线路，防止修改冲突。合并（Merge）：将不同分支合并成一个统一版本。初始化仓库，添加文件到仓库，提交修改，创建和切换分支，合并分支，推送到远程仓库或拉取更新。

配置管理与版本控制是软件开发中不可或缺的环节，它们确保了软件变更的可追踪性、可回滚性，从而大大提高了软件的可维护性和可靠性。

（七）文档编写与维护

在软件开发过程中，文档的编写与维护是确保项目顺利进行和后续维护的关键环节。为用户提供清晰、易懂的软件操作指南，包含软件的功能介绍、安装步骤、操作指南、常见问题解答等。使用简洁明了的语言，避免技术术语，配以适当的图示和示例，提高可读性。为开发团队提供项目的架构、设计、实现等详细信息。包括需求文档、设计文档、接口文档等。明确描述项目的需求和功能，避免模糊和冗长的描述。详细描述项目的整体架构、模块设计以及数据库设计等，提供图表和示意图辅助说明。定义模块之间的接口规范和参数要求，给出示例代码和请求－响应示例。保持更新，随着项目的开发而修订，确保与实际开发情况一致。

记录测试用例、测试数据和测试方法，追踪和管理项目的测试进程。包含测试计划、测试用例、测试数据、测试执行记录和测试结果分析等。详细记录测试过程中的所有步骤和结果，以便于后续的问题追踪和修复。所有文档应纳入版本控制系统（如 Git），以确保每次修改都有记录，并可追踪变更历史。定期对文档进行审查和更新，以确保其与实际项目情况保持一致。文档应简洁明了，易于理解，避免使用过多的技术术语和行业专业词汇。文档的编写与维护在软件开发过程中占据重要地位。通过编写清晰的用户手册、开发文档和测试文档等，可以方便用户理解和使用软件，同时提高开发团队的协作效率。

轮机软件的验证与质量保证策略涉及多个方面，从单元测试到系统测试，再到持续集成与部署、自动化测试等质量保证措施，都是确保软件质量和可靠性的重要环节。通过综合运用这些策略和方法，可以大大提高轮机系统软件的质量和用户满意度。

第 7 章　软件集成与部署

在软件开发的生命周期中，软件集成与部署是重要的环节。这两个过程直接关乎软件能否顺利地从开发环境过渡到生产环境，以及在实际运行中是否能够满足用户需求。软件集成是将各个模块、组件或服务组合成一个完整、可运行的系统的过程，而软件部署则是将这个集成的系统安装到目标环境中，以便用户可以访问和使用。这两个过程中都存在着诸多挑战。在软件集成阶段，开发者可能会遇到接口不兼容、数据格式不统一、性能瓶颈等问题。而在部署阶段，则需要考虑如何确保系统的稳定性、安全性和可扩展性，同时还要应对可能出现的各种运行问题。

软件集成过程中的挑战与解决方案

在软件开发的过程中，软件集成是一个重要的环节，它涉及将不同模块、组件或服务组合成一个完整、协调工作的系统。这个过程并非一帆风顺，往往会遭遇各种技术和管理的挑战。从接口不兼容到性能瓶颈，从复杂的依赖关系到安全性问题，每一个挑战都可能成为阻碍项目顺利进行的绊脚石。了解和掌握这些挑战及其解决方案，对于确保软件集成的成功至关重要。

一、接口不兼容

在软件集成过程中，不同的软件组件可能采用了各异的接口标准和数据格式，这会在集成时导致不兼容的问题，从而影响系统的整体运行和数据的顺畅流通。

确立通用接口规范，为了制定统一的接口规范，首先需要明确以下几个关键点：每个接口应明确其提供的功能，包括但不限于数据查询、数据修改、数据新增、数据删除等。规定接口接受的参数类型、格式和必填项，以及参数的取值范围和有效性验证。明确接口返回的数据结构、数据类型和含义，确保调用方能够准确理解和处理返回的信息。定义一套标准的错误代码体系，用于描述接口调用过程中可能遇到的各种问题，便于调用方进行错误处理和日志记录。规定接口在遇到异常情况时的处理方式和返回信息，确保调用方能够获得足够的错误信息以进行后续操作。

选择如 JSON、XML 等当作数据交换的标准格式。这些格式具有广泛的应用基础和良好的兼容性，能够确保数据的可读性和可扩展性。制定数据交换格式使用指南，为了确保数据交换格式的一致性和准确性，需要制定详细的使用指南，包括但不限于以下几个方面。数据格式规范：明确数据的结构、字段命名规则、数据类型等。数据校验机制：规定数据的有效性验证方法和错误处理机制，确保接收到的数据是准确和可靠的。示例和模板：提供标准的数据交换格式示例和模板，便于开发者理解和使用。

为了确保数据的准确性和一致性，可以实施以下数据校验机制：一是格式校验，验证接收到的数据是否符合规定的数据交换格式。二是内容校验，对数据字段进行有效性验证，如数据类型、取值范围、必填项等。三是业务逻辑校验，根据具体业务需求，对数据进行业务逻辑上的验证，确保数据的合理性和准确性。

通过上述两种解决方案的实施，可以有效地解决软件集成过程中因接口标准和数据格式不同而导致的不兼容问题，从而实现系统的顺畅运行和数据的无缝流通。

二、性能“瓶颈”

在系统集成过程中，性能“瓶颈”是一个常见的问题。当某些组件的性能不足时，它们会拖慢整个系统的响应速度，甚至导致系统崩溃或无法正常工作。这种情况通常发生在数据处理量大、用户并发请求多的场景下，对系统的稳定性和用户体验造成严重影响。

（一）性能“瓶颈”定位

在系统集成或软件开发过程中，性能“瓶颈”定位是至关重要的步骤，它能帮助我们准确地找到影响系统性能的关键因素。利用专业的性能分析工具，如 Profiler、APM（Application Performance Management）工具等，可以对系统进行深入且全面的性能分析。这些工具通常能提供以下信息：通过 Profiler 工具，可以实时监控系统中各个组件或函数的 CPU 和内存占用情况。如果某个组件的 CPU 或内存占用率异常高，那么它很可能就是性能“瓶颈”所在。Profiler 还能展示函数的调用栈以及每个函数的执行时间。通过分析这些数据，可以找出执行时间过长或调用过于频繁的函数，进而优化它们。一些高级的分析工具还能展示系统中线程的状态和活动情况，帮助开发者理解线程之间的竞争和同步问题，这也是性能“瓶颈”的一个常见来源。

（二）性能问题分析

在定位了性能“瓶颈”之后，下一步是对这些“瓶颈”进行深入分析，以确定具体问题所在。这通常涉及对代码和资源使用的详细审查。代码审查是性能问题分析的关键环节，它旨在发现代码中可能导致性能下降的问题。以下是代码审查时应该关注的一些重点：检查代码中使用的算法是否高效。有时，简单的算法替换就能显著提升性能。将冒泡排序替换为快速排序或归并排序。查找代码中是否存在不必要的循环，或者循环内部是否存在低效的操作。可以在循环外部进行的计算不应放在循环内部，以避免重复计算。检查数据库查询是否高效，是否存在 N+1 查询问题（每次循环都执行一次数据库查询），是否可以通过批量查询或缓存查询结果来优化。评估代码中使用的数据结构和内存分配是否合理。使用适当的数据结构（如哈希表代替数组或链表）可以显著提高查找和插入操作的性能。检查代码中是否存在过多的异常处理，因为异常处理通常会影响性能。应尽量减少不必要的异常抛出和捕获。

（三）优化措施

在进行了性能“瓶颈”定位和问题分析之后，接下来需要采取相应的优化措施来提升系统性能。代码优化是提升系统性能最直接、最有效的方法之一。它主要包括以下几个方面。改进算法：针对性能“瓶颈”组件中使用的算法进行改进，采用更高效的算法来替代原有的低效算法。对于排序操作，可以使用快速排序、归并排序等高效排序算法来替代冒泡排序等低效算法。减少不必要的操作：审查代码中是否存在冗余或无效的操作，如重复计算、不必要的变量赋值等，并予以删除或简化。这可以减少 CPU 和内存的占用，提高代码执行效率。使用更高效的数据结构：根据实际需求选择合适的数据结构，以提高数据操作的效率。对于需要频繁查找的场景，可以使用哈希表来提高查找速度；对于需要频繁插入和删除的场景，可以使用链表等动态数据结构。

缓存策略是减少数据库查询或计算次数、提高系统性能的有效手段。以下是一些常见的缓存策略。页面缓存：对于频繁访问的页面或数据，可以将其缓存到内存中，以减少数据库查询次数。当用户再次访问时，直接从缓存中获取数据，提高响应速度。对象缓存：对于需要频繁访问的对象或数据结构，可以将其缓存到内存中。这样，在后续的处理过程中可以直接从缓存中获取对象，避免重复计算和数据库查询。分布式缓存：在分布式系统中，可以使用分布式缓存技术（如 Redis 等）来共享缓存数据。这样，不同的服务器可以共享同一份缓存数据，提高系统的整体性能。

（四）组件替换

当经过详尽的优化措施后，如果系统的性能问题仍未得到显著的改善，或者进一步优化所需的时间和成本过高，那么此时考虑替换为更高效的组件就成为一个合理的选择。组件替换不仅局限于软件库或框架的替换，还可能包括硬件设备的升级或更换，甚至可能是整个子系统的重构。

在选择新组件时，需要考虑以下几个关键因素。性能：新组件必须能够提供比现有组件更好的性能，无论是在处理速度、资源消耗还是扩展性方面。稳定性：新组件的稳定性至关重要，它不应引入新的故障点或安全风险。兼容性：新组件需要与现有系统的其他部分兼容，无论是软件还是硬件层面，以确保替换过程的顺利进行。成本：除考虑新组件本身的成本外，还需要评估替换过程中可能产生的额外费用，如培训、集成和测试等。社区支持和文档：一个活跃的社区和良好的文档可以大大简化替换过程，并在后续维护中提供有力的支持。

组件替换虽然可能带来显著的性能提升，但也伴随着一定的风险和挑战，这主要表现在以下几个方面。技术复杂性：替换过程中可能会遇到技术上的难题，如接口不兼容、数据迁移问题等。业务中断：在替换过程中，如果操作不当，可能会导致业务中断或数据丢失。学习与适应：新组件可能带来新的学习曲线，需要团队成员花费时间去熟悉和掌握。通过以上步骤对性能瓶颈进行定位、分析和优化（或替换），可以有效提升整个系统的性能表现，从而提供更好的用户体验和服务质量。

三、依赖管理

在软件开发中，依赖管理是一个重要但复杂的任务。随着项目规模的扩大和组件数量的增加，手动管理这些依赖关系变得越来越困难。这可能导致版本冲突、缺失的依赖项、不兼容的库等问题。

（一）使用依赖管理工具

依赖管理工具如 Maven、NPM（Node Package Manager）、ppi（Python Package Installer）等，可以自动化地处理依赖关系。自动解析依赖：自动解析依赖是依赖管理工具的核心功能之一。这一功能允许开发者在项目中声明所需的库或框架，然后由工具自动处理后续的下载、安装及依赖关系解析。开发者在项目的配置文件中（如 Maven 的 pom.xml、npm 的 package.json）声明项目所需的依赖项。这些依赖项通常包括库的名称、版本号等信息。依赖管理工具会读取项目的配置文件，识别出所有声明的依赖项。工具会分析每个依赖项，并确定它们之间的依赖关系。某些库可能依赖其他库，这种关系在工具的解析过程中会被自动识别和处理。工具会从中央仓库（如 Maven Central Repository、npm registry 等）下载所需的依赖项。这些仓库存储了大量的开源库和框架，供开发者免费或付费使用。

（二）依赖锁定

在软件开发中，依赖锁定是一个关键的概念，它确保项目在各种环境和部署中都能获得相同版本的依赖项。这是通过锁定文件来实现的，比如 JavaScript 项目中的 package-lock.json（由 npm 生成）或 yarn.lock（由 Yarn 包管理器生成）。在开发过程中，项目的依赖库可能会更新，有时这些更新可能包含不兼容的改动。如果没有依赖锁定，那么在不同时间或不同环境下安装依赖时，可能会得到不同版本的库，这可能导致“在我的机器上可以运行”的问题，即开发环境中的项目可以正常运行，但在其他环境或部署时却出现问题。当开发者在项目中使用包管理器（如 npm 或 Yarn）安装依赖时，包管理器会生成一个锁定文件。这个文件记录了项目所有依赖项的确切版本，包括主依赖和子依赖。锁定文件不仅记录了直接依赖的版本，还记录了这些依赖的依赖（传递性依赖）的版本。这确保了整个依赖树的一致性，使得在不同环境和时间点上都能获得相同的依赖版本。

（三）制定清晰的依赖管理策略

在软件开发中，合理管理项目依赖是确保项目稳定性和可持续性的关键。以下是对几个重要依赖管理策略的详细解释：避免不必要的依赖，引入不必要的库会增加项目的复杂性，可能导致更多的潜在问题和安全风险。只应引入项目真正需要的库。在添加新依赖之前，仔细评估项目是否真正需要这个库。考虑是否有其他方式可以实现相同的功能，或者项目团队是否可以自己实现所需的功能。定期审查项目依赖，移除不再使用或可以替换的库。这有助于减少项目的体积和复杂性，提高性能和可维护性。

处理版本冲突，当项目中的多个组件依赖同一个库的不同版本时，可能会出现版本冲突。这就需要注意以下几个方面。明确指定版本：在配置文件中明确指定要使用的库版本。这通常意味着需要选择一个能满足所有组件需求的版本。使用冲突解决策略：依赖管理工具通常提供了一些策略来处理版本冲突，如选择最新的稳定版本或允许用户手动解决冲突。定期更新项目的依赖项是保持项目安全性和最新性的重要步骤。检查更新：定期检查依赖库是否有新版本发布。这可以通过订阅库的发布通知、查看库的官方网站或使用依赖管理工具的更新检查功能来实现。测试新版本：在更新依赖之前，先在开发或测试环境中验证新版本的兼容性。这包括单元测试、集成测试和系统测试，以确保新版本不会引入新的问题。记录更改：在更新依赖后，记录所做的更改，并监控项目的性能和稳定性。如果发现任何问题，应迅速回传到之前的版本，并调查原因。开发团队可以更有效地管理项目依赖，减少潜在的风险和问题，从而提高项目的整体质量和可维护性。结合使用依赖管理工具和制定清晰的策略，可以有效地管理软件组件之间的复杂依赖关系，提高项目的稳定性和可维护性。

四、安全性问题

在系统集成过程中，安全性是至关重要的考虑因素。未经身份验证的访问和数据泄漏等安全隐患可能导致严重的后果。

（一）在集成前对各个组件进行安全性评估和测试

审查组件的源代码，以识别潜在的安全漏洞和风险点。由安全专家或资深开发人员逐行检查代码，特别关注用户输入验证、权限管理、错误处理等方面。生成一个包含所有发现的安全问题和改进建议的报告。利用自动化工具检测组件中的已知安全漏洞。使用安全扫描工具对组件进行扫描，这些工具会对比已知的漏洞数据库，识别出组件中可能存在的安全问题。生成详细的扫描报告，列出发现的安全漏洞及其严重程度。确保项目所依赖的所有外部库、框架和工具都是安全的，没有已知的漏洞。明确项目依赖的所有外部组件，并查询安全数据库以确认这些依赖项的安全性。如果发现存在安全问题的依赖项，需要立即采取措施进行更新或替换，确保所有依赖项都是安全的，并建立一个持续监控机制以应对新发现的安全问题。

模拟黑客攻击，检测系统的防御能力。由专业的渗透测试人员尝试非法访问系统，利用各种技术和工具来测试系统的安全性。这包括尝试绕过身份验证、利用已知漏洞等。生成渗透测试报告，列出成功利用的漏洞和潜在的安全风险，并提供改进建议。通过输入无效、意外或随机的数据来测试系统的健壮性。使用模糊测试工具生成大量随机或特制的数据输入系统，观察系统是否会出现崩溃、死锁或其他异常行为。识别出系统对异常输入的处理能力，以及可能存在的边界条件错误或未处理的异常情况。验证系统是否能够有效防止未经授权的权限提升。尝试以低权限用户的身份执行高权限操作，检查系统是否能够正确拒绝这些操作。同时，也要测试系统的权限管理功能是否存在漏洞或配置错误。确保系统的权限管理机制是有效的，并能够防止潜在的权限提升攻击。

（二）实施适当的安全措施

对于所有通过网络传输的数据，应强制使用 HTTPS 或其他加密协议。HTTPS 通过 SSL/TLS 协议对数据进行加密，保证了数据在传输过程中的机密性和完整性，防止数据被窃取或篡改。配置服务器以支持 HTTPS，并获取受信任的 SSL 证书。确保所有的网页和 API 接口都通过 HTTPS 提供服务，避免混合内容问题。对存储在数据库或文件系统中的敏感数据（如用户个人信息、财务信息、密码等）进行加密处理。使用强加密算法（如 AES）和安全的密钥管理策略。确保加密密钥的安全存储和传输，避免密钥泄漏。

实施多因素身份验证（MFA），结合两种或两种以上的验证方法，如密码加生物识别（指纹、面部识别）或一次性验证码（OTP）。对于高价值或敏感操作，增加额外的身份验证步骤，如手机短信验证、电子邮件确认等。使用基于角色的访问控制（RBAC）来确保只有经过授权的用户才能访问特定的资源或执行特定的操作。定期审查和更新用户权限，确保权限分配是最小必要原则。记录所有用户活动，包括登录、注销、数据访问和操作等。使用安全信息和事件管理（SIEM）系统来集中收集、分析和存储日志数据。实时监控异常行为，及时响应安全事件。安全更新和补丁管理，订阅操作系统、数据库、应用程序等的官方安全通告。及时应用最新的安全补丁和更新，修复已知的安全漏洞。在更新前进行兼容性测试和备份，确保更新不会影响系统的正常运行。建立一个流程来定期评估和修复已知的安全漏洞，包括使用自动化工具进行漏洞扫描。为每个发现的漏洞分配风险等级，并优先修复高风险漏洞。与供应商保持沟通，及时获取关于漏洞的最新信息和修复方案。

五、测试复杂性

在系统集成后，进行全面的测试是至关重要的，以确保系统的功能正确性和稳定性。然而，测试过程确实可能非常复杂且耗时，特别是当系统规模较大、功能点多、涉及多个组件和模块的交互时。

（一）制订详细的测试计划和用例

在需求分析阶段，测试团队需要与产品经理、开发人员和设计人员紧密合作，深入了解系统的功能和性能要求。这一阶段的主要目标是明确系统的功能点、用户需求和潜在的风险点。仔细审查产品需求文档（PRD）或用户故事，列出所有主要功能和子功能。了解用户群体的需求和期望，以便在测试中考虑用户体验。分析哪些功能可能出现问题，哪些部分可能是性能瓶颈，以及哪些用户交互可能导致错误。

（二）使用自动化测试工具

在选择自动化测试工具时，需要考虑系统的技术栈、测试需求以及团队的经验和偏好。选择自动化测试工具，其步骤如下。技术栈兼容性：确认工具是否支持你的应用所使用的技术，如 Web、移动应用或桌面应用等。功能需求：明确测试工具是否能满足你的测试需求，如 UI 测试、性能测试、安全测试等。易用性和学习曲线：考虑工具的易用性，以及团队成员学习使用该工具所需的时间。社区支持和文档：查看工具是否有活跃的社区支持和详尽的文档，这对于解决问题和学习新特性非常重要。成本：评估工具的成本，包括购买成本、维护成本以及可能的培训成本。

编写自动化测试脚本，在选择了合适的自动化测试工具后，下一步是编写自动化测试脚本。配置测试环境，包括安装测试工具、设置测试数据等。使用测试工具的脚本语言编写自动化测试脚本。这些脚本应该能够模拟用户在实际应用中的操作。在脚本中加入断言来验证系统的响应是否符合预期。检查页面元素是否存在、文本是否正确等。编写错误处理逻辑，以便在测试失败时能够捕获异常并提供有用的调试信息。随着系统功能的更新，需要定期更新和维护自动化测试脚本，以确保其与实际系统保持同步。

六、版本控制问题

在软件开发过程中，不同组件之间的版本同步问题是一个常见的挑战。当不同组件的版本不匹配时，可能会导致集成失败、运行时错误或其他不可预知的问题。

（一）初始化版本控制

在项目的开始阶段，需要对每个组件进行版本控制初始化。在开发过程中，开发人员会不断地对组件进行更改。当完成一部分工作后，使用 git add 命令将更改的文件添加到暂存区。分支管理是 Git 中的强大功能，它允许开发人员并行工作，而不会相互干扰。当功能开发完成后，使用 git checkout master 命令切换回主分支。如果在合并过程中出现冲突，需要手动解决冲突并提交更改。使用文本编辑器打开冲突的文件，查找并解决冲突标记。

（二）制定清晰的版本管理策略

采用语义版本控制是确保软件版本一致性和可预测性的关键。它遵循一个简单的原则：版本号由三个数字组成——主版本号、次版本号和修订号。当软件进行了不兼容的 API 修改时，需要增加主版本号。这意味着新版本可能不兼容旧版本的代码，所以开发者在使用新版本时可能需要做出重大更改。当添加了向下兼容的新功能时，需要增加次版本号。这表明新版本保留了旧功能，但添加了新特性，旧代码应该能够无缝运行，只需少量或无须修改。当进行了向下兼容的问题修正时，需要增加修订号。这通常涉及安全补丁、性能优化或小的 bug 修复，不会影响 API 的兼容性。

在新版本发布之前进行兼容性测试是至关重要的，以确保新版本与其他组件和系统能够无缝集成。测试应涵盖所有主要功能和集成点，特别是与外部系统或库的接口。搭建与生产环境相似的测试环境，以模拟真实场景下的性能和行为。记录并跟踪所有发现的问题，及时修复并确保修复不会引入新的问题。清晰的文档和有效的沟通是版本管理策略成功的关键。为每个版本编写详细的发布说明，包括新增功能、修复的问题、已知的限制和潜在的破坏性更改。建立有效的沟通渠道，如邮件列表、Slack 频道或定期会议，以确保所有相关方都了解新版本的详细信息和影响。鼓励用户和开发者提供反馈，以便持续改进和优化版本管理策略。

软件部署与运行管理的最佳实践

随着技术的不断进步和业务需求的日益增长，如何确保软件能够高效、稳定地部署并持续、安全地运行，已成为企业和技术团队面临的重大挑战。软件部署与运行管理的最佳实践，不仅关乎系统的性能和可靠性，更直接影响到企业的运营效率和客户满意度。

一、预部署准备

（一）需求分析与规划

在与业务团队的紧密合作中，我们深入了解了软件系统需要实现的具体功能。为了确保软件系统能够满足业务需求，我们进行了详细的功能需求分析和规划。允许管理员创建、修改和删除用户账户，分配用户角色和权限。提供数据的增删改查功能，确保数据的准确性和完整性。根据业务需求，实现特定的业务逻辑和流程，如订单处理、库存管理、报表生成等。支持系统内通知、邮件通知、短信通知等多种通知方式，确保用户及时接收相关信息。记录用户操作和系统事件，便于后续审计和问题追踪。允许用户自定义系统参数，如界面语言、时间格式等。提供在线帮助文档、常见问题解答和客服支持，提升用户体验。预留 API 接口，以便未来与其他系统进行集成。设计可扩展的模块架构，支持新功能的快速开发和部署。

在对软件系统的性能需求进行评估时，我们主要考虑了用户量和预期的使用频率。为了确保系统在实际运行中能够提供稳定且高效的服务，我们设定了以下关键性能指标：响应时间指的是从用户发出请求到系统给出响应所需的时间。为了确保流畅的用户体验，我们将响应时间设定为小于 2 秒。这意味着，无论是数据检索、计算还是其他任何操作，系统都应在 2 秒内给予用户反馈。快速的响应时间能够提升用户满意度，减少等待时间，从而增强系统的整体使用体验。吞吐量指的是单位时间内系统能够处理的请求数量。我们设定系统应能处理每小时至少 10 万次请求。这一标准是基于对当前及未来一段时间内业务量的预估而设定的。高吞吐量意味着系统能够在短时间内处理大量的用户请求，这对于保证系统的高效运行至关重要。并发用户数指的是在同一时间内能够同时访问并使用系统的用户数量。

为了确保软件系统的安全性，我们对潜在的安全风险进行了全面的分析，并制定了相应的安全策略。数据是软件系统的核心资产，尤其是用户数据。一旦数据泄漏，不仅会导致用户隐私受损，还可能引发法律纠纷和信任危机。为此，我们需要确保所有的用户数据都得到妥善地保护，防止未授权的访问和泄漏。网络攻击，是软件系统面临的常见威胁。这些攻击可能导致数据被篡改、系统被劫持或用户信息被盗取。我们需要采取措施来防范和抵御这些恶意攻击。我们将采用安全的编程实践，如输入验证、错误处理等，来减少代码中的安全漏洞。通过定期的代码审查和测试，我们可以及时发现并修复潜在的安全问题，确保系统的稳定性和安全性。

（二）制订详细的部署计划

在项目管理中，合理的资源分配是确保项目顺利进行和成功的关键。资源分配不仅涉及人力、物力和财力的投入，还包括如何高效地使用这些资源。我们将根据项目的各个阶段和任务特性，合理分配开发人员、测试人员、设计人员和项目管理人员。根据项目的复杂度和开发工作量，分配适当数量的开发人员。确保每个开发人员都具备完成任务所需的技能和经验。分配专业的测试团队，负责项目的测试工作，包括单元测试、集成测试和系统测试等，以确保软件的质量和稳定性。根据项目需求，分配专业的设计团队，负责软件的用户界面设计、交互设计等，以提升用户体验。分配经验丰富的项目经理，负责项目的整体规划、进度控制和风险管理等工作。

物力资源主要包括硬件设备、软件工具和办公环境等。为团队成员提供高性能的计算机和其他必要的硬件设备，以确保项目开发的高效进行。根据项目需求，采购或租赁所需的软件开发工具、测试工具和项目管理工具等，以提升团队的工作效率和质量。提供宽敞明亮的办公环境，包括会议室、休息室等，以营造良好的工作氛围。

财力资源的合理分配是确保项目顺利进行的重要基础。根据团队成员的职位、技能和贡献，制定合理的薪酬体系，以激励团队成员积极投入工作。预留足够的预算用于硬件设备的采购和维护，以确保设备的正常运行和更新。投入适当的资金用于采购和升级所需的软件工具，以提升团队的工作效率和质量。为团队成员提供必要的培训和发展机会，以提升他们的专业技能和知识水平。为了确保团队成员之间的沟通顺畅，我们将采取以下措施：包括定期的项目会议、邮件通信、即时通信工具等，以确保信息的及时传递和问题的及时解决。明确团队成员之间的沟通方式和频率，以及问题反馈和解决机制，以提升沟通效率。通过团队建设活动和培训，增强团队成员之间的信任和合作，从而建立良好的工作氛围和沟通环境。识别项目中可能遇到的风险点，如技术难点、人员变动等。为每个风险点制订应对策略和预案，降低风险对项目的影响。

（三）环境准备

根据软件系统的用户规模、数据处理量以及性能需求来确定服务器的数量和配置。对于大型软件系统，可能需要采用高性能的服务器集群来确保系统的稳定运行。服务器的关键配置包括处理器速度、内存容量和存储空间。处理器速度影响服务器的响应时间和数据处理能力；内存容量决定了服务器能同时处理的数据量；而存储空间则关系到系统能保存多少数据和文件。存储设备准备：除服务器自带的存储空间外，还应考虑额外的存储设备，如SAN（存储区域网络）或NAS（网络附加存储）等，以提供更大的数据存储容量和更灵活的数据管理方式。根据数据的增长速度和重要性，制定合理的数据备份和恢复策略，确保数据的安全性和完整性。

网络带宽的选择应根据软件系统的用户量、数据传输频率和数据量来决定。对于需要实时数据传输或大量用户同时在线的系统，应提供更高的网络带宽。利用带宽计算公式来合理评估所需带宽，并预留一定的带宽增长空间以应对未来的扩展需求。采用冗余网络设计，如双绞线、双网卡等，以提高网络连接的可靠性。定期对网络设备进行维护和检测，确保网络设备的正常运行和性能稳定。选用知名品牌的硬件设备，确保其质量和性能的稳定性。在采购硬件时，考虑其扩展性和兼容性，以便于未来的升级和维护。定期对硬件进行健康检查，包括温度、湿度、灰尘等环境因素的监测和控制。建立硬件故障预警机制，通过监控工具实时监测硬件状态，及时发现并处理潜在问题。制定完善的数据备份策略，包括定期备份、增量备份和差异备份等，以防止数据丢失。建立灾难恢复计划，确保在硬件故障或其他灾难发生时，能快速恢复系统的正常运行。通过合理的硬件和网络环境准备与保障措施，可以确保软件系统的稳定运行和数据的完整性，从而避免因硬件故障导致的系统宕机风险。

测试环境搭建是软件测试过程中至关重要的一环，它要求尽可能地模拟生产环境的实际情况，以确保软件在真实场景中能够正常运行。确定测试的目的，如功能测试、性能测试、安全测试等。了解被测软件的需求和特性，以便为其搭建合适的测试环境。根据生产环境的硬件配置，选择相似性能的硬件设备来搭建测试环境，包括服务器、存储设备等。确保测试环境的网络拓扑结构与生产环境一致，包括网络带宽、网络设备配置等。安装与生产环境相同版本的操作系统、数据库、Web 服务器等关键软件。配置与生产环境一致的参数设置，如数据库连接数、内存分配等。安装测试所需的测试工具、版本控制工具等。根据测试需求，准备与生产环境相似的数据集，包括用户数据、交易数据等。确保测试环境与生产环境的数据结构一致，以便准确模拟实际业务场景。在搭建完测试环境后，需要进行严格的验证工作，确保测试环境与生产环境在配置、网络拓扑等方面尽可能一致。根据测试结果对测试环境进行优化调整，以提高测试的准确性和有效性。建立测试环境的管理制度，包括环境搭建、使用、更新和销毁等流程。定期对测试环境进行维护和更新，以确保其始终与生产环境保持一致。对测试环境中出现的问题进行及时记录和解决，以保证测试的顺利进行。

（四）数据迁移与备份

数据迁移是一个复杂且关键的过程，涉及多个步骤和考虑因素。在迁移之前，对所有关键数据进行完整备份。这是为了防止数据丢失，并确保在迁移过程中或迁移后出现问题时能够恢复数据。对数据进行整理，包括去重、分类和命名规范化，以提高迁移效率和准确性。同时，清洗数据以移除无效或错误的信息。明确迁移的目标，如迁移到云存储、本地新系统或其他服务器。目标的不同将影响迁移工具和策略的选择。根据迁移目标和数据量大小，选择合适的迁移工具。对于云迁移，可以考虑使用云服务提供商提供的迁移工具。在迁移完成后，对数据进行验证和测试，确保数据的完整性和准确性。这包括与之前的备份进行对比，以及测试迁移后的数据是否正常可用。还需要对新的数据进行管理，包括备份、归档和定期清理，以确保数据的安全性和整洁性。

按照固定的时间间隔（如每天、每周、每月等）进行数据备份。这种策略适用于数据更新率较低、但需要长期保存的情况。通过定期备份可以确保数据的完整性和一致性，以减少数据丢失的风险；只备份自上次完全备份以来发生变化的数据，这种策略可以节省存储空间和备份时间，因为它只涉及新增或修改的数据。然而，恢复时可能需要较长的时间来重新构建完整数据，因为需要依次恢复完全备份和后续的增量备份。备份自上次完全备份以来发生变化的数据，但与增量备份不同的是，差异备份会备份自上次备份以来的所有变化数据块，而不仅仅是新增数据。这使得恢复过程更加高效，因为只需要结合最近的完整备份和最近一次差异备份即可。

二、部署策略选择

（一）滚动部署

滚动部署是一种逐步替换旧版本应用程序为新版本的部署策略，旨在最小化新版本引入的潜在风险。

根据服务器的总数，将服务器分成若干批次进行更新。如果有 100 台服务器，可以分为 10 批，每批 10 台。在每批服务器之间设定一个部署时间间隔，以便观察新版本在每批服务器上的表现。每推送一批后等待 30 分钟再推送下一批。从第一批服务器开始，推送新版本的应用程序。在推送新版本后，对该批次的服务器进行密切监控，确保新版本运行正常，没有引入新的问题。在确认第一批服务器运行稳定后，再推送至下一批服务器。

对于每一批次的服务器，重复推送新版本并进行验证的过程，直到所有服务器都更新到新版本。如果在某个批次发现问题，立即停止后续的推送，并着手解决问题。问题解决后，重新开始推送流程。使用监控工具实时跟踪新版本在各个服务器上的性能指标，如 CPU 使用率、内存占用、响应时间等。收集并分析服务器的日志文件，以便及时发现异常行为和潜在问题。设置自动警报系统，一旦监控指标超出预设阈值或日志中出现错误信息，立即触发警报通知相关人员。根据监控和日志分析的结果，定期评估新版本的表现，并根据需要进行调整和优化。在开始滚动部署之前，准备好回滚到旧版本的脚本和流程，以防新版本出现问题时需要迅速恢复服务。在生产环境之外测试回滚流程，确保在紧急情况下能够迅速有效地执行回滚操作。

（二）蓝绿部署

蓝绿部署是一种可靠且低风险的部署策略，其核心思想是同时维护两个相同且独立的环境：蓝色代表当前生产环境，绿色代表新版本环境。

搭建与生产环境完全相同的绿色环境，包括相同的硬件配置、网络架构和软件依赖。确保蓝色环境和绿色环境的数据保持一致，可能需要定期同步数据库或其他持久化存储。虽然两个环境在配置上是相同的，但它们是完全独立的，互不影响。在绿色环境中对新版本进行全面的功能测试，确保所有功能按预期工作。对新版本进行性能测试，包括响应时间、吞吐量、资源利用率等。验证新版本的安全性，检查是否存在潜在的安全漏洞。测试新版本是否与其他系统或服务兼容。

可以通过负载均衡器或路由规则逐步将用户流量从蓝色环境切换到绿色环境，而不是一次性完全切换。在切换过程中，密切监控绿色环境的性能和稳定性，并分析日志文件以发现潜在问题。如果发现新版本存在问题，应立即将流量切换回蓝色环境，确保服务的连续性。在切换流量到新版本的绿色环境后，蓝色环境应保持不变并处于可随时启用的状态。一旦绿色环境出现问题且无法解决，应迅速将流量切换回蓝色环境，以保证服务的稳定性。在回滚后，对绿色环境中的问题进行排查和修复，准备下一次的部署尝试。

（三）金丝雀部署

金丝雀部署又称“渐进式部署”或“灰度发布”，其核心思想是将新版本逐步推送给用户，从小范围开始，并基于反馈和监控数据逐步扩大范围。

根据业务需求，可以选择一小部分具有代表性的用户当作初始推送对象。这些用户可以是内部员工、忠实用户或愿意参与测试的用户。确定推送给这部分用户的比例，如开始时可能仅推送给 1% 的用户。为这部分用户提供反馈渠道，如调查问卷、在线论坛或专门的反馈邮箱，以便收集他们对新版本的直接感受和建议。通过用户行为分析工具，观察这部分用户在使用新版本时的行为模式，如停留时间、点击率等。

使用监控工具实时跟踪新版本在服务器上的性能指标，如响应时间、错误率等。观察新版本对服务器资源（如 CPU、内存、网络带宽）的消耗情况。收集并分析新版本产生的日志文件，以便及时发现和定位潜在问题。根据初始用户群的反馈和监控数据，逐步增加新版本的推送比例，如从 1% 增加到 5%，再到 10% 等。在每次增加推送比例前，对之前的数据进行综合分析，评估新版本的风险和稳定性，确保在扩大范围前新版本已经足够成熟。在金丝雀部署的最后阶段，对新版本进行全面的性能和稳定性评估，确保新版本可以在整个用户群中稳定运行。经过多轮的金丝雀部署和评估后，如果新版本表现稳定且用户反馈积极，则可以将其推送给所有用户。在金丝雀部署的任何阶段，如果发现新版本存在严重问题或用户反馈极差，应立即停止推送并启动回滚计划，将系统恢复到之前的稳定版本。在回滚后，对新版本中存在的问题进行修复和优化，准备下一次的金丝雀部署尝试。金丝雀部署策略能够确保新版本在实际生产环境中得到充分的验证和评估，从而最大限度地降低新版本可能带来的风险，并确保用户体验的平稳过渡。

三、运行监控与维护

（一）性能监控

根据软件系统的特性和需求，选择专业的性能监控工具，如 Zabbix、Nagios、LoadRunner、JMeter 等，这些工具能够实时监控软件系统的各项性能指标。监控用户请求从发送到接收响应所需的时间，以确保系统能够快速响应用户操作。衡量单位时间内系统处理请求的能力，反映系统的整体性能。记录请求失败的比例，帮助识别系统中的问题区域。基于历史数据和业务需求，为各项性能指标设定合理的阈值。响应时间不应超过 2 秒，吞吐量应保持在每秒处理 100 个请求以上，错误率应低于 1% 等。阈值的设定应考虑系统的正常运行状态以及可接受的性能波动范围。通过监控工具实时收集和分析性能指标数据，以确保系统性能处于可接受的范围内。当性能指标超出设定的阈值时，监控工具应立即触发警报，通知相关人员进行处理。警报可以通过邮件、短信、企业消息等方式发送，确保相关人员能够及时响应。定期分析监控数据，识别性能“瓶颈”和潜在问题，为系统优化提供依据。根据数据分析结果调整性能阈值，使其更加符合系统当前的运行状态和业务需求。将性能监控与版本控制、配置管理等流程相结合，确保每次系统变更都能得到有效的性能验证。

（二）日志管理与分析

确保收集所有关键系统和应用的日志，包括但不限于操作系统、数据库、网络设备和应用程序等。为了便于后续分析，需要确保收集的日志数据格式统一，最好采用通用的日志格式，如 Syslog、CEF 等。设置适当的日志级别（如

INFO、WARNING、ERROR等），并确保日志能够实时或近实时地被收集。建立一个中央化的日志存储仓库，可以是基于云的服务或是本地的存储设备。为了节省存储空间，对日志数据进行压缩，并定期归档旧的日志数据。确保日志数据的存储是安全的，有适当的访问控制和加密措施。利用流处理技术对日志进行实时分析，以便及时发现并响应潜在的问题。定期对存储的日志数据进行批量分析，以便发现长期趋势和周期性问题。通过关联不同来源的日志数据，可以更准确地定位问题的根本原因。使用机器学习算法（如聚类、分类算法等）来识别日志数据中的异常模式。基于历史日志数据，建立预测模型来预测未来可能出现的问题。利用日志分析工具中的原因分析功能，自动找出导致性能下降或故障的根本原因。根据业务需求和系统特性，设置自定义的告警规则。当监测到异常或满足告警规则时，通过邮件、短信或其他方式及时通知相关人员。对于一些已知且可自动处理的问题，可以设置自动化脚本来进行响应和处理。创建一个可视化的仪表板，实时展示关键指标和日志分析结果。定期生成日志分析报告，以供管理层和相关部门了解系统运行状态和问题趋势。根据日志分析和用户反馈，不断优化日志收集、存储和分析的流程。关注新的日志管理和分析技术，及时引入新的工具和方法来提高效率。

（三）安全性保障

采用业内认可的安全扫描工具，如Nessus、OpenVAS等，对软件系统进行定期的安全漏洞扫描。确保扫描覆盖所有关键系统和应用，包括但不限于操作系统、数据库、网络设备和Web应用等。详细分析扫描结果，对发现的安全漏洞进行风险评级和分类。定期生成风险评估报告，明确列出已发现的安全隐患及其潜在影响。根据风险评估报告，优先修复高风险漏洞，确保系统安全。修复完成后，进行二次扫描或手工验证，确保漏洞已被有效修补。为用户和应用程序分配必要的最小权限，避免权限过度。定期审查用户权限分配，确保符合业务需求和安全标准。结合用户名/密码、动态令牌、生物识别等多种认证方式，提高账户安全性。根据数据敏感性和操作风险，设定不同级别的身份认证强度。

对敏感数据进行加密存储，如使用AES、RSA等加密算法。建立安全的密钥管理体系，包括密钥的生成、存储、分发和销毁等环节。对于所有通过互联网传输的敏感数据，使用SSL/TLS协议进行加密传输。对于远程访问和内部系统间的数据传输，建立安全的 VPN 连接。包括登录尝试、权限更改、数据访问等。设定合理的日志保留期限，以备后续审计和调查之需。实时监控软件系统的安全状态，及时发现异常行为。当监测到潜在的安全威胁时，自动触发告警通知相关人员。

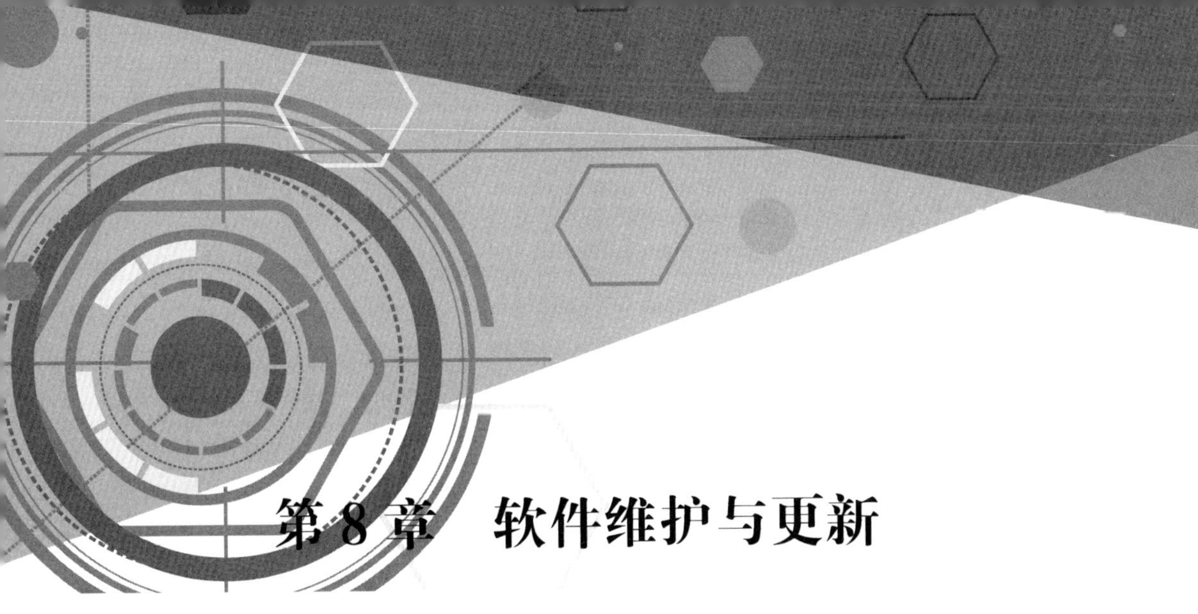

第 8 章　软件维护与更新

软件的稳定性和先进性对于确保轮机工程系统的正常运行和性能提升具有重要的作用。然而，随着技术的不断进步和用户需求的变化，软件维护与更新变得日益重要。软件维护不仅是修复错误、增强性能的过程，更是确保软件系统持续适应新环境、新需求的关键环节。通过有效的软件维护，可以延长软件的使用寿命，提高用户体验，并能够降低因软件故障而导致的风险和成本。另外，软件更新与升级则是保持软件系统与时俱进的重要手段。在轮机工程中，软件系统的更新和升级意味着能够引入新的技术、优化现有功能，甚至开发出全新的应用模式，从而提升轮机工程的整体性能和安全性。

软件维护的重要性与策略

在轮机工程领域，随着技术的快速发展和系统的复杂性不断增加，软件维护的重要性日益凸显。一旦软件系统投入使用，无论是由于用户需求的变化、系统环境的升级，还是为了修复潜在的错误或增强系统性能，都需要进行适时的维护。下面将深入探讨软件维护的重要性，分析不同类型的维护工作及其对轮机工程系统稳定性的影响。

一、软件维护的重要性

在轮机工程中，软件系统的稳定性和可靠性对于整个工程的运行至关重要。软件维护不仅涉及错误修复、性能优化，还包括适应新的技术环境、满足新的用户需求等多个方面。

（一）错误修复与性能优化

任何软件系统在使用过程中都可能出现错误或性能下降的情况。通过软件维护，可以及时发现并修复这些错误，优化系统性能，确保轮机工程系统的稳定运行。

通过用户反馈、系统日志分析、监控工具等手段，可以及时发现软件系统中出现的错误。监控工具可以实时监控系统的运行状态，如CPU使用率、内存占用等，帮助工程师快速定位问题。错误诊断与分析一旦发现错误，维护团队会进行详细的错误诊断，包括分析错误日志、重现错误场景等。这有助于准确理解错误的根本原因，避免简单的表面修复。修复措施实施根据错误诊断的结果，维护团队会制定相应的修复措施。修复措施可能包括代码修正、配置调整、数据修复等。验证与测试修复完成后，需要进行详细的测试和验证，确保错误已被彻底解决，并且没有引入新的问题。这包括单元测试、集成测试、系统测试等。

通过性能监控工具，可以识别出软件系统中的性能“瓶颈”。这些“瓶颈”可能表现为CPU占用率高、内存泄漏、磁盘IO“瓶颈”等。优化策略制定针对识别出的性能“瓶颈”，维护团队会制定相应的优化策略。优化策略可能包括代码优化、算法改进、资源合理分配等。实施优化措施根据优化策略，维护团队会实施具体的优化措施。这可能涉及代码重构、引入更高效的数据结构或算法等。效果评估与调整优化措施实施后，需要对系统进行重新的性能评估，确保优化效果符合预期。如果效果不佳，可能需要调整优化策略或进一步深入优化。错误修复和性能优化是软件维护中不可或缺的部分，它们对于确保轮机工程系统的稳定运行和提升用户体验具有重要意义。通过及时发现并修复错误，优化系统性能，可以延长软件的使用寿命，提高系统的可靠性和效率。

（二）适应新的技术环境

随着技术的不断进步，操作系统、硬件环境等都可能发生变化。软件维护可以确保软件系统能够适应这些新的技术环境，避免因技术落后而导致的安全风险或性能“瓶颈”。

适应性维护的重要性随着技术的快速发展，操作系统、硬件设备以及其他软件都在不断更新换代。软件系统需要能够适应这些变化，以确保其在新环境中的稳定性和性能。避免安全风险过时的软件系统可能存在未被修补的安全漏洞，成为黑客攻击的目标。通过适应性维护，可以及时修复这些漏洞，提高系统的安全性。新的技术环境能提供更高效的硬件支持和更先进的操作系统特性。如果软件系统不能适应这些新特性，可能会导致性能下降，甚至出现“瓶颈”。适应性维护可以确保软件系统充分利用新技术环境的优势，提升性能。

维护团队需要持续监控技术环境的变化，包括操作系统的更新、硬件的升级等。定期评估软件系统在新环境中的性能表现，以及是否存在兼容性问题。根据技术环境的变化，及时更新软件系统，以确保其与新环境的兼容性。更新完成后，进行全面的测试，确保软件系统的功能和性能没有受到影响。收集用户在使用更新后的软件系统中的反馈，特别是关于性能和兼容性的反馈。根据用户反馈进行必要的调整和优化，以提供更好的用户体验。适应性维护是确保软件系统适应新技术环境的关键环节。通过持续监控、及时更新和测试以及收集用户反馈，可以确保软件系统在新技术环境中保持稳定性和高性能。

（三）满足新的用户需求

随着轮机工程的发展，用户可能会对软件系统提出新的需求。通过软件维护，可以及时响应用户的这些需求，增强软件系统的功能性和用户体验。

通过用户调研、问卷调查、用户访谈等方式，主动收集用户对软件系统的期望和新的功能需求。设立用户反馈渠道，如在线论坛、客服热线等，以便用户能方便地提出自己的需求和建议。对收集到的用户需求进行详细地分析，了解用户真正的痛点和期望解决的问题。将用户需求转化为具体、可衡量的软件功能要求，便于开发团队理解和实施。根据用户需求的紧急程度、影响范围和实现难度，对需求进行优先级划分。确保高优先级的需求能够尽快得到满足，提升用户满意度。响应和实现用户需求设计规划，针对用户需求，进行软件功能的设计规划，包括界面设计、交互逻辑等。用户体验的连贯性和易用性，确保新功能与现有系统的无缝集成。开发团队根据设计规划实施新功能的开发。在开发过程中与用户保持沟通，及时调整功能实现方式以满足用户期望。完成开发后进行详细的测试，确保新功能稳定可靠，且与现有功能无冲突。

新功能上线后，收集用户的反馈和使用情况，评估新功能的接受度和满意度。根据用户反馈进行必要的调整和优化，持续改进软件系统的用户体验。用户培训与支持用户培训即针对新功能提供用户培训资料，帮助用户更快地熟悉和掌握新功能的使用方法。可以通过在线教程、视频演示、FAQ 等方式提供培训支持。在新功能上线初期，提供额外的技术支持，解答用户在使用过程中遇到的问题。设立专门的技术支持团队或渠道，确保用户能够快速获得帮助和解决方案。通过以上细化的软件维护流程，可以确保轮机工程软件系统能够及时响应和满足用户的新需求，不断提升系统的功能性和用户体验。这有助于保持软件系统的竞争力和用户满意度，促进轮机工程领域的持续发展。

（四）保持与技术的同步

定期监控技术和市场动态，了解最新的技术趋势和发展方向。这包括对新的操作系统、硬件环境、开发工具和编程语言的持续关注。针对每一项新技术，进行深入的可行性分析，评估其是否适合集成到现有系统中。这包括技术的稳定性、兼容性、性能等方面的考量。根据技术可行性分析的结果，制订详细的技术集成计划，包括集成的时间表、所需资源、风险评估等。按照集成计划，对现有系统进行必要的改造和升级，以适应新技术的集成。在新技术集成完成后，进行全面的测试，确保新技术与现有系统的无缝衔接，并且系统运行稳定、性能良好。针对新技术，可以组织相关的技术培训，以提升团队对新技术的掌握程度和应用能力。另外还应将新技术的相关信息、使用指南等及时更新到团队的知识库中，方便团队成员随时查阅和学习。

对现有代码进行全面的审查，识别出冗余、复杂或低效的部分。利用静态代码分析工具来检测代码中的潜在问题，如重复代码、长方法、复杂的类结构等。明确重构后希望达到的代码结构，如减少类的耦合度、提高方法的内聚性等。根据审查结果，制订详细的重构计划，包括要重构的模块、重构的顺序、预计的时间等。按照计划逐步进行重构，避免一次性重构导致的风险。在重构过程中，利用持续集成工具进行自动化的构建和测试，确保重构后的代码仍然保持原有的功能。重构完成后，组织代码审查会议，邀请团队成员共同审查重构后的代码。根据审查反馈，对重构后的代码进行必要的调整和优化。

持续关注新技术的发展，了解新技术带来的新特性，如增强的数据加密方法、高效的压缩算法等。评估这些新技术特性对系统功能和安全性的潜在提升，以及它们的兼容性和实施成本。根据评估结果，设计详细的特性集成方案，包括集成的具体步骤、可能遇到的问题及应对措施。按照设计方案，将新技术特性集成到系统中，并进行全面的测试，确保特性的正确性和稳定性。集成完成后，验证新技术特性是否如预期提升了系统的功能性和安全性。根据验证结果，对系统进行必要的优化，以确保新技术特性的最佳效果。为确保软件系统始终保持在最新状态，需要制订定期的软件维护计划，如每月、每季度或每年的维护窗口。明确每次维护更新的内容，这可能包括修复已知的错误、增加新功能、优化性能等。在预定的维护窗口内，按照计划进行软件更新，确保更新过程的顺利进行。每次更新完成后，都要进行全面的系统测试，确保更新没有引入新的问题，并且所有功能都正常工作。提前通知用户即将进行的维护更新，以减少对用户正常使用的影响。如果更新中包含了新功能，需要为用户提供相应的培训或文档，帮助他们更好地利用新功能。

确保软件系统与当前主流技术和操作系统保持兼容，避免因技术落后导致的兼容性问题。应用最新的安全补丁和更新，以减少系统漏洞和被攻击的风险。对系统进行定期的全面检查和测试，发现并解决潜在的故障点。定期分析系统错误日志，识别并解决频繁出现的问题，以减少未来故障的发生。在关键部分实施冗余设计，如双机热备、负载均衡等，确保系统在部分组件故障时仍能正常运行。完善系统的异常处理机制，确保在发生故障时能够及时处理。

二、软件维护的策略

（一）模块化设计

根据软件系统的功能需求，将系统划分为若干个功能模块。每个模块负责实现一个或多个紧密相关的功能。模块内的功能应该是高度相关的，即模块内部元素之间的联系应紧密，以实现高内聚性。模块之间的依赖关系应尽可能少，以降低耦合性，提高模块的独立性和可替换性。每个模块应提供清晰、明确的接口，以便其他模块与之交互。接口设计应遵循开放 / 封闭原则，即对扩展开放，对修改封闭。这意味着当需要添加新功能时，应尽量避免修改现有接口。

在可能的情况下，模块应能够独立部署和更新，以减少对整个系统的影响。当系统出现问题时，模块化设计有助于快速定位到出现问题的模块，从而提高故障排除的效率。随着技术的发展和业务需求的变化，可能需要更新或替换某些模块。模块化设计使得这一过程更加容易实现。

当需要向系统添加新功能时，可以通过添加新的模块或扩展现有模块来实现，而无须对现有系统进行大规模的改动。模块化设计使得软件系统能够更容易地适应不同的硬件平台、操作系统和数据库等环境。模块化设计有助于团队成员之间的明确分工，每个团队或成员可以专注于特定模块的开发和维护。项目经理可以根据模块的划分来制订项目计划和进度安排，从而提高项目管理的效率。模块化设计在提高软件系统的可维护性、可扩展性、团队协作和项目管理等方面具有显著优势。通过合理的模块划分和接口设计，可以降低系统复杂性，提高开发效率和质量。

（二）版本控制

版本控制是软件开发过程中不可或缺的一部分，它允许开发团队有效地管理软件代码的变更和演进。通过使用版本控制系统，开发团队可以更加便捷地追踪代码的变更历史，协同工作，并在需要时恢复到先前的版本。

版本控制系统能够记录每一次代码变更的详细信息，包括变更者、变更时间、变更内容等。这使得开发团队能够清晰地了解代码的演进过程。版本控制系统支持创建多个分支，使得开发人员可以在不影响主分支的情况下进行新功能的开发和测试。版本控制系统允许多个开发人员同时访问和修改代码，而不会相互冲突。通过合并不同开发人员的更改，可以实现高效的团队协作。当多个开发人员对同一部分代码进行修改时，版本控制系统会提示冲突，并提供工具帮助开发人员解决这些冲突。

如果当前版本的代码出现问题，开发团队可以轻松地回滚到之前的稳定版本，从而快速恢复系统的正常运行。版本控制系统允许开发人员比较不同版本之间的代码差异，这有助于理解代码的变更过程并找出潜在的问题。版本控制系统通常具有数据备份和恢复功能，确保代码数据的安全性。即使发生硬件故障或其他意外情况，也可以从备份中恢复代码。版本控制系统通常提供访问控制功能，确保只有经过授权的人员才能访问和修改代码。

许多版本控制系统提供了自动化工具，如持续集成 / 持续部署（CI/CD）工具，这些工具可以自动检查代码质量、构建应用程序并部署到生产环境。版本控制系统可以与其他开发工具和服务集成，如代码审查工具、测试框架等，从而提高开发效率和代码质量。版本控制是软件开发过程中的重要组成部分。通过使用版本控制系统，开发团队可以更加有效地管理软件代码的变更和演进，提高团队协作效率并确保代码的安全性。

（三）自动化测试

自动化测试在软件开发过程中起着至关重要的作用，它能够帮助团队高效、准确地验证软件系统的功能，并在软件维护时确保修改没有引入新的问题。

自动化测试是指通过编写自动化测试脚本来验证软件系统的功能是否正常。提高测试效率，减少人为错误，确保软件质量，并在软件变更时快速验证其正确性。针对软件中的最小可测试单元进行测试，主要以白盒为主，一般由开发人员来完成。在单元测试的基础上把软件系统中所有的模块按照设计文档和研发文档进行组装后继续测试的过程，会出现很多临时版本（迭代测试）。验收测试是部署软件之前的最后一个测试操作。验收测试的目的是确保软件准备就绪，并且可以让最终用户将其用于执行软件的既定功能和任务。

根据项目需求和团队熟悉程度选择合适的自动化测试工具。基于软件需求和设计文档，编写能够自动验证软件功能的测试用例。配置测试环境，确保测试用例能够在该环境中正确执行。运行自动化测试脚本，并记录测试结果。对测试结果进行分析，找出潜在的问题，并生成详细的测试报告。随着软件需求的变更和版本的更新，需要定期维护和更新自动化测试用例。

提高测试效率、减少人为错误、支持持续集成与交付、快速反馈问题等。自动化测试脚本的维护成本、测试用例的设计难度、对测试人员技能要求较高等。在项目开始阶段就引入自动化测试，以便尽早发现问题。根据项目需求和团队技能选择合适的自动化测试工具。设计高质量的测试用例是自动化测试成功的关键。将自动化测试与持续集成和持续交付流程相结合，则会更有利于提高软件交付效率和质量。

（四）文档与注释

详细记录软件系统的功能需求、非功能需求以及约束条件，为后续设计和开发工作提供指导。描述系统的整体架构、模块设计、数据库设计等，帮助开发人员理解系统的整体结构和实现方式。记录测试用例、测试方法、测试结果等信息，以确保软件的质量和稳定性。为用户提供详细的使用说明，包括软件的功能介绍、操作步骤、常见问题解答等。明确开发目标、任务分配、时间节点等，以确保项目按时按质完成。解释为何选择特定的技术栈、框架或库，以及它们如何满足项目需求。提供软件的安装、配置和部署说明，以便在不同环境中快速搭建和运行软件。

简要说明函数或方法的功能和用途。列出函数或方法的参数，并解释每个参数的含义和类型。描述函数或方法的返回值及其类型。说明可能抛出的异常以及处理方式。对复杂的代码逻辑进行解释，帮助其他开发人员理解代码意图。解释代码中使用的数据结构和算法，以及它们的优势和适用场景。描述代码块之间的依赖关系，以便更好地理解整体流程。在关键步骤处添加注释，解释该步骤的目的和实现方式。对重要变量和常量进行说明，包括它们的含义、类型和用途。如果代码中使用了临时解决方案或待优化的部分，应添加注释进行标注，以便后续改进。

随着代码的变化，应及时更新相关的文档和注释，以确保它们的准确性和时效性。版本控制：将文档和注释纳入版本控制系统中，以便追踪变更历史和协同工作。审查与反馈：定期进行文档和注释的审查，收集开发团队的反馈和建议，不断完善和优化它们的内容。

（五）培训与支持

培训与支持在软件开发和维护过程中起着至关重要的作用。通过为开发团队提供定期的培训和技术支持，可以确保他们具备进行软件维护所需的知识和技能，从而提高整个团队的效率和软件的质量。

为新员工提供基础的编程、数据库、系统设计等技能培训，确保他们能够快速融入团队。针对当前项目使用的技术线、框架和工具进行专门培训，使新员工能够快速上手。首先是技术更新培训。随着技术的不断发展，定期为在职员工提供新技术、新框架的培训，保持团队的技术领先。针对高级开发人员，提供深入的技术培训，如性能优化、系统架构设计等。使开发人员了解项目管理的基本理念和工具，提高项目执行的效率。其次是沟通与协作培训。加强团队之间的沟通与合作，提高工作效率和团队凝聚力。建立内部技术论坛或社区，鼓励团队成员分享经验、解决问题，形成良好的技术氛围。提供即时通信工具，方便团队成员之间快速沟通和协作。定期组织技术研讨会，邀请行业专家或团队成员分享技术经验和案例。最后，针对个别员工的技术难题，提供一对一的辅导和支持。与专业培训机构或技术咨询公司合作，为团队提供更专业、更系统的技术支持和培训。鼓励团队成员参加行业内的技术会议和研讨会，拓宽视野，了解行业动态。

轮机工程中软件更新与升级的管理方法

在轮机工程中，软件系统是确保设备正常运行、提升操作效率及安全性的关键因素。随着科技的飞速发展和船舶行业的持续进步，轮机工程中所使用的软件也需要不断地更新与升级，以适应新的功能需求、提高系统性能，并修复潜在的安全漏洞。软件更新与升级的管理方法成为轮机工程中不可或缺的一环。有效的管理方法能够确保软件系统的平稳过渡，减少因更新带来的风险，同时最大化地利用新软件带来的优势。

一、管理流程

（一）需求评估与计划制订

对现有软件系统进行全面的性能测试，包括响应时间、吞吐量、资源利用率等关键指标。对比当前操作需求与软件系统性能，识别是否存在性能“瓶颈”或不足。考虑未来操作需求的增长趋势，预测软件系统所需的性能水平。

分析现有软件系统的功能是否全面满足当前的操作需求。通过用户反馈、市场调研等方式，了解用户对软件功能的期望和需求。结合行业发展趋势和新兴技术，预测未来可能需要的新功能或改进点。

根据需求评估的结果，制订详细的时间表，包括需求调研、设计、开发、测试、部署等各个阶段的时间节点。确保时间表的合理性和可行性，避免过于紧凑导致项目延期或质量下降。设立里程碑，以便跟踪项目进度和及时调整计划。估算软件更新与升级所需的成本，包括人力、物力、财力等方面的投入。根据预算制订详细的费用计划，确保项目的顺利进行。设立预算监控机制，及时发现并处理超支情况。明确项目所需的人力资源，包括项目经理、开发人员、测试人员等，并确保他们具备相应的技能和经验。准备所需的硬件和软件资源，如开发环境、测试环境、版本控制工具等。建立有效的沟通机制，确保团队成员之间的协作和信息共享。

通过对现有软件系统的性能和功能进行全面评估，并结合当前及未来的操作需求，可以制订出详细且切实可行的软件更新与升级计划。该计划应包括明确的时间表、预算和所需资源等关键要素，以确保项目的顺利进行和成功实施。

（二）软件选择与测试

明确轮机工程的具体需求，包括操作系统的兼容性、硬件要求、特定功能需求等。了解当前市场上的软件产品，收集不同软件产品的信息，包括其功能特点、性能表现、用户评价等。根据轮机工程的需求，对比不同软件产品的优缺点，综合考虑软件的成熟度、稳定性、可扩展性等因素。基于对比评估的结果，选择最符合轮机工程需求的最新软件版本。

在非生产环境中，对选定的软件应进行以下严格的测试，针对软件的各项功能设计详细的测试用例，确保所有功能都能得到充分的测试。黑盒测试不考虑软件内部结构，只依据需求规格说明书，检查程序的功能是否符合它的功能说明。灰盒测试介于黑盒和白盒之间，关注输出对于输入的正确性，同时也关注内部表现。回归测试在修改代码后重新进行测试，以确保修改没有引入新的错误。负载测试通过模拟多用户并发访问，测试软件在高负载情况下的性能表现。压力测试评估软件在极限条件下的性能表现，如处理突发或异常负载的能力。稳定性测试评估软件在长时间运行或连续稳定负载下的性能稳定性。漏洞扫描主要是使用自动化工具检测软件中的安全漏洞。渗透测试模拟黑客攻击，测试软件的防御能力。权限测试验证用户权限设置是否合理，是否存在越权访问的风险。数据安全性测试检查数据传输、存储和加密的安全性。可以确保选定的软件版本不仅满足轮机工程的功能需求，而且在性能和安全性方面也达到预期的标准。这为软件的平稳运行和后续维护奠定了坚实的基础。

（三）备份与恢复策略

在进行软件更新或升级时，数据备份与恢复策略很重要。

在进行软件更新或升级前，应对整个系统进行全面备份，包括操作系统、应用程序、数据库和所有重要数据。这可以确保在出现问题时能够完整恢复系统状态。备份数据应存储在安全可靠的位置，如外部硬盘、网络存储设备或云存储服务。同时，建议进行异地备份，以防止本地灾害导致数据丢失。在完成备份后，应进行数据备份的验证，确保备份的完整性和可用性。这可以通过定期恢复测试或数据校验来实现。

在软件更新或升级前，应制订详细的恢复计划。该计划应包括恢复步骤、所需时间、恢复过程中可能遇到的问题及应对措施等。确保在恢复过程中有可用的恢复环境，包括硬件设备、操作系统和必要的软件。还应准备恢复所需的工具和资源。在正式进行软件更新或升级前，应对恢复计划进行测试。这可以通过模拟故障场景并进行恢复操作来完成，以确保恢复计划的可行性和有效性。建立快速恢复机制，以便在更新或升级过程中出现问题时能够迅速恢复到之前的状态。这可以通过使用备份数据进行系统还原或数据恢复来实现。

备份与恢复策略是确保软件更新或升级过程中数据安全和系统稳定性的重要措施。通过全面备份、制订恢复计划并进行恢复测试，可以最大限度地减少数据丢失和系统损坏的风险。

（四）实施与监控

在准备阶段，应确认所有相关的备份已经完成，并且是可用的。通知所有相关的利益相关者，包括系统用户、维护人员和管理层，告知他们即将进行的更新或升级。检查所有必要的工具和资源是否已准备就绪。严格按照预订的计划进行软件的更新或升级，确保每个步骤都符合预期。如果遇到任何问题或异常情况，立即停止更新或升级，并参考预订的应急计划。记录所有的操作步骤和遇到的问题，以便后续分析和总结。

在更新或升级过程中，实时监控是非常关键的。以下是需要监控的关键方面。监控系统的整体运行状态：确保没有异常的服务中断或故障。检查关键服务是否都在正常运行，如数据库服务、应用服务等。性能指标：监控 CPU、内存、磁盘和网络等关键资源的利用率。检查系统的响应时间、吞吐量等关键性能指标，确保它们都在可接受的范围内。实时收集和分析系统日志，以便及时发现并处理任何潜在的问题。使用日志分析工具来过滤和识别关键信息，提高监控效率。设置警报机制，以便在检测到异常情况时及时通知相关人员。对异常情况进行分类和记录，为后续的问题排查和解决提供参考。通过严格的实施步骤和实时的监控系统状态和性能指标，可以确保软件的更新或升级过程顺利进行，并及时发现并处理任何潜在的问题。这不仅可以提高系统的稳定性和可靠性，还可以减少因更新或升级导致的服务中断和业务损失。

（五）验证与优化

更新或升级完成后，要对系统进行全面的验证。验证过程应包括以下方面：

确保系统的所有功能在更新或升级后仍然正常工作。这包括测试系统的各项功能，如用户登录、数据检索、报表生成等，以验证它们是否按照预期工作。通过对比更新或升级前后的性能指标，如响应时间、系统吞吐量、资源利用率等，来确认性能是否有所提升。可以使用性能测试工具来模拟多用户并发操作，以检验系统在高负载下的表现。验证系统的安全性是否得到增强，包括检查新的安全特性是否有效，以及系统是否存在新的安全漏洞。这可以通过安全扫描工具、渗透测试等方法来实现。测试系统是否与其他软件或硬件兼容，以确保用户在使用过程中不会遇到兼容性问题。

根据验证结果，可能需要对系统进行必要的优化调整。如果发现系统在某些方面的性能不佳，可以通过调整配置参数、优化数据库查询、改善代码逻辑等方式来提升性能。根据用户反馈和验证过程中发现的问题，对系统功能进行改进和完善，以提升用户体验。针对验证过程中发现的安全漏洞或潜在风险，采取相应的安全措施进行防范，如加强访问控制、加密敏感数据等。验证与优化是确保软件更新或升级成功的重要环节。通过全面的验证，可以发现并解决潜在的问题；而通过优化调整，可以进一步提升系统的性能、功能和安全性。

二、风险管理

（一）识别潜在风险

在软件更新或升级前，识别并评估可能出现的风险是非常关键的。

在升级过程中，如果数据迁移不当，可能会导致重要数据的丢失。应评估数据迁移方案的可靠性和完整性。若没有充分的数据备份，一旦升级过程中出现问题，数据可能无法恢复。需要评估备份策略的有效性和恢复能力。新软件版本可能与现有系统环境或硬件不兼容，导致系统运行不稳定。应检查新版本的系统要求，并评估当前环境是否可以满足。如果新版本没有经过充分的测试，可能会在生产环境中出现未知的问题，导致系统崩溃或性能下降。需要对新版本进行全面的测试。新版本可能引入了新的 API 或更改了现有 API，这可能导致与旧版本或其他系统的接口不兼容。需要评估 API 变更对现有系统的影响。新功能可能依赖特定的系统配置或其他软件，如果这些依赖没有得到满足，新功能可能无法正常工作。应检查并确认所有功能依赖都已得到满足。

新版本可能会引入新的安全漏洞，或者黑客可能利用更新过程中的漏洞进行攻击。需要对新版本进行安全审计，并确保更新过程中的安全性。新版本可能占用更多的系统资源，导致性能下降。应评估新版本对系统资源的需求，并确保系统能够满足这些需求。新版本的界面可能发生变化，导致用户需要适应新的操作方式。应评估界面变更对用户体验的影响，并提供必要的用户支持。为了降低这些风险，建议在软件更新或升级前进行充分的测试和评估，制订详细的升级计划和回滚计划，并确保所有相关人员都了解并遵循这些计划。同时，保持与用户的沟通，及时告知他们升级过程中的注意事项和可能遇到的问题。

（二）制订应对措施

针对识别出的风险，需要制订详细的预防和应对措施，以确保软件更新或升级的顺利进行。

在升级操作之前，必须对关键数据进行全面备份。备份应涵盖所有重要数据和配置文件，并存储在安全可靠的位置。制订详细的数据恢复计划，明确在数据丢失情况下如何快速恢复数据，确保业务的连续性。在升级前进行充分的兼容性测试，确保新版本与现有系统的兼容性。制订回滚计划，即如果升级后系统出现问题，能够迅速回退到升级前的状态，以最小化业务中断时间。对新功能进行全面测试，确保其与旧功能的兼容性以及性能表现。及时更新接口文档，明确新旧接口的变化，以便开发者及时适应。对新版本进行安全审计，确保没有新的安全漏洞被引入。加强数据加密，如使用 SSL/TLS 等加密协议保护数据传输的安全性。在升级前进行性能测试，确保新版本不会导致系统性能下降，并应对新版本进行资源优化，以减少不必要的资源消耗。

在升级前对用户界面进行全面测试，确保其友好性和易用性。提供充分的用户支持，包括 FAQ、在线帮助等，以便用户能够快速适应新版本。制订详细的升级计划，包括升级的时间表、步骤和顺序等，以确保升级过程的有序进行。加强团队协作与沟通，确保各个部门之间信息共享，及时解决问题。在升级过程中进行实时监控，并记录详细的日志，以便在出现问题时能够快速定位和解决问题。制订这些具体的预防和应对措施，可以有效地降低软件更新或升级过程中的风险，确保升级的成功进行。

（三）持续监控与改进

在软件更新或升级后，为了确保系统的稳定性和持续改进，需要实施持续监控，并根据监控结果进行相应的优化。

利用监控工具实时检查系统的关键指标，如CPU使用率、内存占用、磁盘空间、网络带宽等。定期收集和分析系统日志，以及应用日志，以便及时发现异常行为或潜在的错误。监控系统的响应时间，确保用户请求能够得到快速处理。持续跟踪系统资源的消耗情况，确保没有过度的资源占用。确保没有未经授权的访问尝试或恶意攻击。使用安全扫描工具定期检查系统漏洞，并及时修补。

一旦发现异常情况或问题，应立即进行追踪，找出根本原因。建立快速响应机制，确保在问题出现时能够及时采取行动，减少业务中断时间。根据监控结果和问题解决经验，不断优化管理流程，提高响应速度和效率。将常见问题和解决方案记录到知识库中，以便团队成员快速查找和参考。定期对系统性能进行评估，找出可能的瓶颈并进行优化。收集用户反馈，对系统功能进行持续改进和迭代。确保在紧急情况下能够快速恢复系统。根据数据的重要性和变化频率，定期审查和调整备份策略。通过上述的持续监控与改进流程，可以确保软件更新或升级后的系统保持稳定、高效和安全，同时不断优化管理流程，提升团队的响应能力和服务质量。

三、总结与反馈

在完成软件更新或升级后，对整个过程进行总结与反馈是至关重要的环节。这不仅能够梳理项目执行过程中的得失，还能为后续的软件管理和团队能力的提升提供宝贵的经验和指导。

在软件更新或升级完成后，首先应当总结项目中的成功经验。这些成功的经验可以是在项目管理、团队协作、技术实现、风险控制等各个方面的优秀实践。项目管理的成功之处：比如有效的任务分配、合理的时间规划、明确的责任划分等，这些都是项目管理中值得总结的成功经验。团队协作的亮点：团队成员之间的有效沟通、互相支持、共同解决问题等，也是值得称赞和继续发扬的。技术实现的创新点：在更新或升级过程中采用的新技术、新方法，解决了哪些之前难以处理的问题，这些技术上的创新和突破同样值得总结。除了总结成功经验，还需要深刻反思项目中存在的问题和不足。这些问题可能涉及项目管理、团队协作、技术难题、风险控制等多个方面。项目管理的不足：如进度控制不严格、风险评估不充分等。团队协作的障碍：如信息沟通不畅、团队成员技能不匹配等。遇到的技术难题、未能完全解决的问题等。

基于上述的总结和问题分析，可以为后续的软件管理提供具体的借鉴和改进方向。项目管理的改进：如何更精细地管理项目进度、如何更有效地评估和控制风险。团队协作的提升：加强团队内部的沟通和协作、提供必要的技能培训等。技术难题的解决策略：针对之前遇到的技术难题，提出可能的解决方案或预防措施。在完成总结和问题分析后，应当鼓励团队成员积极提供反馈和建议。这些反馈和建议可以是对项目管理、团队协作、技术实现等各个方面的看法和改进意见。建立反馈机制：为团队成员提供一个安全、开放的环境，让他们能够畅所欲言，表达自己的观点和想法。积极采纳建议：对于团队成员提出的合理建议，应当认真考虑并尽可能地采纳实施，以促进团队的持续改进和提升。这样一个总结与反馈的过程，不仅能够梳理出软件更新或升级过程中的得失，还能为后续的项目提供宝贵的经验和指导。同时，通过鼓励团队成员的积极参与和反馈，也能不断提升团队的整体能力和凝聚力。

第 9 章　软件技术与轮机工程的融合应用案例分析

在当今快速发展的商业环境中，企业面临着前所未有的挑战与机遇。理论与实践的紧密结合成为推动企业发展的关键因素。本章旨在通过深入剖析具体案例，探讨实践中的策略与方法，以期为业界提供有价值的参考与启示。本章将重点分析一系列精选案例，这些案例涵盖了软件应用、轮机工程、数据库等多个方面，它们都是在现实环境中真实发生过的，并产生了深远的影响。通过详细解读这些案例，我们能够洞察成功的秘诀，也能从中吸取失败的教训。更重要的是，这些案例为我们提供了一个观察和理解商业实践运作的窗口，帮助我们更好地把握市场动态，提升企业的竞争力。我们将分析不同情境下的最佳实践，讨论如何根据企业自身情况灵活调整策略，以实现最佳业绩。能够更深入地理解商业世界的复杂性，并学会如何在实践中运用理论知识，从而为企业创造更大的价值。

案例分析：成功的软件技术与轮机工程融合应用

一、案例：轮机案例数据库

（一）中小航运企业的营运特点和基于网络的轮机案例数据库系统的开发价值

船舶轮机设备的重大事故不仅会造成人身伤害，危及船舶安全，给公司带来巨大的经济损失，有时还会造成局部海域严重的环境污染，产生非常恶劣的社会影响。

国际知名的航运公司、船舶管理公司，如 EVERGRE EN、OOCL、WALLEM、BARBER、DENHOLM、COLUMBLA、P&O、SEA-LAND 以及国内像中远、中海这类航运企业来说，它们公司规模大，船舶数量多，资金实力雄厚，这些航运企业大多拥有自行开发的符合本公司管理模式的相当先进的船舶管理软件，或者直接采用了国际知名的系统管理软件，如 ABS 的 SAFENET 船舶管理软件和 SPECTEC 的 AMOS 船舶管理软件。在这些公司里，信息技术在船舶管理中的应用已十分普及，实现了船舶管理信息完全浓缩在一台电脑里并可在网络中传输，做到了船岸信息数据共享，使船舶管理过程处于船岸同步监控之下，使管理可靠性大为提高。

而对于我国绝大多数中小型航运企业来说，公司规模很小，船舶数量仅为个位数，且多从事近洋航线，这些中小企业使用卫星通信这一类的先进技术似乎是得不偿失的，所以显得没有必要，也没有资金支持使用上述先进的管理系统，它们迫切希望开发一些符合它们特点的，有助于减少机损事故的发生，保障船舶安全运行的相关软件。鉴于绝大部分机损事故是由于人为因素造成的，且主要与轮机员的敬业精神和技术水平有关。需要切实地做好事故和维修记录，注重人的因素，加强对船员的管理，是我国中小航运企业搞好轮机安全管理工作的经济有效的途径。针对我国中小航运企业的实际情况，有关方面利用计算机和网络技术试建立了一套轮机案例数据库系统，有助于中小航运企业轮机人员及时总结前人的经验教训，交流船舶轮机管理工作中符合本公司船舶设备实际情况的一些心得体会，缩短轮机设备诊断维修与故障排除的时间，提高设备性能的可靠度，保障船舶的安全运行。

现今计算机技术飞速发展，国际互联网的铺设日臻完善，全球各地的港口基本上有条件让我们的船员同志进行上网冲浪，而中小航运企业多从事近洋航线，船舶经常靠泊国内和周边国家港口，这为轮机员报告、总结机损事故营造了相当有利的客观条件。我们完全可以运用计算机网络技术对我国中小航运企业的机损事故建立数据库，开展查询和指导实际工作。只要系统设计合理，人机界面友好，就能让轮机员方便地写入轮机事故记录，而收集到的各艘船舶的机损事故记录，可以及时汇集于公司安技科，安技科再进一步进行整理、分析、归类，并报主管领导审核批准后入库，最终仍返还给轮机员供查询交流。使用计算机对航运企业船舶机损事故的信息进行管理，具有比手工管理所无法比拟的优点。如检索迅速、查找方便、可靠性高、存储量大、保密性好、寿命长、成本低等。这些优点能够极大地提高船舶机损事故资料的建档、管理、调用的效率，也是中小航运企业加强企业管理的现代化、科学化、正规化，与世界接轨的重要条件。

轮机案例数据库系统中已收集到的一个典型案例，“TH 轮主机活塞环异常断裂，缸套异常磨损”。

事故描述：TH 轮是一艘全集装箱船，主机型号 MAN-B&W-6L80MC，营运功率为 16724 kW。该轮从 1989 年 9 月出厂投入营运，在较短营运期内，就发现主机运行中各缸排气温度和扫气温度不正常，停车检查发现主机各缸有不同程度出现活塞环断裂、卡死现象，最严重的 NO1、NO2、NO4 缸四道槽中有三道断裂，同时在此期间出现 NO1 缸套裂缝。

原因分析：调查发现，主要原因是扫气箱积油过多。一方面 TH 轮主机燃用燃油黏度较高，油质较差，燃油中的各种杂质和燃烧中的残碳增多，造成了扫气箱中的残渣增多，另一方面主机处于出厂磨合初期，气缸油注油量大，轮机员没有定时排放残油残渣，结果堵塞了排泄总管，导致扫气箱中污油积存过多。主机在运转中，随着活塞下行，扫气箱下部空气强烈扰动，污油渣飞溅在空气中，当进气口打开时，一同进入气缸中，附着于活塞头和缸壁上。油渣起到磨料作用，同时渣粒进入令槽，造成活塞环在频繁弯曲应力作用下断裂、卡死和缸套磨损等恶性循环。

本轮机案例数据库系统使用 SQL Server 2000+ASP 的模式。SQL Server 2000 是 Microsoft 推出的网络数据库系统，它为在其上建立应用程序的开发者提供了一个优秀的关系型数据库管理系统。ASP 技术则是服务器端脚本编写环境，使用它可以创建和运行动态、交互的 Web 服务器应用程序，使用 ASP 可以组合 HTML 页、脚本命令和 ActiveX 组件以创建交互的 Web 页和基于 Web 的功能强大的应用程序。现在的 Web 应用程序中，会大量地用到数据库操作，ASP 可以用 Database Access 组件与数据库进行连接，Database Access 组件通过 ActiveX Data Objects （ADO） 访问存储在数据库或其他表格化数据结构中的信息。本系统使用的 SQL Server 2000 可以很好地与 Microsoft 的 ASP 合作，方便轮机人员通过网页访问数据库系统，并进行相应的操作。

（二）数据库应用系统的开发

从数据库应用系统开发的过程来看，主要由收集需求分析、概念结构设计、逻辑结构分析、物理结构设计等阶段组成。

设计一个性能良好的数据库系统，明确应用环境对系统的要求是首要的和基本的，并将对应用环境的需求收集和分析当成数据库设计的第一步。在这一阶段收集到的基础数据和一组数据流程图是下一步进行概念设计的基础。在众多分析和表达用户需求的方法中，结构化分析（Structured Analysis，SA）是一个简单实用的方法。SA 方法用自顶向下、逐层分解的方式分析系统，用数据流图、数据字典描述系统。数据库管理系统最概括层的数据流图。该系统要处理的工作是，对船舶用户提交的轮机事故报告根据事故的级别送主管部门审批，对已批示处理意见的事故报告，由技术管理人员整理好并提交。

数据库设计中十分重视数据分析、抽象与概念结构的设计，它是整个数据库设计的关键。概念模型中涉及的主要概念有七个：实体（Entity）、属性（Attribute）、码（Key）、域（Domain）、实体型（Entitytype）、实体集（Entity set）、联系（Relationship）。概念模型的表示方法最常用的是实体联系方法（Entity-Relationship Approach），这个方法是用 E-R 图来描述某一组织的概念模型。

本项目中轮机案例管理系统的概念模型，根据简化 E-R 图的原则，现实世界的事物能当作属性对待的，尽量当作属性对待。本系统模型中的实体有以下 5 个。船舶：属性有船名、制造年月、总长、两柱间长、型深、型宽、总吨位、净吨位、载重吨、空船重量、主机型号、功率、转速、出厂年月、生产厂家等；案例：属性有案例编号、船名、船长、轮机长、事故发生日期（年、月、日）、事故发生时间、事故发生地点、故障所属分类、故障零件、故障简要描述、事故经过、事故原因分析等；值班人员：属性有船长、政委、轮机长、值班人员（1–4）、值班人员职务（1–4）、船员适任证书号码（1–4）等；船舶领导意见：属性有船舶领导意见、船舶领导、船舶意见日期（年、月、日）等；部门领导审批意见：属性有部门意见、部门领导、部门意见日期（年、月、日）等。

逻辑结构设计的任务就是把概念结构设计阶段设计好的基本 E–R 图转换为与选用的具体机器上的 DBMS 产品所支持的数据模型相符合的逻辑结构。将概念结构向一般关系模型转换；将第一步得到的结构向特定的 DBMS 支持下的数据模型转换。数据库在实际的物理设备上的存储结构和存取方法称为数据库的物理结构。对于设计好的逻辑数据模型选择一个最符合应用要求的物理结构就是数据库的物理设计。显然，数据库的物理设计是完全依赖给定的硬件环境和数据库产品的。通常对于关系数据库其物理设计的内容主要包括两个方面。一是确定数据的存储安排：对于这个问题，主要是从提高系统性能考虑的。二是存取路径的选择与调整：数据库系统是多用户共享系统，对同一数据存储要建立多条存取路径才能满足多用户的多种应用要求。物理设计的任务之一就是要确定建立哪些存取路径。

在物理设计时对系统配置变量的调整只是初步的，在系统运行时还要根据系统实际运行情况做进一步的调整，以期切实改进系统性能。

（三）数据库系统的工作流程

从软件的使用上可以更清晰明了地反映出系统的结构和流程。首先，打开 IE 浏览器，输入网址，便能看到系统的登录界面，系统提供了三种不同的用户管理方式，分别为船舶用户、安技科管理人员和部门领导，船舶用户登录界面提供了事故报告填写、搜索事故数据、船舶基本数据和修改密码等功能。点击各项打开相应界面。事故报告填写界面，填写完毕，单击提交按钮，出现提交确认界面，提交成功后数据会出现在未审批事故报告数据库中，在安技科管理用户界面中能看到。系统提供了多种搜索方式：事故编号、船名日期等，只要输入其中一项，就能进行查询，采用模糊查询。安技科管理人员登录界面，界面提供了系统用户管理、未审批和已审批事故报告等项目，系统用户管理能实现添加和删除用户以及编辑用户的附加说明的功能。单击“未审批事故报告”显示需要进行审批的事故，也就是船舶用户提交上来的事故数据，可以提醒领导进行审批。打开“已审批的事故报告”，可以将领导审批后的报告提交到最终的数据库进行查询和发布，可以在搜索事故数据中查到。已审批事故报告详细内容。领导登录界面，该界面主要提供了领导审批事故数据的功能，单击“审批事故报告”打开需要审批的所有数据进行审批，填写好部门领导意见，单击“审批”经过确认后完成该事故数据的审批过程。通过软件的使用我们可以看出，系统的结构和流程归纳起来包括以下 7 个模块：安全检验模块、系统用户管理模块、报告输入模块、报告审批模块、密码变更模块、船舶基本数据模块和事故数据搜索模块等。

系统虽然提供了三种不同的用户登录方式，即船舶用户、安技科管理人员以及部门领导，其分工也各有不同。但是很明显，机损事故信息的根本来源是船舶用户，也就是我们轮机员同志，而最终的受益人也是我们轮机员同志，这从软件的使用上明确地反映了出来：轮机人员可以方便地通过网络登录公司网页，输入本船机损事故的最新信息，包括故障起因、表现形式和解决办法，无论是多么不起眼的设备故障甚至是尚未发生的故障隐患，只要有益于公司船舶的安全营运，都可以及时上传至本数据库系统中。同样，轮机人员可以通过网络查询感兴趣的案例信息，交流关于船舶轮机设备的一些心得体会，缩短设备诊断维修与故障排除的时间，提高设备性能的可靠度，保障船舶的安全运行。部门领导和安技科的管理人员只是对上传的机损信息进行了归纳整理，或者从这些信息中总结出一些具有规律性的东西，最终还是服务于实际工作中的轮机人员。

二、案例：FastCAM 软件在船舶企业应用案例

我国船舶制造行业正处在一个前所未有的蓬勃发展的大好时机，船舶制造企业正在经历和实践着革命性的技术变革，从传统的手工和机械方式造船向计算机数字化与快速响应制造即敏捷造船发展。数据库、网络和计算机软件应用系统是数字化敏捷造船的基础，是实现数字化敏捷造船的核心技术。

在 2006 年，FastCAM 中国公司选择了一家有代表性的大型船舶制造企业进行了为期两周的现场实践和两个月的后续跟踪指导，从设计部门提供的 DXF/D W G 文件格式的套料图和详细设计后的零件图开始，进行零件图优化，自动编程，自动套料，代码转换，数据库管理，统计报表，切割生产计划管理，到数控切割机现场切割，解决各种切割质量问题，不仅为船舶制造企业及时解决了编程套料与数控切割的效率和质量问题，而且为 Fast CAM 套料软件在船舶企业的应用提供了很实用、很具体的应用案例，从而为船舶制造企业有

效提高编程套料生产效率，提高数控切割机的切割质量和切割效率提供了有效的技术保证。

（一）应用案例一：套料图的优化、自动编程和代码转换，提高编程效率和切割质量。

目前，我国船舶制造企业普遍采用专业化协作生产方式，由船舶设计部门或设计公司直接把排版好的 D XF/D W G 格式的套料图，提供给船舶企业的编程套料与切割生产部门，由编程套料部门进行简单的 NC 编程和代码转换后，交给切割部门进行数控切割。使用 D XF/D W G 格式的套料文件进行编程和数控切割，企业面临的主要困难和问题主要有以下几个方面。

1. 自动编程困难：由于 D XF/D W G 文件经常存在肉眼无法识别的多余实体、重叠曲线或曲线不闭合，导致无法自动编程或编程错误，如多引入引出线和重复切割。

2. 代码转换问题：企业拥有船舶研究所和深圳博利昌不同年代的多台数控切割机，使用了 Fag or、ED G E、Lynx 等不同品牌的控制器，代码格式各不相同，相互间进行转换非常烦琐和困难。

3. 切割质量问题：首先是引入引出点过烧留疤痕；其次是切割断面不光滑，有许多波浪纹。

4. 切割效率低和等离子焰嘴浪费严重：针对船舶企业的上述困难和问题，我们帮助企业分析产生问题的原因，辅导用户使用 Fast CAM 套料软件有针对性地逐一解决上述问题。

首先使用 Fast CAM 软件的 CAD 清除压缩功能，优化 D XF/D W G 文件，清除多余和重叠的实体，压缩小的直线，使原本由 28 2 个实体组成的套料图，经过清除压缩优化处理后，实体数减少到 218 个，有效减少程序量，避免乱跑空程和重复切割。同时，压缩小实体，可直接提高切割断面质量，避免波浪纹和切割机抖动，有效提高切割质量和切割效率。其次使用 Fast PATH 自动编程功能，设置切割方式、引入引出线类型、割缝补偿方式、轮廓线间隙、选择板材边框，进行自动编程，立即得到切割代码程序，并使不封闭曲线自动闭合。同时，解决了引入引出点过烧留疤痕的质量问题。再次使用 Fast CAM 软件实现不同代码的快速转换。Fast CAM 软件提供了多种控制器代码的转换功能，控制器代码类型包括：伊萨、梅塞尔切割机使用的 ESSI 格式和通用的 EIA 格式，包括常见的 ED G E、LY N X、FastC N C、FAG OR、

STAR T 等控制器类型。最后使用高效切割编程技巧，特别是针对等离子切割，使用 FastCAM 软件提供的桥接功能，实现多个零件的桥接和连续切割，有效减少等离子穿孔，节省等离子割嘴，提高切割效率。

（二）应用案例二：零件图的自动提取与自动套料

目前，我们大中型船舶制造企业都有自己的船舶设计院，且已具备了相当的设计和开发力量，包括从船体的结构设计、船体的分段设计到每段的详细设计。但是，在详细设计后，编程套料和数控切割生产部门，还存在许多技术难题有待解决。如何从详细设计图中，快速提取同一板厚的零件，整理生成零件切割列表，进行自动套料，避免重复画图，避免手工整理切割零件清单，避免进行手工套料和编程，实现无纸化和数字化编程套料，有效提高编程套料工作效率，提高数控切割的质量和效率。Fast CAM 套料软件为船舶制造企业提供了成熟专业的一体化的自动提取、自动套料、自动编程的技术和方法。下面将操作流程介绍如下：

第一步，使用 FastCAM 软件的 CAD 兼容功能，读入 D XF/D W G 格式的船体分段详细设计图，船舶企业的船体分段详细设计图，已经将不同板厚的零件进行了分类，从板厚 10mm，12mm，15mm，……到 45mm 不等。然后，按照不同板厚依次分别进行处理，以 20mm 板厚的零件为例，先删除其他板厚的零件和边框，只剩下 20mm 板厚的零件组。再使用上面介绍过的 CAD 清除压缩优化功能，清除多余和重叠实体，避免重复切割，压缩小线段，优化 D XF/D W G 文件，把原有 233 个实体优化减少到 183 个实体，有效提高数控切割质量和切割效率。

第二步，使用 FastCAM 软件的 CAD 提取打散排序功能。不仅可以方便快捷地提取其中的任意一个零件图，保存为 D XF/D W G 或 CAM 文件，而且可以自动提取零件的名称。最重要的功能是自动打散零件，自动提取零件名，顺序存储零件，自动进行排序，自动生成零件切割列表，为自动套料做好准备。

第三步，使用 FastCAM 软件的自动套料功能。直接读入自动生成的切割零件列表，进行自动套料；使用 FastNEST 套料软件中的自动与手动交互式套料和自动编程方法，优化套料和编程结果；使用多控制器转换功能，生成不同切割机和控制器需要的 N C 切割文件，进行数控切割。

实践启示：融合应用中的经验与启示

一、案例一的经验总结与启示

案例一详细描述了轮机案例数据库系统的开发过程，包括需求分析、概念结构设计、逻辑结构设计和物理结构设计等关键阶段。还展示了数据库系统的工作流程和用户界面功能。通过这个系统，船舶用户、安技科管理人员和部门领导能够高效地管理和查询轮机事故报告，从而提高船舶运营的安全性和效率。

（一）经验总结

需求分析是数据库系统开发过程中的第一步，也是最为关键的一步。它涉及对系统将要实现的功能和性能要求的详细了解和规划。进行深入的需求分析之所以至关重要，主要有以下几个原因。目标明确：需求分析帮助团队确立清晰的项目方向，为整个开发过程提供明确的指引。在项目初期就明确目标，可以大大减少开发过程中的偏差和误解。功能定位：需求分析阶段会详细梳理用户期望的每一项功能，包括数据的增删改查、报表生成、数据分析等具体操作。这一阶段还会考虑到用户体验，如界面设计、操作流程等，确保系统不仅功能全面，而且易于使用。性能规划：需求分析会确定系统的关键性能指标，如响应时间、吞吐量、并发用户数等。这些性能指标不仅是设计和开发的基础，也是系统上线后评估其稳定性和效率的重要依据。成本估算：准确的需求分析可以帮助项目经理更合理地分配开发资源，包括人员、时间和资金。通过需求分析，项目团队可以制订更为精确的预算计划，有效控制项目成本。用户满意度：只有当系统真正满足用户的需求时，用户才会感到满意。需求分析就是确保这一点的关键环节。在系统开发初期就充分了解并满足用户需求，可以大大减少后期的修改和调整工作，从而提高用户满意度。

数据库系统的结构设计是一个由粗到细、由抽象到具体的过程。从概念结构到逻辑结构，再到物理结构，每一层次的设计都是建立在前一层次的基础上的。这种分层次的设计方法的好处在于，通过将设计过程分解为不同的层次，可以实现模块化设计，使得每个层次的设计更加专注和明确。易于管理和修改，层次化的设计使得在需要修改或优化系统时，可以更加精确地定位到需要调整的部分，减少对其他部分的影响。提高开发效率，各层次之间的设计可以并行进行，从而提高开发效率。在概念结构设计完成后，逻辑结构设计和物理结构设计可以同步展开。分层次的设计使得整个系统的结构更加清晰，有助于开发人员理解和掌握系统的整体架构。

用户界面的友好性对于提高数据库系统的可用性和用户满意度非常重要。一个直观、易用的用户界面能够降低学习成本，用户无须花费大量时间学习和适应系统，即可快速上手操作。友好的用户界面可以提供便捷的操作路径和清晰的视觉引导，从而提高用户的工作效率。通过合理的界面布局和明确的操作提示，可以减少用户的误操作率，提高系统的稳定性和可靠性。美观、简洁、易用的界面能够给用户带来愉悦的使用体验，增强用户对系统的信任和依赖。

在数据库系统中，数据的安全性和完整性是核心要求。确保这两点的重要性主要体现在以下几个方面。防止数据泄漏：通过严格的用户身份验证和权限控制，可以防止未经授权的用户访问敏感数据，保护数据的机密性。防止数据篡改：通过物理结构设计和逻辑控制，可以确保数据在存储和传输过程中不被篡改或损坏，保持数据的原始性和准确性。数据恢复能力：通过备份和恢复机制，可以在数据发生意外丢失或损坏时及时恢复数据，确保业务的连续性。业务合规性：对于许多行业来说，如金融、医疗等，数据的完整性和安全性是满足法律法规要求的必要条件。

（二）启示

在开发任何系统时，须将用户需求置于首要位置。用户需求是系统开发的出发点和落脚点，只有深入了解用户的实际需求和痛点，才能开发出真正符合用户期望的系统。为了实现这一点，开发团队需要与用户保持密切的沟通，通过问卷调查、访谈、用户测试等多种方式，全面了解用户对系统的期望、使用习惯以及可能遇到的问题。这样，开发团队就能根据用户的实际需求，设计出更加人性化、便捷的系统界面和功能，从而提升用户的满意度和使用体验。

结构化开发方法是一种有序、高效的系统开发流程，它包括需求分析、概念结构设计、逻辑结构设计、物理设计等阶段。这种方法能够确保系统开发过程中的每一步都经过深思熟虑和精细规划，从而降低开发风险，提高开发效率。在本案例中，通过采用结构化开发方法，开发团队能够更好地掌控项目进度，及时发现并解决问题，确保系统能够按照预定的时间和质量要求顺利完成。这种方法在其他项目中同样具有推广和应用的价值，它能够帮助开发团队更加科学、高效地进行系统开发。

随着数据的日益重要，数据安全和隐私保护已经成为系统开发中不可忽视的关键因素。在设计和实施系统时，开发团队需要采取多种措施来确保数据的安全性和隐私性。这包括使用加密技术对敏感数据进行保护，设置严格的用户访问权限，以及定期对数据进行备份和恢复测试等。通过这些措施，可以有效地防止数据泄漏、篡改或丢失，从而保护用户的隐私和数据安全。同时，开发团队还需要不断关注最新的安全漏洞和威胁，及时更新系统的安全防护措施，确保系统的安全性和稳定性。

系统开发是一个持续的过程，需要不断地进行优化和改进。在系统上线后，开发团队需要密切关注用户的反馈和系统的运行情况，及时发现并解决问题。通过收集用户反馈，开发团队可以了解用户对系统的满意度、使用习惯以及可能遇到的问题，从而有针对性地进行优化和改进。同时，通过对系统运行情况的监测和分析，开发团队可以发现系统存在的性能“瓶颈”和安全隐患，及时采取措施进行修复和提升。这样，不仅可以提升系统的性能和用户体验，还可以确保系统的稳定性和安全性。持续优化和改进是系统开发过程中必不可少的一环，它能够帮助开发团队不断提升系统的质量和效益。

本案例不仅展示了轮机案例数据库系统的开发过程和工作流程，还为我们提供了宝贵的经验和启示。这些经验和启示对于今后类似项目的开发和实施具有重要的指导意义。轮机案例数据库系统的灵魂在于它以提高轮机人员的业务能力和敬业精神为核心目标。只有通过不断优化和完善系统，才能更好地服务于船员，进而推动中小航运企业轮机管理系统的整体优化。

二、案例二的经验总结与启示

（一）经验总结

在船舶制造企业的数据处理过程中，积累了一系列宝贵的经验，这些经验对于优化生产流程、提高工作效率和减少成本具有重要意义。

数据准确性和兼容性至关重要。因此，在处理船舶制造相关数据时，可借助专业的软件工具如 FastCAM，这一工具能够有效地清除压缩 DXF/DWG 文件中多余的实体，进而优化数据结构。通过这种方式，成功地提高了编程的效率和切割的质量，并为后续的制造流程奠定了坚实的基础。

实现了自动化编程与代码转换。通过自动编程，大幅提高了生产效率，并显著减少了人为错误；更重要的是，开发了多控制器代码转换功能，这使得不同品牌和年代的数控切割设备能够无缝对接。这一创新不仅降低了设备更新和维护的成本，还增强了生产线的灵活性和适应性。在零件图的自动提取与套料方面，也取得了显著的进展。通过自动提取同一板厚的零件并进行自动套料，避免了重复画图和手工整理切割零件清单的烦琐工作。这种无纸化和数字化的编程套料方式，极大地提高了工作效率，减少了材料浪费，为企业节约了大量成本。针对特定的设计软件如 Tribon，开发了专用的转换软件 TriCAM。这一软件可以直接读入专用格式的套料文件，并将其转换为通用的套料文件。这一创新进一步提高了生产流程的兼容性和效率，使得不同设计软件之间的数据交换变得更加顺畅。

引入了信息化管理系统 FastMES 敏捷制造执行系统。这一系统的实施，实现了从船体设计到数控切割生产过程的全面信息化管理。通过解决信息断层和“信息孤岛”的问题，提升了企业内部生产过程的协同效率。这不仅使得生产过程更加透明和可控，还为企业决策提供了有力的数据支持。

通过优化数据处理流程、实现自动化编程与代码转换、自动提取与套料零件图、开发专用转换软件以及引入信息化管理系统等一系列措施，成功地提高了船舶制造企业的生产效率和质量。这些经验不仅对于企业发展具有重要意义，也为整个船舶制造行业的技术进步提供了有益的参考。

（二）启示

在船舶制造这类离散制造行业中，单一技术的应用往往不能满足高效生产的需求。通过技术的集成应用，即将多种先进技术有机地融合在一起，可以显著提升生产效率。将自动化编程、智能切割、数据分析等技术集成，可以实现生产流程的自动化和智能化。这留给我们的启示是，企业应时刻保持技术创新的精神，积极寻求和采用最新的技术集成方案，以适应不断变化的市场需求，并在竞争中保持领先地位。在现代企业中，数据已成为最重要的资产之一。准确的数据不仅可以反映当前的生产状况，还可以预测未来的市场趋势。企业应建立完善的数据采集系统，以确保数据的准确性和时效性。同时，通过数据分析，可以洞察生产过程中的问题和“瓶颈”，从而作出更明智的决策。这要求企业培养数据分析的能力，以数据驱动生产和管理决策，实现精细化运营。

随着信息化技术的不断发展，越来越多的企业开始认识到信息化建设的重要性。信息化不仅可以提升企业内部的管理效率，如通过 ERP、MES 等系统实现生产计划的自动化排程、实时生产监控等，还是企业转型升级的重要推动力。通过信息化，企业可以接触到更广阔的市场、更高效的供应链和更先进的生产技术。企业应加大信息化建设的投入，推动业务流程的数字化和智能化，以适应新时代的市场需求。在传统的企业组织架构中，各部门之间往往存在信息壁垒，导致信息传递不畅和资源浪费。打破这些壁垒，实现跨部门的协同和信息共享，可以进一步提升企业的整体运营效率。设计部门与生产部门之间的紧密协作可以确保设计的可行性和生产的顺利进行。企业应建立跨部门协同的工作机制和文化氛围，促进各部门之间的沟通和合作。无论是技术应用还是管理流程，都需要根据市场变化和企业发展需求进行持续优化和改进。企业应保持敏锐的市场洞察力，及时发现和抓住市场机遇。同时，培养创新精神，鼓励员工提出改进意见和建议，共同推动企业向更高效率、更高质量的方向发展。只有不断追求卓越，企业才能在激烈的市场竞争中立于不败之地。

我们通过在船舶制造企业的现场实践，归纳总结了 FastCAM 软件在钢材数控切割生产中的主要应用，为我国船舶制造企业在钢材数控切割生产环节，有效提高编程套料生产效率，提高数控切割质量和切割生产效率，实现数字化敏捷造船提供了新的软件应用方法和技术保证。

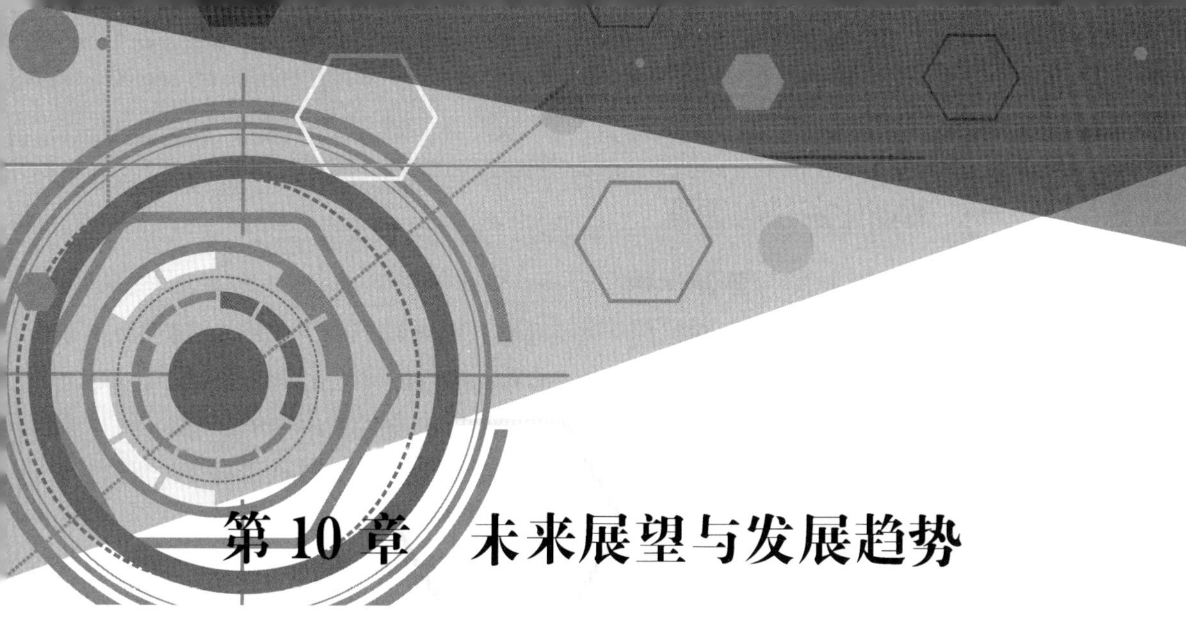

第10章　未来展望与发展趋势

在这个科技飞速发展的时代，软件技术与轮机工程的融合已成为工业发展的必然趋势。随着数字化、智能化技术的不断进步，轮机工程领域正迎来前所未有的变革。软件技术是这场变革的重要驱动力，为轮机工程的设计、制造、运行和维护注入了新的活力。本章将深入探讨软件技术与轮机工程融合的未来展望和发展趋势，揭示两者结合所带来的无限可能与广阔前景。

软件技术与轮机工程融合的未来趋势

软件技术与轮机工程的深度融合，不仅将为轮机系统的设计、运行和维护带来革命性的变革，更将推动整个轮机工程领域向着更加智能化、高效化的方向发展。轮机工程是船舶、发电等工业领域的核心技术，其性能和效率的提升直接关系到整个工业体系的竞争力和可持续发展。而软件技术，以其强大的数据处理能力、精确的控制算法和灵活的适应性，为轮机工程的优化提供了有力的支持。两者的融合，将促进轮机系统的智能化升级，提高能源利用效率，降低运营成本，同时也有助于提升系统的安全性和稳定性。展望未来，软件技术与轮机工程的融合将更加紧密，其应用前景也将更加广阔。从智能监控到自动化控制，从数据分析到远程管理，软件技术将在轮机工程的各个环节中发挥越来越重要的作用。

一、智能化监控与管理

（一）实时监测与数据采集

在未来的轮机系统中，高精度和高灵敏度的传感器将成为不可或缺的组成部分。这些传感器技术的引入，将极大地提升轮机运行状态的实时监控能力。

传感器技术能够精确测量轮机设备的微小变化，如温度的微弱波动、压力的细微差别等，为轮机运行状态提供详尽的数据支持。能够迅速响应轮机设备状态的任何变化，甚至在潜在问题出现的早期阶段就能发出警报，从而及时进行干预，防止问题扩大。通过在轮机关键部位安装温度传感器，实时监测设备的工作温度，预防过热导致的设备损坏。利用压力传感器持续监控轮机内部的油压、水压等关键指标，确保轮机在安全的压力范围内运行。通过转速传感器实时跟踪轮机的旋转速度，保证轮机在设计的转速范围内稳定运行。振动传感器能够捕捉到轮机运行时的微小振动，通过分析振动数据，可以预测和识别潜在的机械故障。

传感器采集的数据将通过无线或有线方式实时传输到中央控制系统，确保监控人员能够随时掌握轮机的运行状态。中央控制系统将对接收到的数据进行处理和分析，通过算法识别异常模式，及时发出预警或故障指示。

轮机操作人员可以通过专门的界面查看实时数据和历史纪录，便于及时发现问题并采取相应的措施。一旦数据分析显示轮机运行异常，系统将自动触发警报，并通过短信、邮件等方式通知相关人员。实时监测与数据采集系统的细化实施，将为轮机运行提供全面的状态监测和故障预警能力，从而确保轮机在各种工况下都能保持安全、稳定和高效地运行。

（二）数据处理与分析

对采集到的原始数据进行清洗，去除噪声、异常值和重复数据，填充或估算缺失值，以确保数据的质量和准确性。将数据转换成适合分析的格式，可能包括数据的归一化、标准化或其他的数学变换，以便于后续的算法处理。从处理过的数据中提取出与轮机运行状态、能耗和环境参数等相关的特征，以供进一步分析使用。计算数据的均值、中位数、标准差等统计量，以描述轮机设备的基本运行状态和能耗情况。时间序列分析：针对采集到的时间序列数据，分析轮机设备参数随时间的变化趋势，预测未来的运行状态。利用诸如支持向量机、随机森林等机器学习算法，对轮机设备的运行状态进行分类和预测。通过无监督学习方法，如孤立森林或一类支持向量机等，监测数据中的异常值，及时发现轮机设备的异常情况。

生成详细的轮机设备状态报告，包括温度、压力、转速等关键参数的实时值和历史趋势图。根据采集到的数据，分析轮机的能耗情况，提出节能建议和优化方案。通过数据分析，及时发现轮机设备的异常状态，并给出可能的故障诊断和解决方案。使用专门针对轮机设备数据处理和分析的软件，这些软件通常具备强大的数据处理能力和丰富的可视化功能。借助云计算平台，可以实现数据的集中存储、高效处理和实时分析，同时提供数据共享和协作功能。通过专门的软件对采集到的数据进行深入的处理和分析，我们可以更全面地了解轮机的运行状况，及时发现并解决潜在的问题，从而确保轮机的安全、稳定和高效运行。

（三）故障预测与预防

利用历史数据和机器学习算法，开发故障预测模型。这些模型能够学习并识别出与故障发生相关的数据模式和趋势。通过交叉验证、留出验证等方法，确保模型的准确性和可靠性。不断优化模型参数，以提高故障预测的精度。系统持续接收并分析来自传感器的实时数据，与故障预测模型进行比对。当实时监测数据偏离正常模式或超出预设阈值时，系统将其识别为异常数据。一旦监测到异常数据或趋势，预警系统立即被触发，向相关人员发送预警信息。预警信息可以通过短信、电子邮件、移动应用通知等方式迅速传递给轮机操作人员和维护团队。在故障发生前，根据预警信息制订预防性维护计划，包括检查、更换磨损部件、调整系统参数等。根据预警的严重性和紧急性，合理调配维护资源和人员，确保及时响应和处理潜在故障。

及时的故障预测和预警使得维护团队能够迅速作出反应，减少故障导致的停机时间。通过预测性维护，可以在设备故障前进行计划性的维护和更换部件，从而降低紧急维修的成本和风险。预测性维护有助于在故障发生前识别并解决潜在问题，从而降低系统失效的风险。通过对历史故障数据的分析和学习，不断优化故障预测模型，提高系统的可靠性和安全性。故障预测与预防机制通过实时监测、数据分析、预警响应和预防性维护等一系列流程，能够显著降低轮机设备的故障率，减少停机时间和维修成本，同时提升系统的整体可靠性和安全性。

（四）远程控制与调试

远程控制与调试是轮机系统管理中极为重要的一环，它允许操作人员在远离轮机设备的地方对其进行操作和调优。

远程控制依赖稳定、高速的网络连接。借助先进的4G/5G移动通信技术、卫星通信或专用的网络通信链路，确保控制指令能够实时、准确地传输到轮机设备。通过专门的远程控制平台或软件，操作人员可以发送控制指令，调整轮机设备的运行参数，实现远程操控。即使人员不在现场，也可以通过远程控制平台实时监测轮机设备的运行状态，并根据需要进行调整和优化，如调整转速、控制阀门开度等。当轮机设备出现故障或异常时，技术人员可以通过远程控制进行故障诊断，甚至在某些情况下进行远程修复，减少停机时间。

远程控制通信必须采用加密技术，确保控制指令和数据的安全传输，防止被截获或篡改。严格的用户权限管理，确保只有授权的用户才能远程控制轮机设备。所有远程控制操作都应有详细的记录和审计功能，以便于追踪和审查。技术人员可以通过远程控制平台对轮机设备进行实时调试，如调整参数、测试设备响应等。当轮机运行中出现问题时，技术人员可以远程进行故障诊断，并快速给出解决方案或进行远程修复。远程控制还允许技术人员对轮机设备的软件进行远程更新和升级，保持系统的最新状态。

通过远程控制，可以邀请远程的专家对轮机设备进行实时的监控和诊断，提供更高效的技术支持。多个技术人员可以同时通过远程控制平台协作解决问题，提高故障排除的效率。远程控制与调试功能为轮机系统的管理带来了极大的便利和效率提升。它不仅允许操作人员在任何地点对轮机设备进行必要的调整和优化，还使得技术人员能够更快速地响应并解决问题，确保轮机的持续、稳定运行。

（五）智能化管理

智能化管理是轮机系统现代化的重要标志，它通过集成先进的软件平台和信息技术，为轮机系统的全面、高效管理提供了可能。

借助传感器和物联网技术，实时监控轮机设备的各项状态指标，如温度、压力、转速等。通过可视化界面展示设备的实时状态，便于操作人员快速了解轮机系统的整体运行状况。采集并分析轮机系统的能耗数据，包括燃料消耗、电力使用情况等。利用数据分析工具，识别能耗高的环节和潜在的节能空间，提出优化建议，降低运营成本。基于设备运行数据和状态监测结果，智能制订维护计划，包括定期检查、预防性维护等。系统能自动生成工作订单，并跟踪维护任务的完成情况，确保维护工作的及时性和有效性。利用大数据分析和机器学习算法，预测设备可能出现的故障，并提前发出报警。报警系统能够及时通知相关人员处理异常情况，减少故障对生产的影响。智能化系统可以跟踪备件库存情况，预测备件需求，并自动触发采购流程。通过与供应商的系统集成，实现备件的自动补货和采购，确保轮机系统的连续运行。

生成详细的数据报告，包括设备运行数据、能耗分析报告、维护记录等。这些报告可用于评估轮机系统的性能、识别改进机会以及制定决策支持。通过移动应用，管理人员可以随时随地查看轮机系统的状态和数据。提供远程访问功能，使得专家能够远程协助解决问题，提高响应速度。智能化管理通过实时监控、能耗分析、维护计划制订、故障预测与报警、备件管理以及数据报告与分析等多个方面，实现了对轮机系统的全面、高效管理。这不仅提高了运营效率，降低了运营成本，还确保了轮机系统的稳定性和安全性。

（六）数据挖掘与优化

数据挖掘与优化是利用大数据和人工智能技术，对轮机系统长期运行产生的数据进行深入分析的过程。通过这一过程，可以发现轮机运行的规律和趋势，找出性能“瓶颈”，并提出有针对性的优化建议。

收集轮机系统长期运行产生的各种数据，包括运行状态、能耗情况、故障记录等。将这些数据整合到一个统一的数据库中，便于后续的分析和挖掘。对收集到的数据进行清洗，去除异常值和噪声，确保数据的准确性和可靠性。对数据进行归一化、标准化等处理，以便于后续的算法分析和建模。利用大数据分析技术，如聚类分析、关联规则挖掘、主成分分析等，深入探索数据中的规律和模式。应用机器学习算法，如决策树、神经网络、支持向量机等，建立预测和分类模型，以发现数据中的潜在关系。

通过数据挖掘结果，分析轮机系统的运行性能，如效率、稳定性等。识别系统中可能存在的性能“瓶颈”，如某些部件的频繁故障、能耗过高等问题。基于数据挖掘和分析的结果，提出有针对性的优化建议，如改进设备设计、调整运行参数等。这些建议可以为轮机系统的维护和管理提供决策支持，帮助提高系统的性能和效率。数据挖掘不是一个一次性的过程，而是需要持续进行以监控轮机系统的运行状态。随着数据的不断更新和积累，可以进一步优化模型，提高预测和决策的准确性。数据挖掘与优化是一个持续的过程，它利用大数据和人工智能技术深入挖掘轮机系统的运行数据，发现规律和趋势，找出性能“瓶颈”，并提出优化建议。这将有助于进一步提升轮机系统的性能和效率，降低运营成本，提高运营效益。

软件技术与轮机工程的融合将在智能化监控与管理方面发挥巨大作用。通过实时监测、数据处理、故障预测、远程控制、智能化管理和数据挖掘等手段，我们可以确保轮机系统更加安全、可靠、高效地运行。

二、高效能源利用

软件技术与轮机工程的融合确实能够极大地推动高效能源利用。轮机系统是能源消耗的重要领域，其能源利用效率的提升是实现节能减排目标的关键。通过引入软件技术，我们可以对轮机系统的能源利用进行更为精细化的管理和优化。

（一）实时监测与分析

数据采集是实时监测与分析的基础。在轮机系统中，通过安装各种高精度传感器，我们可以实时收集到系统各部分的能源消耗数据。这些传感器被精心布置在轮机系统的关键部位，如燃油管路、电力供应线路等，以确保能够全面、准确地捕捉到能源消耗的动态变化。通过燃油流量传感器，我们可以实时监测燃油的消耗速率和总量。这些数据不仅反映了轮机的功率输出情况，也是评估轮机效率的重要指标。在轮机系统的电气部分，通过电流和电压传感器来监测电力的使用情况。这些数据可以帮助我们了解轮机在不同工况下的电力需求，以及电气系统的效率。

收集到的原始数据需要经过专门的软件技术进行处理和分析，才能转化为有价值的信息。这一过程包括数据清洗、转换、建模和解释等步骤。

我们首先需要对原始数据进行清洗，去除由于传感器故障或传输错误导致的异常值。接着，通过数据转换，如单位统一、时间序列对齐等，使数据更加规整，便于后续分析。通过时间序列分析，我们可以识别出轮机系统在不同时间段的能源消耗情况。这有助于我们了解轮机在何时处于高负荷或低负荷状态，从而优化运行计划。利用统计方法或机器学习算法，我们可以监测出异常能耗情况。这些异常可能表明轮机系统存在故障或不当操作，需要及时干预。

数据分析的最终目的是发现轮机系统运行中的问题和改进点。其中，识别能源利用的“瓶颈”环节是关键。通过分析轮机系统各部分的能耗数据，我们可以了解哪些部分的能耗相对较高。这些高能耗部分可能就是能源利用的“瓶颈”。除了高能耗部分，我们还需要关注是否存在能源浪费现象。如果某部分在轮机停机或低负荷运行时仍然消耗大量能源，那么这部分就可能存在浪费现象。一旦识别出“瓶颈”环节，我们就需要进一步分析其原因，并提出优化建议。这些建议可能包括更换高效设备、优化运行参数、改进操作流程等。实时监测与分析是轮机系统能源管理的重要环节。通过数据采集、分析和“瓶颈”识别，我们可以更加深入地了解轮机系统的能源消耗情况，发现存在的问题和改进点，从而为提高轮机系统的能源利用效率和降低运营成本提供有力的支持。

（二）优化控制算法

智能调整是利用实时监测的数据和先进的控制算法，对轮机系统的运行参数进行动态优化，以实现能源利用效率的最大化。

实时监测的数据为智能调整提供了丰富的信息。这些数据包括轮机系统的各种运行参数，如温度、压力、转速、功率输出以及能源消耗等。通过对这些数据的实时分析，我们可以精确地了解轮机系统的当前状态和运行效率。基于实时监测的数据，控制算法能够计算出当前最优的运行参数设置。这些参数可能包括燃料供给量、进气和排气量、冷却水流量等。通过智能调整这些参数，我们可以确保轮机系统始终在最佳效率点运行。

轮机系统的运行环境和工作负载可能会不断变化。智能调整需要持续进行，以确保系统始终保持在最优状态。通过实时反馈机制，我们可以评估调整效果，并进一步优化控制策略。

预测性维护是利用算法和数据模型来预测设备何时需要维护，从而提前进行必要的维修和更换部件，防止因设备老化或损坏而导致的能源浪费和效率下降。

通过实时监测轮机系统的各项参数，我们可以及时发现设备的异常状态。利用算法对这些数据进行分析，可以诊断出潜在的故障和问题。基于历史数据和模型预测，算法可以计算出设备各部件的剩余使用寿命，并预测何时需要进行维护或更换。这使得维护工作更加精准和高效，避免了不必要的停机时间和资源浪费。根据预测性维护的算法输出，我们可以制订预防性维护计划。这些计划可以确保设备在需要维护之前得到及时的处理，从而延长设备的使用寿命，提高能源利用效率。

优化控制算法在轮机系统的能源管理中发挥着重要作用。通过智能调整和预测性维护，我们可以确保轮机系统始终在最优状态下运行，降低能源浪费，提高运行效率。这不仅有助于减少运营成本，还有助于提高企业的竞争力和可持续发展能力。

（三）设备管理参数调整

设备调优是一个细致且关键的过程，它涉及轮机系统各个组成部分的实际运行状态和性能。调优的目标是确保轮机系统的各个设备能够在最佳工作点运行，从而实现能源的高效利用。需要对轮机系统的各个关键设备进行实时监测，收集如温度、压力、转速等运行参数。这些参数反映了设备的实时工作状态，是调优的基础。收集到的数据会经过专业的分析软件进行处理，通过对比设备的标准工作曲线和实际运行数据，识别出性能偏差或潜在问题。基于数据分析的结果，通过软件平台对设备的工作参数进行微调。调整燃油喷射量以改变燃烧室的温度，或者调整进气阀门的开度以优化缸内压力。这些调整旨在使设备回到最佳工作状态，提高能源利用效率。每次参数调整后，都需要对设备的运行状态进行再次监测和评估，以确保调整达到预期的效果。如果没有达到预期，则需要进行进一步的调优。

轮机系统通常需要应对不同的工作负载，所以能够根据实际需求自动切换工作模式是非常重要的。通过传感器实时监测轮机系统的工作负载。这包括功率输出、燃油消耗率、排气温度等多个指标，以全面评估系统的当前负载状态。根据负载检测的结果，软件平台会自动判断并选择合适的工作模式。在低负载时，系统可能会切换到节能模式，通过降低燃油喷射量、减少进气量等方式来降低能耗；而在高负载时，系统则会切换到高性能模式，以确保足够的功率输出和效率。在模式切换过程中，需要确保轮机系统的平稳运行。切换过程通常会采用逐步过渡的方式，以避免突然的功率变化对系统造成冲击。在每次模式切换后，系统都会收集并分析切换过程中的数据，以评估切换效果。这些数据将用于优化未来的模式切换策略，提高系统的适应性和效率。

设备管理参数调整是轮机系统优化运行的关键环节。通过设备调优和模式切换，我们可以确保轮机系统在各种工作负载下都能实现高效的能源利用，从而提高系统的整体性能和经济效益。

（四）能源管理与调度

轮机系统的能源分配是确保整个系统高效、稳定运行的关键。通过软件技术，可以智能地对轮机系统的能源进行合理分配，从而保障各部分能源供应的均衡性。系统会对轮机各个部分的能源消耗进行实时监测，同时分析各部分的能源需求。这包括主机、辅机、冷却系统、润滑系统等各个关键环节。基于实时监测的数据和需求分析结果，软件会制定一个智能的能源分配策略。

这个策略会确保轮机系统的各个部分在需要时能够得到充足的能源供应，同时避免能源的浪费。轮机系统的工作状态可能会随着环境的变化而发生改变，所以能源分配策略也需要进行动态调整。软件会不断地收集和分析数据，根据实时情况优化能源分配方案。

峰谷调度是一种有效的节能和成本控制手段。在非高峰时段降低能耗，不仅可以减轻电网的负担，还可以利用电价差异来降低运营成本。软件会收集并分析当地的电价时段信息，找出电价较低的时段。根据电价时段分析的结果，软件会对轮机系统的高能耗任务进行调度。尽可能地将这些任务安排在电价较低的时段进行，以降低运营成本。在条件允许的情况下，还可以结合储能技术来进一步优化峰谷调度。在电价低谷时段进行储能，然后在电价高峰时段释放储能来供电，从而进一步降低成本。

定期生成能源使用报告是评估轮机系统能源利用情况、发现节能潜力并制定进一步节能措施的重要依据。软件会定期收集并整合轮机系统的能源消耗数据，包括各部分的能耗情况、能源分配情况、峰谷调度效果等。基于整合后的数据，软件会生成详细的能源使用报告。这份报告会清晰地展示轮机系统的能源利用情况，帮助管理人员了解哪些部分存在节能潜力。根据能源报告的分析结果，管理人员可以有针对性地制定节能措施。例如，优化能源分配策略、改进设备效率、引入更高效的能源管理技术等。

通过能源管理与调度的综合应用，轮机系统可以实现更高效的能源利用和更低的运营成本。这不仅有助于提升企业的经济效益，也符合当前社会对于节能减排、绿色发展的迫切需求。

三、系统集成与优化

在轮机工程中，软件技术的应用对于系统集成与优化起着至关重要的作用。

（一）系统集成

设备连接与通信是实现轮机系统智能化的基础。为了确保系统中不同设备之间能够进行顺畅的数据交换，我们采用了标准化的通信协议。标准化通信协议，我们选择 OPC UA、Modbus 和 MQTT 等广泛被接受的通信协议，以确保轮机系统中的各种设备，无论其制造商或型号，都能够进行无缝的数据交换。这样的选择不仅保证了通信的兼容性，还降低了系统集成的复杂性。软件定义网络（SDN）技术为了更灵活地配置和管理网络设备，确保数据传输的效率和安全性，我们引入了SDN技术。SDN允许我们动态地调整网络资源，根据实际需求优化数据传输路径，从而提高网络的整体性能。SDN的中心化控制特性也增强了网络的安全性，可以迅速响应并隔离任何潜在的网络威胁。

为了提供一个全面的轮机系统运行状态视图，我们搭建了一个集中管理平台。我们选择SCADA系统是集中管理平台的核心。SCADA系统能够实时地收集、处理并展示来自轮机系统各个子系统的数据，为操作人员提供一个直观、全面的系统运行状况视图。通过该平台，操作人员可以轻松地查看各个子系统的实时数据、历史趋势以及警报信息。这种集中化的数据展示方式大大提高了操作效率和响应速度，使得任何异常或问题都能够被迅速识别和解决。

为了确保轮机系统中的各个子系统和设备能够高效、协同地工作，我们引入了高级计划与排程系统和制造执行系统。APS和MES能够根据生产计划和实时数据，智能地分配轮机系统中的资源。这意味着系统可以根据当前的工作负载、设备状态以及生产优先级等因素，自动调整各个子系统的运行策略，以确保整体效率的最大化。通过这些系统，我们可以实现轮机系统内各个部分的协同工作。当某个子系统出现故障或需要维护时，系统可以自动调整其他子系统的运行策略，以弥补因此产生的性能损失。APS和MES还提供了丰富的数据分析和报告功能，帮助管理人员更好地理解轮机系统的运行状态和性能“瓶颈”。这些数据和分析结果可以为进一步的优化决策提供支持。

（二）系统优化

利用大数据分析和机器学习技术，对轮机系统产生的实时数据进行深入挖掘和分析。通过分析设备的运行数据，可以预测设备的维护需求，从而进行预防性维护，减少意外停机时间。基于数据分析的结果，对轮机系统的性能进行优化。调整设备的运行参数，以提高能源效率和减少排放。利用模拟仿真软件对轮机系统的运行进行模拟，找出可能的性能“瓶颈”，并进行优化。构建智能决策支持系统，利用数据挖掘和人工智能技术，为轮机系统的运行提供优化建议。这些建议可能包括调整设备配置、更换更高效能的设备、优化生产流程等。通过软件技术实时监测轮机系统的运行状态，及时发现并处理异常情况，确保系统的安全稳定运行。利用网络安全技术保护轮机系统的数据安全，防止恶意攻击和未经授权的访问。

软件技术与轮机工程的融合将推动轮机系统向更加智能化、高效化的方向发展。通过系统集成与优化，不仅可以提高轮机系统的整体性能和效率，还可以降低运行成本，为企业创造更大的价值。

四、总结与展望

（一）总结

软件技术与轮机工程的融合，标志着传统轮机工程领域正在经历一场深刻的技术革新。这种融合不是简单的技术相加，而是一种全新的、跨学科的整合。智能化监控与管理、高效能源利用、系统集成与优化等方面的技术创新和应用，已经并将继续推动轮机工程领域的发展，使之更加智能化、高效化和绿色化。智能化监控与管理：通过软件技术的引入，轮机系统的监控和管理能力得到了极大的提升。智能化系统能够实时监控轮机设备的运行状态，及时发现并预警潜在问题，大大提高了轮机系统的安全性和可靠性。高效能源利用：软件技术的应用使得轮机系统能够更精确地控制和优化能源的消耗，从而实现能源的高效利用。这不仅有助于降低运营成本，也符合当前绿色环保、节能减排的社会发展要求。系统集成与优化：通过软件技术，轮机系统中的各个子系统得以更好地集成和优化。这种集成不仅提高了系统的整体性能和效率，也使得系统的维护和管理变得更加便捷。

（二）展望

展望未来，软件技术与轮机工程的融合将更加深入和广泛，也将为轮机工程领域带来更多的机遇和挑战。技术进步与应用拓展：随着云计算、大数据、物联网等技术的不断发展，软件技术将在轮机工程中发挥更大的作用。未来，我们可以期待更加智能化的轮机系统，能够实现更高级别的自动化和自我管理。数据安全与隐私保护：随着数据在轮机工程中的应用越来越广泛，数据安全和隐私保护问题也日益凸显。未来，我们需要投入更多的资源来研究和解决这些问题，确保轮机系统的数据安全性和用户隐私。软件稳定性与可靠性：软件的稳定性与可靠性是轮机系统正常运行的关键。未来，仍需要通过不断的技术创新和实践经验积累，提高软件的稳定性和可靠性，以减少系统故障和风险。跨学科人才培养：软件技术与轮机工程的融合需要具备跨学科知识和技能的人才支撑。政府、企业和学术界需要共同努力，培养和引进具备相关技术背景和实践经验的人才，推动轮机工程领域的持续创新和发展。

软件技术与轮机工程的融合是未来发展的重要趋势。面对这个趋势，我们需要积极拥抱变革，加强技术创新和人才培养，以应对未来的机遇和挑战。

总之，软件技术与轮机工程的融合将为轮机工程领域带来巨大的变革和发展机遇。我们应该积极拥抱这一变革，加强技术研发和应用推广，为推动轮机工程领域的持续创新和发展贡献力量。

软件技术与轮机工程融合和应用面临的挑战与应对策略

随着科技的不断进步，软件技术与轮机工程的融合日益加深，这种跨学科的合作不仅带来了前所未有的机遇，也伴随着一系列复杂的挑战。在追求轮机系统智能化、高效化和绿色化的过程中，我们必须正视并解决这些挑战，以确保技术融合的顺利进行并最大限度地发挥其潜力。这些挑战涵盖了数据安全、技术兼容性、人才培养、法规政策等多个方面，每一项都需要我们深入研究和妥善应对。

一、面临的挑战

（一）技术兼容性与整合问题

轮机系统与软件技术的融合是轮机工程现代化的关键一步，但在这一过程中，技术兼容性与整合问题显得尤为突出。轮机工程领域的传统技术，经过长时间的发展和积累，已经形成了一套成熟且稳定的技术体系。这套体系在船舶动力、能源管理、控制系统等方面都有着深入的应用和实践。然而，随着软件技术的快速发展，尤其是云计算、大数据分析、物联网等新兴技术的崛起，轮机系统面临着与这些新技术整合的迫切需求。传统轮机技术与新兴软件技术之间的差异，主要体现在技术架构、数据格式、通信协议等多个方面。轮机系统的传统传感器和执行器可能采用特定的硬件接口和数据格式，而新兴的软件技术则可能要求标准化的数据接口和互联网通信协议。这种技术上的差异，导致两者在直接整合时面临诸多困难。

为了实现轮机系统与软件技术的无缝对接，需要从多个方面入手解决兼容性问题。首先，需要建立统一的数据交换标准，确保轮机系统的数据能够被软件技术所识别和处理。这可能需要开发特定的数据转换接口，或者在轮机系统中增加对标准化数据格式的支持。其次，通信协议的兼容性也是一个关键问题。轮机系统的各个组件之间可能采用不同的通信协议，而软件技术则通常要求使用更为通用和开放的协议。这就需要研发能够适应多种通信协议的中间件，或者在轮机系统中引入网关设备，以实现不同协议之间的转换和桥接。软件技术的引入还可能对轮机系统的实时性和稳定性提出更高的要求。轮机系统需要能够在极端环境下稳定运行，并且对数据处理的实时性有严格要求。在整合软件技术时，需要充分考虑其对系统性能的影响，并进行充分的测试和验证。

轮机系统与软件技术的融合面临着技术兼容性与整合的难题。为了实现两者的无缝对接，需要从数据交换标准、通信协议兼容性以及系统性能等多个方面进行综合考虑和解决。这不仅需要技术创新和研发，还需要行业内的合作与标准化推动，以共同促进轮机工程的现代化和智能化发展。

（二）数据安全与隐私保护

随着轮机系统智能化程度的提升，数据安全和隐私保护问题越发重要。

采用高级加密标准（AES）或 RSA 等加密算法，对传输和存储的敏感数据进行加密处理，确保即使数据被截获也难以解密。使用安全的传输协议，以防止数据在传输过程中被窃取或篡改。访问控制与身份验证，实施严格的访问控制策略，确保只有授权用户才能访问轮机系统的敏感数据。采用多因素身份验证方法，如指纹、面部识别或动态令牌，以增强身份验证的安全性。定期备份轮机系统的所有数据，并确保备份数据存储在安全的环境中，以防数据丢失或损坏。制订详细的数据恢复计划，以便在发生数据泄漏或其他安全事件时能够迅速恢复数据。安全审计与监控，实施安全审计策略，定期检查和记录轮机系统中数据的访问和使用情况，以便及时发现异常行为。利用安全信息和事件管理系统实时监控网络流量和用户行为，检测并响应潜在的安全威胁。

定期对员工进行数据安全培训，增强他们的数据安全意识和技能。制定明确的数据安全政策和程序，确保员工了解如何正确处理敏感数据，并知晓违规行为的后果。合规性与法律责任，确保轮机系统的数据处理符合相关法律法规的要求。与法律顾问紧密合作，确保在数据安全和隐私保护方面遵守所有适用的法律和规定。数据安全与隐私保护是轮机系统智能化发展过程中的核心问题。通过采取多种技术和管理措施，可以有效地保护轮机系统中的敏感数据免受泄漏和恶意利用的风险。软件技术与轮机工程的融合需要跨学科的人才支撑。目前，同时具备软件技术和轮机工程知识的人才稀缺，如何培养和吸引这类人才是另一大挑战。

（三）法规政策与标准制定

随着软件技术与轮机工程的融合，需要相关的法规政策和标准来规范这一新兴领域的发展。然而，目前的情况显示，这方面的法规政策还存在不完善之处，同时也缺乏统一的标准和规范。

目前，针对软件技术与轮机工程融合的特定法规相对较少。大多数现有法规更侧重于传统轮机工程或软件技术单方面，而非两者结合后的新领域。监管空白地带：技术的快速发展可能导致新的应用场景出现，而这些新场景可能尚未被现有法规覆盖，从而形成监管的空白地带。跨境数据流动的复杂性：在全球化背景下，轮机系统的数据可能涉及跨境流动，这增加了数据保护和隐私法规的复杂性。由于缺乏统一的标准，不同的软件技术与轮机系统之间的接口可能存在差异，导致整合困难。数据格式和标准化：数据的标准化和格式统一是推动技术融合的关键，但目前尚未形成广泛接受的标准。测试和验证流程的缺失：对于融合后的系统，缺乏标准化的测试和验证流程，难以确保系统的安全性和性能。

政府、行业组织和相关企业应加强合作，共同推动针对软件技术与轮机工程融合的法规制定。参考国际经验：借鉴国际上的成功案例和法规标准，结合我国实际情况，制定适应我国市场的法规和标准。建立反馈机制：建立行业内的反馈机制，以便及时了解和解决实际应用中出现的问题，不断完善相关法规和标准。

（四）技术更新与迭代速度

在轮机工程与软件技术融合的过程中，技术更新与迭代速度的问题不容忽视。

软件技术的更新换代速度非常快，新的编程语言、框架和工具不断涌现。云计算、大数据、人工智能等技术的快速发展对轮机工程的软件系统提出了更高的要求。轮机系统的硬件设备更新周期相对较长，而软件技术的快速更新可能要求更高的硬件性能。每次软件技术的更新都可能需要对整个轮机系统进行重新集成和测试，增加了系统的复杂性和潜在的风险。技术人员需要不断学习新的软件技术，以适应快速变化的技术环境，这对企业的培训和人员发展提出了更高要求。

鼓励技术人员定期参加专业培训，学习最新的软件技术。设立专门的技术侦查团队，负责跟踪和评估新兴软件技术，确定其对轮机工程的潜在影响和应用价值。采用模块化设计的方法开发轮机系统软件，以便更容易地替换或升级特定的软件组件。与主要的软件供应商建立长期合作关系，确保能够及时获得技术支持和更新。制订定期的技术审计计划，评估现有技术的状况，并制订相应的更新计划。

为了保持轮机工程在技术上的先进性和竞争力，必须密切关注软件技术的更新换代，采取有效的策略来应对快速变化的技术环境，确保轮机系统的软件能够与时俱进，满足不断变化的市场需求。

二、应对策略

（一）建立统一的技术标准与接口

为了促进软件技术与轮机工程之间的顺畅对接，解决技术兼容性问题，建立统一的技术标准与接口规范至关重要。

确立通用的数据格式，以便轮机系统的数据能够被软件技术识别和处理。开发特定的数据转换接口，确保数据在不同系统间的顺畅传输。选择通用的通信协议，如基于 TCP/IP 的协议，以确保轮机系统的各个组件与软件技术之间的通信无障碍。推动行业内对通信协议的统一认识，减少因协议差异导致的兼容性问题。定义明确的接口规范，包括输入 / 输出参数、数据格式、调用方式等，以便软件能够无缝地与轮机系统对接。推广使用标准化的 API（应用程序接口），使得不同开发商的软件能够相互兼容。成立由行业专家、技术提供商和用户代表组成的技术委员会，负责技术标准的制定、修订和更新。定期审查和更新技术标准，以适应新技术的发展和市场需求的变化。通过行业协会、标准化组织等渠道推广技术标准，提高其在行业内的认可度和应用范围。鼓励企业采用统一的技术标准，以促进产业链的协同和整合。设立独立的测试机构，对符合技术标准的产品进行测试和认证。通过测试和认证的产品将获得市场认可，从而推动整个行业的技术标准化进程。

（二）加强数据安全防护措施

为了确保数据的安全性和隐私性，并防止内部泄漏，需要采取一系列细致而全面的数据安全防护措施。

利用对称加密算法（如 DES、3DES、AES）进行数据的加密处理，适用于小规模数据传输和存储。采用非对称加密算法（如 RSA、DSA、ECC）进行数据的加密和签名，确保数据传输过程中的保密性和完整性。对重要数据实施哈希函数运算，通过验证数据的哈希值来确认数据的完整性，防止数据被篡改。实施基于角色的访问控制（RBAC），根据员工的职责和角色分配相应的数据访问权限。采用多因素身份验证方法，如指纹、面部识别或动态令牌，提高账户的安全性。建立严格的权限审批流程，确保只有经过授权的人员才能访问敏感数据。

定期开展数据安全培训课程，教育员工如何识别并应对潜在的数据泄漏风险。通过模拟攻击和安全演练，提升员工对安全威胁的识别和应对能力。强调员工对数据的保密责任，确保他们了解数据安全政策并签署保密协议。定期备份重要数据，确保在数据丢失或损坏时能够迅速恢复。制订详细的数据恢复计划，并进行定期测试，以确保其有效性。加强数据存储设施的物理安全，包括使用门禁系统、监控摄像头和入侵报警系统。限制对敏感数据存储区域的物理访问，确保只有授权人员才能进入。在内部测试和开发环境中使用脱敏数据，以防止敏感信息的无意泄漏。采用专业的数据脱敏工具和技术，确保脱敏后的数据仍能保持其原始数据的特性和价值。

通过采用先进的数据加密技术、建立完善的访问控制机制、加强员工的数据安全意识培训、实施数据备份与恢复策略、加强物理安全措施以及进行数据脱敏处理等措施，可以有效地确保数据的安全性和隐私性，并防止内部泄漏。

（三）推动跨学科人才培养

为了推动跨学科人才培养，特别是在软件技术和轮机工程领域。

鼓励高校和培训机构设置跨学科的课程，将软件技术和轮机工程知识相融合。设计综合性课程项目，让学生在解决实际问题的过程中，综合运用两个领域的知识。建立跨学科实验室或实践中心：投资建设配备先进软件技术和轮机工程设备的实验室。提供学生实践操作的平台，促进理论与实践的结合。校企合作：加强高校、培训机构与相关企业之间的合作，为学生提供实习和就业机会。通过校企合作项目，让学生参与真实的软件开发和轮机工程项目，提升其实际操作能力和问题解决能力。

培养一支既懂软件技术又了解轮机工程的双师型教师团队，或开设讲座，分享最新行业动态和实践经验。明确培养目标，即培养具备软件技术和轮机工程知识的复合型人才；设定合理的课程体系，确保学生能够全面掌握两个领域的基础知识和技能。提供跨学科的研究机会，鼓励学生进行创新性研究和项目开发；完善评估和反馈机制，建立有效的评估体系，对学生的跨学科学习成果进行评价。根据评估结果和学生反馈，不断优化跨学科课程内容和教学方法；提供继续教育和职业培训，为在职的人员提供跨学科的继续教育和职业培训机会；设计灵活多样的课程形式，满足不同人群的学习需求。通过这些细化措施，可以有效地推动跨学科人才的培养，特别是同时具备软件技术和轮机工程知识的人才，以适应行业发展的需求，并促进两个领域的交流与融合。

（四）完善相关法规政策与标准

为了促进软件技术与轮机工程的融合，政府和相关行业协会需要加快制定和完善相关的法规政策和标准。

针对软件技术与轮机工程融合的特点和需求，制定专门的法规政策。明确技术融合过程中的知识产权保护、数据安全和隐私保护等方面的法律要求。设立专门的监管机构或委员会，负责监督和执行相关法规政策的实施。完善技术标准体系：制定统一的技术标准和接口规范，确保软件技术与轮机工程之间的顺畅对接。推动行业内对技术标准的认可和采纳，促进产业链的协同和整合。定期审查和更新技术标准，以适应新技术的发展和市场需求的变化。加强国际合作与交流：积极参与国际标准化组织的活动，推动国际技术标准的制定和完善。加强与其他国家和地区的交流与合作，共同推动软件技术与轮机工程的融合发展。

设立独立的认证机构，对符合技术标准的产品和服务进行认证和评估。通过认证和评估的产品和服务将获得市场认可，提高消费者的信任度。提供政策支持和资金扶持：为从事技术融合的企业和研究机构提供税收优惠、贷款支持等政策措施。设立专项资金，支持技术融合的研发和创新活动。

通过各种渠道宣传技术融合的重要性和优势，提高公众的认知度和接受度。组织相关的研讨会、展览等活动，促进技术交流和合作。

政府和相关行业协会应加快制定和完善和软件技术与轮机工程融合相关的法规政策和标准，为技术的融合和应用提供法律保障和规范指导。通过制定相关法规政策、完善技术标准体系、加强国际合作与交流、建立认证和评估机制、提供政策支持和资金扶持以及加强宣传和推广等措施，可以有效地推动软件技术与轮机工程的融合发展。

（五）建立持续学习与创新机制

企业应建立持续学习与创新机制，鼓励员工不断学习新技术、新知识，以适应软件技术的快速更新。为了应对软件技术的快速更新，企业需要建立持续学习与创新机制。

设立专门的学习管理系统，提供在线课程、培训资料和学习工具。鼓励员工利用业余时间通过平台自主学习，提升自身技术能力。定期组织内部或外部专家进行技术培训，让员工及时学习最新技术和知识。设立技术分享会，让员工分享自己在工作中的技术经验和创新思路。成立创新基金，用于支持员工的创新项目和技术尝试。通过评选和奖励机制，激励员工提出并实施创新想法。

与知名研究机构和高校建立长期合作关系，进行技术交流和项目合作。利用外部资源，共同研发新技术、新产品，推动企业技术创新。组建跨部门的创新实践团队，集合不同领域的专业人才。通过团队合作，探索新技术应用和业务模式创新。鼓励员工敢于尝试、勇于创新，对失败保持宽容态度。通过企业文化活动，宣传创新理念，激发员工的创新热情。建立完善的知识产权保护机制，保护员工的创新成果。对于具有重要价值的创新成果，积极申请专利保护。将学习和创新纳入员工的绩效考核体系。设立创新奖励制度，对在学习和创新方面表现突出的员工进行表彰和奖励。

建立持续学习与创新机制是企业适应软件技术快速更新的关键。通过搭建学习平台、组织技术培训、设立创新基金、与外部机构合作、组建创新团队、营造创新文化、保护知识产权以及建立激励机制等措施，可以有效地推动企业的技术学习和创新活动，保持企业在激烈竞争中的优势地位。加强与外部研究机构和高校的合作与交流，共同推动技术创新和应用发展。

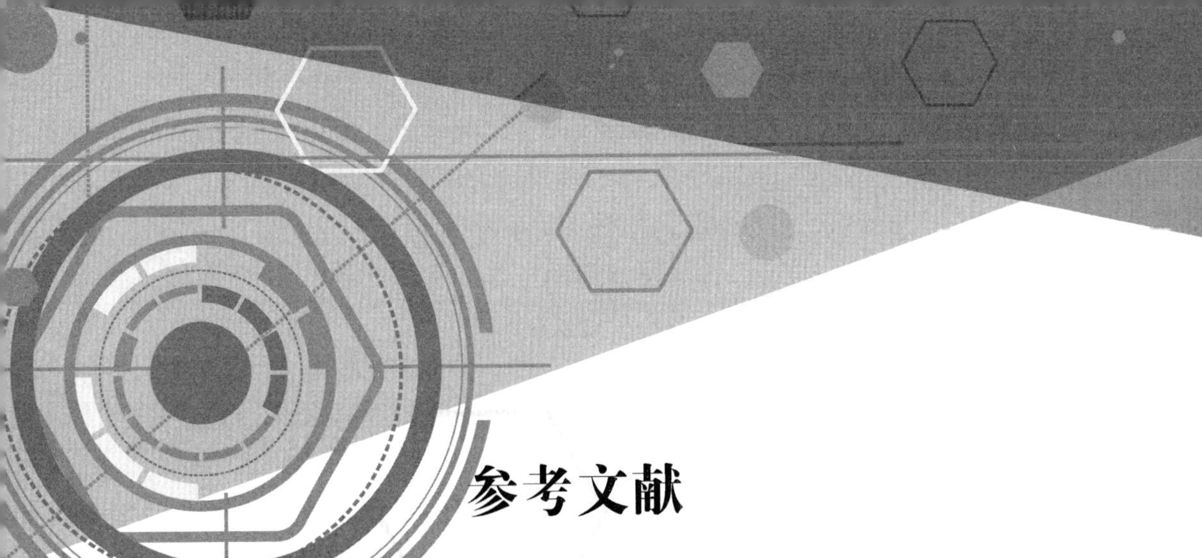

参考文献

[1] 周筠 . 船舶轮机动力系统的节能与环保设计 [J]. 船舶物资与市场，2024，32（1）：70–72.

[2] 张国庆，滕超逸 . 航空航天先进结构材料技术现状及发展趋势 [J]. 航空材料学报，2024，44（2）：1–12.

[3] 冯驰，杨斌，雷强，等 . 航空发动机热端部件表面高温陶瓷涂层性能优化 [J]. 装备环境工程，2024（5）：1–11.

[4] 邱爱超，田哲，谢迎春 . 面向轮机工程专业的“理论力学”课程教学改革 [J]. 黑龙江教育（理论与实践），2024（3）：33–35.

[5] 柳贡民，李帅军 . 轮机工程专业《机械振动噪声学》课程实践教学初探 [J]. 教育教学论坛，2012（1）：105–106.

[6] 林楚 .2024 年非化石能源发电装机占比将提高到 55% 左右 [N]. 机电商报，2024–04–01（A07）.

[7] 伍赛特 . 斯特林发动机技术特点及应用研究 [J]. 能源与环境，2021（1）：57–58，65.

[8] 李长征，雷勇 . 航空发动机试车计算机辅助试验软件模块化开发 [J]. 计算机辅助工程，2006（2）：20–22，26.

[9] 徐敏义，杜太利，王宝军，等 .“产 – 学 – 研 – 用 – 赛”五位一体的轮机工程专业创新人才培养模式研究与实践：以《机器人概论与实践》课程为例 [J]. 创新创业理论研究与实践，2022，5（7）：115–119.

[10] 张海龙 . 中国新能源发展研究 [D]. 长春：吉林大学，2014.

[11] 尹彤华 . 船舶大气污染排放控制趋势及措施 [J]. 石油科技，2018（2）.

[12] 史湘君 . 议防治船舶大气污染现状及对策 [J]. 世界海运，2016（2）.

[13] 周筠 . 船舶轮机动力系统的节能与环保设计 [J]. 船舶物资与市场，

2024，32（1）：70-72.

[14] 张衡，曾军，张剑，等 . 整机全三维仿真技术加速航空发动机研发 [J]. 航空动力，2023（3）:34-37

[15] 王辉 . 柴油甲醇组合燃烧在船舶柴油机上的研究与应用 [D]. 天津：天津大学，2022

[16] 张宓 . 计算机软件技术在大数据时代的应用 [J]. 科技资讯，2023，21（11）：26-29.

[17] 王小娟 . 加强计算机软件设计可维护性的措施探究 [J]. 网络安全技术与应用，2023（8）：56-58.

[18] 陈华林 . 电子信息的隐藏技术应用 [J]. 电子元器件与信息技术，2020，4（10）：26-27.

[19] 杜莹，程普，杜小玉 . 创新平台下软件工程实验教学模式探索 [J]. 计算机时代，2012（7）：63-64，66.

[20] 岳青玲 .Java 面向对象编程的三大特性 [J]. 电子技术与软件工程，2019（24）：239-240.

[21] 孙丽 . 经典软件开发模型综述 [J]. 产业与科技论坛，2014，13（15）：94-95.

[22] 张昱 . 需求一致性的软件工程方法 [J]. 计算机应用与软件，2023，40（7）：13-17.

[23] 李莉，张玉魁，龚勇浩 . 敏捷项目中管理非功能需求 [J]. 项目管理技术，2020，18（8）：85-88.

[24] 高松，牛治永 . 敏捷设计原则与设计模式的编程实践：单一职责原则与依赖倒置原则 [J]. 计算机应用，2011，31（增刊 2）：149-152.

[25] 曹森，苏贵斌 . 软件开发中的设计原则 [J]. 软件导刊，2012，11（1）：74-75.

[26] 王晓中，刘明明 . 中小航运企业轮机管理优化与案例数据库系统 [J]. 中国水运（下半月），2008（4）：57-58，61.

[27] 李浩 .FastCAM 软件在船舶企业应用案例 [J]. 船艇，2007（4）：44-48.

[28] 韩经 . 探究计算机网络安全数据加密技术的实践应用 [J]. 网络安全技术与应用，2019（10）：30-31.

[29] 张宇 . 计算机网络安全数据加密技术的实践应用 [J]. 信息周刊，2019

（2）：33.

[30] 杨武 . 计算机网络安全数据加密技术的实践应用探索 [J]. 电脑迷，2018（31）：99-100.

[31] 吴振宇 . 计算机网络安全的数据加密技术 [J]. 中国高新科技，2020（24）：154-155.

[32] 崔斌，郑国勤 . 多层混联的软件可靠性模型在金税工程中的应用 . 计算机应用与软件 [J]，2007，24（1）：72-73，113

[33] 黄锡滋 . 软件可靠性、安全性与质量保证 [M]. 北京：电子工业出版社，2002.

[34] John D.Musa. 软件可靠性工程 [M]. 韩柯，译 . 机械工业出版社，2003.

[35] 边华，陈斌 . 软件容错技术与可靠性评估方法 [J]. 中国化工装备，2006，（4）：17-21.

[36] 蔡开元 . 软件可靠性工程基础 [M]，清华大学出版社，1995.

[37] 张晓东，白雪峰 . 软件可靠性论述 [J]. 内蒙古科技与经济，2007（11）：273-274.

[38] Martin Fowler. 重构改善既有代码的设计 [M]. 熊节，译 . 北京：人民邮电出版社，2010.

[39] 林治 . 软件重构在软件开发中的作用分析 [J]. 扬州教育学院学报，2007，25（3）：21-24

[40] Fowler M，Beck K，Brant J，et al.Refactoring：Improving the design of existing code[M].New York：Addison-Wesley Publishing Company，1999：57-60.

[41] Fowler M.Refactoring Improving the Design of Existing Code[M]. 北京：高等教育出版社，2001：83-112

[42] 马健 . 软件代码重构的分析与探讨 [J]. 河北北方学院学报（自然科学版），2012，28（1）：26-29.

[43] 孙风栋，闫海珍 .Oracle10g 数据库海量数据分页查询优化 [J]. 计算机应用与软件，2011（9）：137-139.

[44] 张辉，赵郁亮，徐江，等 . 基于 Oracle 数据库海量数据的查询优化研究 [J] 计算机技术与发展，2012（2）：165-167.

[45] 王冰玉 . 计算机网络设计中关系数据库技术的应用探析 [J]. 硅谷，

2016（12）：87，56.

[46] 林宏伟 . 分布式数据库存储子系统设计 [J]. 信息通信，2014（11）：62.

[47] 程一风 . 分布式数据库存储子系统设计与实现 [J]. 电子技术与软件工程，2014（13）：219.

[48] 钟芙蓉 . 分布式数据库存储子系统研究 [J]. 电子技术与软件工程，2014（12）：228.

[49] 邵泳兵 . 常见数据库优化查询的研究 [J]. 新型工业化，2021，11（5）：81-83.DOI：10.19335/j.cnki.2095-6649.2021.5.035.

[50] 曹建国 . 航空发动机仿真技术研究现状、挑战和展望 [J]. 推进技术，2018，39（5）：961-970.

[51] 曹建国 . 数字化转型下航空发动机仿真技术发展机遇及应用展望 [J]. 系统仿真学报，2023，35（1）：1-10.

[52] 张剑，卫刚，黄维娜 . 航空发动机核心机全三维数值仿真方法研究 [J]. 燃气涡轮试验与研究，2020，33（1）：1-5.

[53] 陈桂英，李斌，雷勇，等 . 航空发动机计算机辅助试验技术研究 [J]. 航空动力学报，1999，14（4）：417-420.

[54] 杨训，雷勇，陈桂英，等 . 航空发动机试车计算机辅助试验系统 [J]. 计算机测量与控制，2005，13（9）：900-902.

[55] 谷今杰，莫继红 . 基于构件的软件复用技术研究 [J]. 科学技术与工程，2005，5（12）：824-827.

[56] 顿海强，庄雷 . 面向对象与软件复用技术研究 [J]. 计算机应用研究，2002（3）：42-44.

[57] 刘莉 .K424 合金搪瓷热防护涂层制备工艺与应用研究 [D]. 哈尔滨：哈尔滨工业大学，2015.

[58] 刘丹丹，樊自拴 . 超高温陶瓷涂层的研究进展 [J]，材料保护，2020，53（5）：105-110.

[59] 杨宏波，刘朝辉，刘娜，等 .304 不锈钢基体表面高温陶瓷涂层的制备及性能研究 [J]，热加工工艺，2017，46（22）：130-134.

[60] 刘伟 . 实践教学中应用型人才培养模式的研究 [J]. 实验技术与管理，2009，26（9）：123-127.

[61] 鄂大庆，庞愉平 . 开放实验室的研究与实践 [J]. 实验技术与管理，2003，20（2）：116-117.

[62] 张文桂，陈曾川，杨平，等．建设个性化实验室加强大学生创新精神和工程实践能力培养 [J]. 实验技术与管理，2008，25（5）：1-4.

[63] 袁振国．教育新理念 [M]. 北京：教育科学出版社，2002：205.

[64] ROBERT C M，MICAH M. 敏捷软件开发——原则、模式与实践：C# 版 [M]. 邓辉，孙鸣，译．北京：人民邮电出版社，2008.

[65]JAMES W C.C# 设计模式 [M]. 张志华，刘云鹏，译．北京：电子工业出版社，2003.

[66] ERICH G，RICHARD H，RALPH J，et al. 设计模式：可复用面向对象软件的基础 [M]. 李英军，马晓星，蔡敏，等译．北京：机械工业出版社，2000.

[67] KARLI W，CHRISTIAN N.C# 入门经典 [M].4 版．齐立波，黄静，译．北京：清华大学出版社，2008.

[68]MARK M.C# 本质论 [M].3 版．周靖，译．北京：人民邮电出版社，2010.

[69] 王小科，王军，赵会东，等 .C# 项目开发案例全程实录 [M].2 版．北京：清华大学出版社，2011.

[70] MICHAEL B，JAMES R.UML 面向对象建模与设计 [M].2 版．车皓阳，扬眉，译．北京：人民邮电出版社，2006.

[71] CRAIG L.UML 和模式应用 [M]. 李洋，郑龑，译．北京：机械工业出版社，2006.

[72] 宋文慧，高建瓴．基于矩阵的 Apriori 算法改进 [J]. 计算机技术与发展，2016（6）：68-70，74.

[73] 夏红霞，水俊峰，钟洛，等．基于 SIIP 的分布式数据挖掘系统的设计 [J]. 武汉理工大学学报，2003（1）.

[74] 吴恒．现代轮机技术管理 [M]. 大连：大连海事大学出版社，1998.

[75] 詹玉龙．轮机长业务 [M]. 北京：人民交通出版社，2002.

[76] 陈景艳．管理信息系统 [M]. 北京：中国铁道出版社，1991.

[77] 罗晓沛．数据库技术 [M]. 北京：清华大学出版社，1999.

[78] 徐波，崔继忠．现代航运企业机务管理模式的设想 [J]. 航海技术 .1998（6）：39-41

[79] 袁鹏飞 .SQL Server7.0 数据库系统管理与应用开发 [M]. 北京：人民邮电出版社，2000.